Hamburger Rechtsstudien

herausgegeben von Mitgliedern der Rechtswissenschaftlichen Fakultät der Universität Hamburg

Heft 61

FÜR B.

Probleme
des gegenseitigen
Vertrages

Untersuchungen zur Äquivalenz gegenseitiger Leistungspflichten

von

WOLFGANG van den DAELE

Hamburg
Cram, de Gruyter & Co.
1968

Diese Arbeit hat der Rechtswissenschaftlichen Fakultät der Universität Hamburg im Jahre 1967 als Dissertation vorgelegen.

Gedruckt mit Unterstützung der Stiftung Volkswagenwerk

Gesamtherstellung: Graph. Betrieb Gebr. Rasch & Co., Bramsche/Osnabrück.
Printed in Germany.

Inhaltsverzeichnis

Abkürzungen

a.A.	anderer Ansicht
a.a.O.	am angegebenen Ort
ABGB	österreichisches Allgemeines Bürgerliches Gesetzbuch
AcP	Archiv für zivilistische Praxis
a.F.	alte Fassung
ALR	Allgemeines Landrecht
ALR 2d	American Law Report, Second Series
AmJur	American Jurisprudence
Anm.	Anmerkung
App.Ger.	Appellationsgericht
ArchBürgR	Archiv für Bürgerliches Recht
Art. (art.)	Artikel
Aufl.	Auflage
BayZRpfl	Bayrische Zeitschrift für Rechtspflege
BB	Der Betriebsberater
Bd.	Band
BGB	Bürgerliches Gesetzbuch
BGH	Bundesgerichtshof (Entscheidungen in Zivilsachen)
C.	Circuit
C. C.	Circuit Court of Appeals
C. c. argent.	Codigo civil argentino
C. c. espan.	Codigo civil espanol
C. c. fr. (franç)	Code civil français
C. c. ital.	Codice civile italiano
C. J. S.	Corpus Juris Secundum
Co.	Company
comm.	commentary
D.	Dalloz
déc.	décembre
Dec.	American Digest, Decennial Edition
d. h.	das heißt
DJT	Verhandlungen des Deutschen Juristentages
DJZ	Deutsche Juristen-Zeitung
DM	Deutsche Mark
ed.	edition
F	Federal Reporter, United States
F 2d	Federal Reporter, Second Series
Gruchot	Gruchots Beiträge zur Erläuterung des deutschen Rechts
HansGZ	Hanseatische Gerichtszeitung
HGB	Handelsgesetzbuch
h. L.	herrschende Lehre
h. M.	herrschende Meinung
HRR	Höchstrichterliche Rechtsprechung
Hs.	Halbsatz
IhrJB	Ihrings Jahrbücher für die Dogmatik des Bürgerlichen Rechts
JBl	Juristische Blätter (Österreich)
JuS	Juristische Schulung

JW	Juristische Wochenschrift
JZ	Juristenzeitung
KO	Konkursordnung
LG	Landgericht
LM	Lindenmaier-Möhring, Nachschlagewerk des Bundesgerichtshofes
MDR	Monatsschrift für Deutsches Recht
NJW	Neue Juristische Wochenschrift
OLG	Oberlandesgericht
Österr.OGH	Österreichischer Oberster Gerichtshof
OR	Schweizerisches Obligationenrecht
P	Pacific Reporter
Preuß.ALR	Preußisches Allgemeines Landrecht
Recht	Das Recht
Req.	Arrêt de la chambre des requêts de la Cour de Cassation
Rev.Ed.	Revised Edition
RG	Reichsgericht (Entscheidungen in Zivilsachen)
RGBl	Reichsgesetzblatt
RGBolze	Bolze, Die Praxis des Reichsgerichts in Zivilsachen
RGRK (-BGB)	Reichsgerichtsrätekommentar zum Bürgerlichen Gesetzbuch
RGRK-HGB	Reichsgerichtsrätekommentar zum Handelsgesetzbuch
ROHG	Reichsoberhandelsgericht
RvglHdWB	Rechtsvergleichendes Handwörterbuch
RzW	Rechtsprechung zum Wiedergutmachungsrecht (NJW)
S.	Seite
Sächs.Archiv	Sächsisches Archiv
sect.	section
SeuffA	Seufferts Archiv für Entscheidungen
SJZ	Süddeutsche Juristenzeitung
str.	streitig
Urt.	Urteil
v.	vom, versus (gegen)
vgl.	vergleiche
WarnRspr	Warneyers Rechtsprechung des Reichsgerichts auf dem Gebiete des Zivilrechts
WiStrG	Wirtschaftsstrafgesetz
WM	Wertpapier-Mitteilungen, Teil IV B Wertpapier- und Bankfragen, Rechtsprechung
ZHR	Zeitschrift für das gesamte Handelsrecht
ZPO	Zivilprozeßordnung
ZS.	Zivilsenat
Ztr.	Zentner

A. Einführung

Die nachfolgenden Untersuchungen gelten ausschließlich den Strukturen der Austauschverträge. Ohne zu den Problemen der Einordnung des Gesellschaftsvertrages (§§ 705ff. BGB) Stellung zu nehmen, gehen sie daher überall davon aus, daß die Begriffe »gegenseitiger Vertrag« (§§ 320 ff. BGB) und »Austauschvertrag« gleichbedeutend sind.

Im Mittelpunkt der Untersuchungen steht die Frage nach der Äquivalenz gegenseitiger Leistungspflichten. In diesem Begriff hat man so etwas wie die Strukturformel der Austauschverträge zu sehen.

I. Der Äquivalenzgedanke

Der Gedanke, daß sich das Verhältnis von Leistung und Gegenleistung durch den Begriff der Äquivalenz (Gleichwertigkeit) charakterisieren lasse, hat eine lange rechtliche Tradition. Er findet sich schon im Code Civil français von 1804. Nach art. 1104 liegt ein gegenseitiger Vertrag vor, »lorsque chacune des parties s'engage à donner ou à faire une chose qui est regardée comme l'équivalent de ce qu'on lui donne, ou de ce qu'on fait pour elle«.[1])

Im deutschen Recht hat er eine nahezu universale Geltung erlangt. Zumindest seit dem 19. Jahrhundert beherrscht der Begriff der Äquivalenz in verschiedenen Formen mehr oder weniger das Verständnis der Gegenleistung und der Gegenseitigkeit. Zum gemeinsamen Recht vertraten ihn unter anderen: Meyerfeld[2]), Windscheid[3]), Keller[4]), Holzschuher-Kuntze[5]), Sintenis[6]), Bekker[7]), Wächter[8]), Bechmann[9]), Cosack[10]), Lenel[11]); zum Bürgerlichen Gesetz-

---

1) Diese Kennzeichnung des gegenseitigen Vertrages ist übernommen von Pothier Traité des Obligations (1761) Partie I, Chapitre I no. 13.
2) Die Lehre von den Schenkungen (1835), S. 389.
3) Die Lehre des römischen Rechts von der Voraussetzung (1850), S. 89; Pandekten (9. Aufl. von Kipp 1906) § 320.
4) Panketen (1861), S. 609.
5) Theorie und Casuistik des gemeinen Civilrechts (3. Aufl. 1864), Bd. III, S. 716 Anm.
6) Das gemeine Civilrecht (3. Aufl. 1868), Bd. II, S. 609.
7) Die Aktion des römischen Privatrechts (1871), Bd. I, S. 130.
8) Pandekten (1881), Bd. II, S. 461.
9) Der Kauf nach gemeinem Recht, Bd. II (1884), S. 150.
10) Das Anfechtungsrecht des Gläubigers (1884), S. 134 f.
11) AcP 79 (1892) 71, Anm. 19.

buch vergleiche: Zitelmann[12]), R. Leonhard[13]), Crome[14]), Weyrauch[15]), Brodmann[16]), Oertmann[17]), Krückmann[18]); heute wird er vertreten von Larenz[19]), Palandt-Danckelmann[20]), Soergel-Schmidt[21]), Wilde (RGRK)[22]), Erman-Groepper[23]), Lehmann [24]), Jaeger-Lent[25]), Mentzel-Kuhn[26]). In der Rechtsprechung findet er sich ebenso in den Entscheidungen des alten Reichsoberhandelsgerichts[27]) wie des Reichsgerichts[28]) und heute des Bundesgerichtshofes[29]).

Allein die Hartnäckigkeit, mit der sich der Äquivalenzgedanke behauptet hat, kann schon als Indiz dafür gelten, daß er in seinem Kern die Struktur der Gegenseitigkeit und der Entgeltlichkeit zutreffend beschreibt. Der Gedanke der Gleichheit von Leistung und Gegenleistung ist offenbar mit der Idee des gegenseitigen Vertrages untrennbar verbunden.

Was aber bedeutet die Äquivalenz der gegenseitigen Leistungen?

II. Die Frage nach dem Sinn der Äquivalenz

Der Begriff der Äquivalenz gegenseitiger Leistungen ist in der Vergangenheit wiederholt ausführlich kritisch durchleuchtet worden.[30]) Ziel dieser Kritik war es in erster Linie, alle Vorstellungen einer irgendwie gearteten Wertgleichheit von Leistung und Gegenleistung aus der Erklärung der Struktur des gegenseitigen Vertrages auszuschalten. Gleichwohl ist festzustellen, daß auch heute noch vielfach die Äquivalenz aus den Werten der Leistungen erklärt wird.[31])

Auf die verschiedenen Varianten dieser Werttheorien ist daher nochmals einzugehen.

---

[12]) Allgemeiner Teil (1900), S. 130.
[13]) Allgemeiner Teil (1900), S. 266.
[14]) System des deutschen bürgerlichen Rechts (1900), Bd. I, S. 330.
[15]) Gruchot 48 (1904) 232.
[16]) Ehrenburgs Handbuch des gesamten Handelsrechts, Bd. IV 2 (1918), S. 307.
[17]) BGB (5. Aufl. 1928) 2c vor §§ 320 ff.
[18]) AcP 128 (1928) 181 f.
[19]) Schuldrecht, Bd. I (7. Aufl. 1964), § 18 I.
[20]) BGB (25. Aufl. 1966) 1c aa vor §§ 320 ff.
[21]) BGB (9. Aufl. 1959) 6 vor §§ 320 ff.
[22]) RGRK-BGB 11. Aufl. (1959) 3 vor §§ 320 ff.
[23]) BGB (3. Aufl. 1962) 3 vor §§ 320 ff.
[24]) Enn.-Lehmann, Schuldrecht (15. Aufl. 1958) § 41 II 4 (am Ende).
[25]) Konkursordnung (8. Aufl. 1958) 1 zu § 32 KO.
[26]) Konkursordnung (7. Aufl. 1962) 6 zu § 32 KO.
[27]) ROHG 5, 52/53 Urt. v. 27. 1. 1872 II. ZS; vgl. auch App.Ger. Celle Urt. v. 1. 3. 1871 SeuffA 26 Nr. 129.
[28]) RG 66, 44 f. Urt. v. 9. 11. 1905 VI. ZS; RG 112, 333 Urt. v. 10. 2. 1926 V. ZS; vgl. auch schon RG Bolze 19, Nr. 433, Urt. v. 28. 11. 1894.
[29]) BGH WM IV B 1955, 354 f., Urt. v. 15. 12. 1955 II. ZS; BGH LM Nr. 41 zu § 242 (Bb), Urt. v. 29. 9. 1961 V. ZS; BGH Betrieb 1961, 500 Urt. v. 28. 2. 1961 VI. ZS; BGH Betrieb 1958, 1325 Urt. v. 23. 9. 1958 VIII. ZS. vgl. auch LG Dortmund NJW 1956, 1072, Urt. v. 17. 3. 1955; OLG Celle BB 1960, 720, Urt. v. 25. 2. 1960.
[30]) vgl. insbesondere Haymann, Schenkung unter einer Auflage (1905), S. 12 ff. und

1. Die rechtspolitische Idee der objektiven Äquivalenz

a) Der Rückgang auf den sog. »redlichen« Umsatzvertrag

Obwohl es für unser geltendes Recht außer Frage steht, daß das Gebot des gerechten Preises keine rechtliche Voraussetzung des gegenseitigen Vertrages ist, finden sich häufig Stimmen, die die objektive Gleichwertigkeit der Leistungen mit dem Wesen des gegenseitigen Vertrages verbinden. Hier ist außer Krückmann, der in der Vereinbarung objektiv gleichwertiger Leistungen die Zwecksetzung des »redlichen« gegenseitigen Vertrages sieht[32]), besonders Larenz zu nennen. Auch er wehrt den Gedanken einer objektiven Äquivalenz ab, räumt aber ein: »indem unter redlich denkenden Parteien jede der anderen zubilligt, was sie selbst beansprucht, nämlich einen Gegenwert, ein »Äquivalent«, ist, objektiv gesehen, dem gegenseitigen Vertrag die Idee eines Ausgleichs, eines Gleichgewichts, einer »gerechten« Abwägung immanent[33]). Ähnlich bezeichnet es Wieacker als den einzig gemeinschaftlichen Zweck der Parteien im wirtschaftlich rechnenden Leistungsaustausch, daß jeder die eigene Leistung »vernünftigerweise nur als Gegenopfer für eine materiell gleichwertige Gegenleistung einsetze«.[34])

Auffällig an diesen Äußerungen ist die Beziehung auf den »redlichen«, bzw. »vernünftigen« wirtschaftlichen Umsatzvertrag. Aus den positiven Wertungen unserer Rechtsordnung ist die Auslegung des redlichen gegenseitigen Vertrages als eines Vertrages mit objektiv gleichwertigen Leistungen nicht zu begründen. Die Privatrechtsordnung verhält sich neutral gegenüber

---

IhrJB 56 (1910) 93 f.; Oertmann, Entgeltliche Geschäfte, (1912), S. 46 ff.; Locher AcP 121 (1923), 70 f., 94; Liebisch, Das Wesen unentgeltlicher Zuwendungen, (1927), S. 29, 67 f.

31) Allerdings sind die dazu angebotenen Erklärungen meist knapp und beiläufig und lassen nur schwer erkennen, was darunter eigentlich zu verstehen sei. Die Beziehung auf den Wert der gegenseitigen Leistungen mag daher bisweilen auch einer mißverständlichen Formulierung zuzuschreiben sein.

32) Vgl. Kalkulationsirrtum und ursprüngliche Sinn- Zweck- und Gegenstandslosigkeit AcP 128 (1928) 157 ff. (181 f.) und ferner AcP 131 (129) 7 vgl. dazu auch unten zu Anm. 53).

33) Schuldrecht, Bd I, § 18 I.

34) Festschrift für Wilburg (1965), S. 249. Auch das RG hat gelegentlich in dieser Richtung argumentiert. Im Urt. v. 29. 11. 1921 führt der II. Senat zur Begründung der clausula rebus sic stantibus in einem Fall der Äquivalenzstörung aus: »beim synallagmatischen Vertrag ist davon auszugehen, daß die Parteien einen redlichen Umsatzvertrag schließen wollen, in dem jeder bereit ist, dem anderen eine Leistung zu gewähren, in welcher dieser einen vollen Gegenwert für seine Leistung erblickt«; (RG 103, 179).
Auf diese Entscheidung stützt sich Krückmann (AcP 128, 181). Das RG hat diese Begründung nicht wiederholt. Es hat kurz darauf die Entscheidung der Fälle der Äquivalenzstörung auf die Oertmannsche Geschäftsgrundlage abgestellt (vgl. RG 103, 328 Urt. v. 3. 2. 1922 II. ZS.) und in RG 106, 9 (Urt. v. 5. 1. 1923 V. ZS) klargestellt, daß nicht die Gleichwertigkeit der Leistungen, sondern die Fortdauer des bei Vertragsschluß bestehenden Wertverhältnisses als Geschäftsgrunglage zugrunde gelegt ist.

der gewinnsüchtigen Ausbeutung der Schwächen des anderen im Vertrag, solange die Grenzen der Sittenwidrigkeit nicht überschritten werden.

Diese Grenzen werden in erster Linie durch den Wuchertatbestand des § 138 II gesteckt. Darüber hinaus hat die Rechtsprechung unter Berufung auf § 138 I Nichtigkeit des Vertrages angenommen, wenn ein krasses Mißverhältnis der Leistungen auf einer verwerflichen Gesinnung desjenigen beruht, der aus dem Geschäft übermäßigen Gewinn zieht[35]). Dabei wird der absichtlichen Ausnutzung der Schwächen des anderen die grob fahrlässige gleichgestellt[36]). Ferner ist zugunsten des Benachteiligten, der seine unterlegene Position bei Vertragsschluß darlegt, eine verwerfliche Gesinnung des Gegners zu vermuten, da es der Lebenserfahrung entspricht, daß das Mißverhältnis der Leistungen auf der Ausbeutung der Schwächen des Unterlegenen beruht[37]). Unter Berufung auf § 826 können nach der Rechtsprechung außerdem Verträge korrigiert werden, in denen ein auffälliges Mißverhältnis der Leistungen auf einem eigenen Irrtum des Benachteiligten bei der Preisfestsetzung beruht, den der Vertragsgegner erkannt und ausgenutzt hat[38]). Das objektive Mißverhältnis der Leistungen soll sich dabei in allen Fällen durch den Vergleich mit dem ausgependelten (mittleren) Marktpreis ergeben, der unter der bestehenden Wirtschaftsordnung in der Regel als einziger Maßstab des wahren Wertes einer Sache angesehen wird[39]).

Unterhalb dieser Schranken ist selbst ein krasses Mißverhältnis kein Ansatzpunkt für rechtliche Korrekturen des Vertrages. Der Versuch des OLG Hamburg (Urt. v. 5. 9. 1934)[40]), in Abkehr von der bis dahin geltenden Rechtsprechung die Nichtigkeit des Vertrages allein auf das Mißverhältnis der Leistungen zu stützen, das sich objektiv als ungerechtfertigter Eigennutz darstellt, ist vom Reichsgericht entschieden zurückgewiesen worden[41]).

---

[35]) Vgl. RG 150, 1 ff. Beschluß des Großen Senats vom 13. 3. 1936; BGH NJW 1957, 1274 Urt. v. 21. 5. 1957 VIII. ZS.

[36]) Vgl. RG 150, 6; BGH LM Nr. 11 zu § 138 (Cb) Urt. v. 13. 5. 1958 VIII. ZS; BGH NJW 51, 397 Urt. v. 5. 3. 1951 IV. ZS.

[37]) Vgl. RG 150, 1; OLG Köln NJW RzW 1959, 47 Urt. v. 28. 10. 1958.

[38]) Vgl. RG Recht 1908, Nr. 971 Urt. v. 24. 1. 1908 II. ZS; RG JW 1910, 187, Nr. 10 Urt. v. 18. 1. 1910 II. ZS.

[39]) Vgl. BGH LM Nr. 1 zu § 138 (BA) Urt. v. 4. 12. 1953 V. ZS; Erman-Westermann 12 zu § 138, die als objektiven Wert einer Leistung ihren Verkaufswert ansehen.

[40]) Hans GZ 1934 B 632 f.

[41]) Beschluß des Großen Zivilsenats vom 13. 3. 1936 RG 150, 1 ff.
Zu erwägen wäre allenfalls, ob man nicht einen Einwand unzulässiger Rechtsausübung gegen die Geltendmachung von Vertragsrechten dann zulassen kann, wenn ein krasses Mißverhältnis bloß objektiv auf der Ausnutzung der Schwächen des Beteiligten beruht, ohne daß eine verwerfliche Gesinnung des begünstigten Teils vorliegt (etwa weil dieser sich bei der Festsetzung des überhöhten Preises geirrt hat).
Der BGH hat folgenden Fall entschieden (Urt. v. 18. 11. 1955 V. ZS BGH 19, 85 ff.):
Ein Straßenhändler hatte durch privatrechtlichen Vertrag mit der Stadt Berlin einen sog. Straßenhandelsschein erworben. Dafür hatte er ein Entgelt von DM 6,– pro Monat zu entrichten. Bei der Erneuerung seiner Erlaubnis wurde dem Händler mitgeteilt, daß entsprechend einem Beschluß des Senats von Berlin das Nutzungsentgelt für die Ausübung des ambulanten Gewerbes gestaffelt nach dem Umsatz

Ein auf die objektive Äquivalenz der Leistungen gerichtetes Postulat des redlichen Umsatzvertrages hat keine rechtliche Aktualität[42]).

b) Äquivalenz als Ordnungsstruktur des Modellvertrages

Wenn auch unsere Rechtsordnung keine Norm enthält, aus der sich eine Verpflichtung zur Gleichwertigkeit der gegenseitigen Leistungen ableiten ließe, so schließt das nicht aus, daß sich die objektive Äquivalenz für die Struktur des gegenseitigen Vertrages als relevant erweist, wenn man eine innere Gerechtigkeit des gegenseitigen Vertrages zu begründen versucht, die hinter der von einer Rechtsordnung jeweils realisierten juristischen Gestalt liegt. Das Modell des gegenseitigen Vertrages als ein rechtlicher Typus sozialen Verkehrs könnte der Idee nach aus dem Gedanken der objektiven Äquivalenz der Leistungen zu legitimieren sein. Und nur in diesem Sinne wird man auch die zitierten Äußerungen verstehen dürfen[43].)

---

der einzelnen Händler zu erheben sei und daß sein Standgeld deshalb auf DM 74,– heraufgesetzt sei. Diese Erhöhung hat der Händler schriftlich anerkannt; das Standgeld betrug damit fast 20% seines monatlichen Bruttoverdienstes von DM 400,–.
Der BGH hat den Sondernutzungsvertrag nach § 138 I für nichtig erklärt, weil die Höhe des Standgeldes existenzbedrohend sei und der Hädler ihr nur unter dem Druck der Monopolstellung der Stadt zugestimmt habe. Das Gericht stellt keinerlei Erwägungen darüber an, ob eine verwerfliche Gesinnung der Verwaltung bei der Festsetzung der Berechnungsrichtlinien vorgelegen habe. Es genügt ihm offensichtlich, daß die Monopolstellung der Stadt ursächlich geworden ist für die Zustimmung des Händlers zu der (nach objektiven Maßstäben) unbilligen Entgeltforderung. Die Begründung des BGH schließt mit dem Satz: »ist schon der sich aus einer Monopolstellung der einen Partei für die andere Partei ergebene Zwang, sich auch nur unbilligen Bedingungen zu unterwerfen, als sittenwidrig anzusehen, so gilt das erst recht für Bedingungen, die sogar die Existenz des Vertragspartners unmittelbar gefährden« (BGH 19, 94). Hier wird der objektive Monopolzwang selbst als sittenwidrig angesehen. Man wird daher annehmen dürfen, daß das Gericht auch dann nicht anders entschieden hätte, wenn der Stadt der Nachweis gelungen wäre, daß es an einer verwerflichen Gesinnung überhaupt fehle, weil die überhöhte Entgeltforderung etwa auf den Defekt einer Rechenmaschine zurückzuführen sei. Für den betroffenen Vertragsgegner ist es gleichgültig, ob die überhöhte Forderung auf einer verwerflichen Gesinnung oder auf einem verzeihlichen Irrtum des Monopolisten beruht. Allerdings wird man im zweiten Fall nicht Sittenwidrigkeit bei Vertragsschluß (§ 138) annehmen dürfen; verwerflich ist die Ausübung von Vertragsrechten, die solcherart auf der Wirkung des Monopoldrucks beruhen. Der objektiv Benachteiligte muß den Einwand unzulässiger Rechtsausübung erheben können.

[42]) A.A. offenbar neuerdings das OLG Bremen (NJW 1963, 1457 Urt. v. 14. 2. 1963), das unter Berufung auf das Prinzip der sozialen Marktwirtschaft eine Verpflichtung zur Rücksichtnahme bei der Preisgestaltung entwickelt. Nach § 242 soll der Verkäufer verpflichtet sein, den Käufer über seine Preisgestaltung aufzuklären, wenn er von dem »marktgerechten, richtigen Preis« willkürlich erheblich abweicht; (gegen dieses Urteil vgl. Zeiß NJW 1964, 477 ff.).
Vgl. ferner Staudinger-Ostler (11. Aufl.) 35 zu § 433, der in § 19 WiStrG (jetzt § 2a) eine rechtliche Verpflichtung zur Einhaltung des gerechten Preises sieht.

[43]) Mit Ausnahme wohl von Krückmann, der dieser Struktur mit Hilfe eines Konditionsanspruchs unmittelbaren rechtlichen Durchgriff verschaffen wollte, AcP 128 (1928) 185. Vgl. auch unten, zu Anm. 54.

Wieacker[44]) weist auf die in der Tradition mit dem Gedanken des Tausches verbundenen Gerechtigkeitsforderungen hin, die in dem Versuch des Kanonischen Rechts des Mittelalters, den gerechten Preis zur Wirksamkeitsvoraussetzung des Tauschvertrages zu erheben auch unmittelbaren juristischen Ausdruck gefunden haben. Sie zeigen, daß in der Gleichwertigkeit der getauschten Leistungen der spezifische Gerechtigkeitsgehalt dieses Vertragstypus gesehen wird. Der gleiche Gedanke ist in Teilen des amerikanischen Equity-Rechts wirksam. Hier wird bisweilen gefordert, Verträge mit außerordentlicher Ungleichwertigkeit der Leistungen unabhängig von einem dadurch indizierten fraud objektiv als »harsh«, »unfair«, »unconscionable« zu qualifizieren und daher ihre Realexekution (specific performance) zu verweigern[45]). Noch weitergehend ist in einigen Staaten durch Statut die Gleichwertigkeit der Leistungen zur Voraussetzung eines decree for specific performance erhoben worden; das gilt für California, Georgia, North-Dacota, South-Dacota, Idaho, Montana[46]). Das Gesetz fordert hier in equity die Gleichwertigkeit von Leistung und Gegenleistung, und jede (nicht nur die krasse) Inadäquanz der Leistungen genügt, um den Vertrag unerzwingbar zu machen. Diese Regelung unterscheidet sich wesentlich vom allgemeinen Equity-Recht und nähert sich in der Beurteilung des Wertverhältnisses von Leistung und Gegenleistung der mittelalterlich-kanonischen Forderung des gerechten Preises[47]).

---

[44]) Festschrift Wilburg 1965, S. 249.

[45]) Vgl. etwa Federal Oil Co. v. Western Oil Co. 112 F 373 (375), Indiana 11. 1. 1902; Mark v. Gates 154 F 481 (483), C. C. of Appeals 8th C. 27. 5. 1907; Weeks v. Pratt 43 F2d 53 (57) C. C. of Appeals 5th C. 27. 9. 1930; De Caro v. De Caro 42 ALR 2d 1312 (1319) New Jersey 1. 6. 1953; Williston On Contracts V § 1428 (S. 4000); vgl. ferner 49AmJur »specific performance« § 65 (S. 79 f.): der Erfüllungsanspruch wird verweigert, »where the inadequacy is so gross as to make the contract hard unfair and unreasonable and a shock to the conscience of the court«.
Nach überwiegender Meinung ist dagegen das Mißverhältnis der Leistungen selbst nur unter dem Gesichtspunkt des evidence of fraud Ansatzpunkt für die Verweigerung der specific performance; vgl. Corbin On Contracts I (1950) § 127 (S. 392); für das engl. Recht Anson-Brierly Law of Contract (20th ed. 1952), S. 378.
Ähnlich geteilt sind in der französischen Doktrin die Auffassungen zur lésion des art. 1674 C.c.fr. Während die lésion nach überwiegender Ansicht als Vermutung eines »vice du consentement« zu begründen ist (vgl. Mazeaud Leçons de Droit Civil II (2me. éd. 1962) no. 211; Colin et Capitant par de la Morandière Traité de Droit Civil (1959) II no. 673) sehen einige darin einen Verstoß gegen eine objektive Gerechtigkeitsforderung des Vertrages; vgl. Ripert La règle morale no. 70, 73 Carbonniér Droit Civil II 1957 no. 144: art. 1674 liegt ein »défaut d'équivalence objective entre les prestations« zugrunde. Dieser Ansicht hat sich der Cour de Cassation angeschlossen; vgl. Req. 28. dec 1932; D. 1933, 49 f.

[46]) Vgl. die in 27 6th Dec.Digest, S. 829 ff., mitgeteilten Entscheidungen aus diesen Staaten. Bisweilen wird auch ohne Statut schlechthin die Gleichwertigkeit der Leistungen gefordert; vgl. 81 C.J.S. »specific performance« § 39 (S. 508).

[47]) Mit den gleichen praktischen Schwierigkeiten; so hat die Starrheit dieses Schemas etwa dazu geführt, daß unter § 3391 Civil Code of California der Erfüllungszwang für einen Vertrag verweigert wurde, in dem Land im Werte von $ 15.000 gegen $ 14.000 verkauft wurde. (Wilson v. White 119 P 895 – 1911 –).

Die Geltung einer Gerechtigkeitsfunktion des Tausches versucht man allgemein auch da zu begründen, wo eine rechtliche Bindung an ein bestimmtes Wertverhältnis nicht besteht. Es wäre wohl auch kaum erträglich, den gegenseitigen Vertrag als ein wesentliches Verkehrsschema der Privatrechtsordnung hinzunehmen, wenn etwa von vornherein feststünde, daß innerhalb dieses Schemas nur eine Güterbewegung stattfinden kann, die unter dem Schutz des Rechts die einen unumkehrbar immer reicher, die anderen immer ärmer macht.

Theoretisch ist leicht zu sehen, daß das Modell des Tausches nicht die Ausbeutung der einen Partei durch die andere fordert. Auch unter Einhaltung strikter objektiver Gleichwertigkeit ist der Tausch möglich, weil der Nutzenwert von Gütern verschieden ist, je nachdem, in wessen Hand sie sich befinden.

Daß aber der gegenseitige Vertrag auch in Wirklichkeit nicht ein Instrument der Ausbeutung ist, sondern einen echten Ausgleich, die von der iustitia commutativa geforderte gerechte Güterbewegung, zustande bringt, soll nach der herrschenden Wirtschaftsideologie für den wirtschaftlichen Verkehr durch die regulierende Funktion des Wettbewerbs gesichert sein[48]).

Legt man das zugrunde, so kann man die Rolle der objektiven Äquivalenz im gegenseitigen Vertrag folgendermaßen zusammenfassen: In der Bewältigung eines gerechten, d. h. gleichwertigen Güteraustausches ist die spezifische Ordnungsfunktion des Instituts »gegenseitiger Vertrag« zu sehen. Die Idee der Gleichwertigkeit der Leistungen ist eine Ordnungsstruktur dieses Vertragstypus, deren Geltung in der geltenden Rechtsordnung zwar nicht für den einzelnen Vertrag, wohl aber für den Tausch als Funktion, für den funktionalisierten gegenseitigen Vertrag in der wirtschaftstheoretischen Betrachtung, belegt werden kann. Unter den Gesetzen eines wettbewerbsgesteuerten Marktes läßt sich für den auf der Privatautonomie aufgebauten wirtschaftlichen Tauschverkehr eine Tendenz zur Gleichwertigkeit der ausgetauschten Güter, eine gewisse Äquivalenzerwartung begründen[49]).

Sieht man im Wettbewerb eine »Richtigkeitsgewähr« für den von den Parteien autonom ausgestalteten wirtschaftlichen Tauschvertrag, so lassen

---

[48]) Vgl. dazu ausführlich Raiser, Vertragsfunktion und Vertragsfreiheit, in: Hundert Jahre Deutsches Rechtsleben (1960) Bd. I, S. 129ff. (besonders S. 132f.); Mestmäcker JZ 1964, 442f.; vgl. ferner dazu auch die Begründung zum Entwurf des Gesetzes gegen Wettbewerbsbeschränkungen im Gemeinschaftskommentar (1. Aufl. 1958) S. 1057-1059. Aus dieser Sicht sind wettbewerbssichernde Normen (etwa das Gesetz gegen unlauteren Wettbewerb, das Rabattgesetz, vor allem aber das Gesetz gegen Wettbewerbsbeschränkungen) in besonderer Weise wertbezogen: sie gewährleisten immer zugleich wenigstens die Möglichkeit einer inneren Gerechtigkeit der wirtschaftlichen Tauschverträge, die im Rahmen der Privatautonomie abgeschlossen werden.

[49]) Außerhalb dieses Rahmens wird sich die Idee objektiver Gleichwertigkeit kaum als relevanter Ordnungsfaktor des Tauschverkehrs nachweisen lassen. So dienen etwa hoheitliche Marktregelungen übergeordneten wirtschafts- und sozialpolitischen Zielsetzungen, hinter die das Gebot einer isolierten Vertragsgerechtigkeit – ausgedrückt in der objektiven Wertgleichheit der getauschten Leistungen – durchaus zurücktritt.

sich möglicherweise rechtliche Konsequenzen für den einzelnen Vertrag ableiten, wenn diese Gewähr entfallen ist, etwa bei Ausschaltung der Korrektive des Wettbewerbs durch wirtschaftliche Übermacht[50]). Diese Frage ist hier jedoch nicht weiter zu verfolgen. Es steht fest, daß die Verfehlung der objektiven Gleichwertigkeit der auszutauschenden Leistungen nach geltendem Recht als solche keinerlei unmittelbar rechtliche Bedeutung für den einzelnen Vertrag haben kann.

Die objektive Äquivalenz der gegenseitigen Leistungen ist ein Ausdruck der Idee vertraglicher Gerechtigkeit (iustitia commutativa). Die Möglichkeit ihrer Verwirklichung durch die gegebene juristische Verkehrsform »gegenseitiger Vertrag« ist ein Moment, das zur rechtspolitischen Rechtfertigung der Existenz dieser Verkehrsform beitragen kann. Die objektive Äquivalenz ist jedoch nicht selbst auch eine unmittelbar rechtliche Struktur dieser Vertragskategorie. Die strukturelle rechtliche Gleichwertigkeit der gegenseitigen Leistungen muß woanders liegen.

2. Nachwirkungen der sog. subjektiven Äquivalenztheorie

Daß die dem gegenseitigen Vertrag wesentliche Äquivalenz der Leistungen nicht als eine objektive Gleichheit ihrer Werte verstanden werden kann, wird nirgends bezweifelt. Es findet sich jedoch bisweilen die Behauptung, daß in einem gegenseitigen Vertrag die vereinbarten Leistungen wenigstens nach der Vorstellung der Parteien einander im Wert gleichkommen (subjektive Äquivalenz)[51]).

Hierbei sind zwei Auffassungen zu unterscheiden, die jeweils einen anderen Begriff von »Wert« unterlegen. Die von den Parteien angenommene Äquivalenz der gegenseitigen Leistungen bedeutet danach entweder:
a) daß die Parteien die vereinbarten Leistungen ihrem (objektiven) Tauschwert nach – so wie er etwa in einem Marktpreis ausgedrückt ist – als gleichwertig ansehen; oder in einer anderen Variante dieser Theorie:
b) daß die Parteien die Leistungen wenigstens nach ihren konkreten Bedürfnissen und Interessen, also dem (subjektiven) Nutzenwert nach, jeweils als gleichwertig einschätzen.

a) Die Äquivalenz als Gleichbewertung des Tauschwertes der gegenseitigen Leistungen

Eindeutig als eine Gleichbewertung der objektiven Werte wird die Äquivalenz der Leistungen heute noch von Palandt-Danckelmann verstanden. Nach

---

[50]) Unter diesem Gesichtspunkt wird das Problem vor allem erörtert, vgl. Raiser und Mestmäcker aaO.

[51]) Larenz aaO Bd. I § 18 I;
Palandt-Danckelmann 1c aa vor §§ 320 ff.;
Erman-Groepper 3 vor §§ 320 ff.; RGRK (Wilde) 3 vor §§ 320 ff.

ihm geht jeder Vertragspartner im gegenseitigen Vertrag davon aus, daß die Leistung des anderen der seinen (mindestens) gleichwertig (äquivalent) ist. Diese gemeinsamen Vorstellungen wertet er als Geschäftsgrundlage des Vertrages; sie sollen die Möglichkeit eröffnen, korrigierend in den Vertrag einzugreifen, wenn die objektive Gleichwertigkeit der Leistungen von Anfang an kraß verfehlt wird[52]).

Auf ähnlichem Wege ist Krückmann für den »redlichen Austauschvertrag« schon im Jahre 1928 zu demselben Ergebnis wie Palandt-Danckelmann gelangt. Nach seiner Lehre ergibt sich aus der inneren Logik des gegenseitigen Vertrages, daß er auf einen Austausch von gleichwertigen Leistungen gerichtet ist; die Äquivalenz soll der von den Parteien bezweckte Erklärungserfolg sein[53]). Daher falle, wer sich schwer über den Wert seiner Leistung irre, mit seiner Erklärung aus der von ihm gewollten und erstrebten Äquivalenz heraus. Er müsse seine Leistung kondizieren können, da er den Zweck des innerlich gerechtfertigten gegenseitigen Vertrages nicht erreiche[54]).

Die Unhaltbarkeit dieser Auffassung ist wiederholt nachgewiesen worden[55]). Wenn jemand etwa eine für ihn wertlose Sache zu einem überhöhten Preis kauft, um den Verkäufer unerkannt zu unterstützen oder um sich als Kaufliebhaber aufzuspielen oder um einen unverschämten Vertreter loszuwerden (Beispiele von Haymann), so liegen die behaupteten Äquivalenzvorstellungen zweifelsfrei nicht vor; gleichwohl kann man solchen Geschäften nicht darum den Charakter gegenseitiger Verträge absprechen.

Das gleiche läßt sich zeigen, wenn man einen sog. »redlichen« Umsatzvertrag des wirtschaftlichen Verkehrs zugrunde legt. Der Verkäufer einer Ware, für deren Wert vielleicht in einem ausgependelten Marktpreis ein guter Maßstab zur Verfügung steht, kann vielerlei Gründe haben, in seiner Preisgestaltung von diesem Marktpreis abzuweichen. Er kann darunter bleiben, um etwa seinen Warenbestand schnell zu verringern oder um seinen Marktanteil zu erhöhen; er kann aber auch über diesen Preis gehen, wenn er etwa glaubt, daß der Markt die Ware auch noch zu einem höheren Preis in ausreichenden Mengen aufnehmen wird. Die Vorstellung der Parteien von der objektiven Gleichwertigkeit der Leistungen ist hiernach in keinem Falle eine Struktur des gegenseitigen Vertrages, auch nicht, wenn man sich auf den wirtschaftlichen Austausch beschränkt[56]).

Danckelmann beruft sich für seine Interpretation der dem gegenseitigen Vertrag eigenen Gleichwertigkeit der Leistungen zu Unrecht auf die herrschende Lehre. Zwar gibt es gelegentlich Äußerungen, in denen die Äquiva-

---

52) 1c aa vor §§ 320 ff.; vgl. auch 6 zu § 242.

53) Kalkulationsirrtum und ursprüngliche Sinn- Zweck- und Gegenstandslosigkeit AcP 128, 157 ff. (181 f.) und AcP 131 (1929) 7.

54) AcP 128, 185.

55) Vgl. etwa Haymann, Schenkung, S. 16 f.; Oertmann, Entgeltliche Geschäfte, S. 46 ff.

56) Falls im Einzelfall, was besonders nachgewiesen werden müßte, die Parteien von der objektiven Gleichwertigkeit der Leistungen ausgegangen sein sollten, so kann der Vertrag wegen Fehlens der Geschäftsgrundlage korrigiert werden; wenn sich diese gemeinsame Vorstellung als irrig erweist.

lenz als Vorstellung der Parteien von der objektiven Gleichwertigkeit ihrer Leistungen verstanden ist. Das gilt etwa für das Landgericht Dortmund (Urt. v. 17. 3. 1955)[57]), das aus der Festsetzung eines bestimmten Kaufpreises entnimmt, daß die Parteien die Vorstellung gehabt haben, die Kaufsache habe wirklich diesen Wert. Ferner könnte in dieser Richtung auch die Bemerkung bei Soergel-Schmidt[58]) zu verstehen sein: »objektive Gleichwertigkeit ist nicht erforderlich sondern allein die Vorstellung der Parteien darüber«.

Im übrigen ist aber diese Variante der subjektiven Äquivalenztheorie kaum je vertreten worden. Zwar bekämpft Oertmann eben diese Lehre im Jahre 1912 als die »immer noch entschieden vorherrschende«, aber schon Cosack – einer der wenigen, die sich mehr als beiläufig darüber ausgelassen haben – verstand unter subjektiver Äquivalenz eine Gleichbewertung der Leistungen auf Grund der konkreten Interessen und Bedürfnisse jeder Partei, also eine Gleichschätzung dem (subjektiven) Nutzenwert nach[59]).

b) Die Äquivalenz als Gleichbewertung des Nutzenwertes der gegenseitigen Leistungen

Zu diesem Verständnis der subjektiven Äquivalenz tendiert der Bundesgerichtshof in einigen Entscheidungen.

Das gilt einmal für die Rechtsprechung des V. Zivilsenats zur sog. Äquivalenzstörung. In einem Urteil vom 14. 10. 1959 (»Kaliabbaufall« NJW 1959, 2203) bestätigt der Senat, daß zwischen den beiderseitigen Leistungen im gegenseitigen Vertrag ein Äquivalenzverhältnis bestehe, »da es nicht auf die objektive Gleichwertigkeit von Leistung und Gegenleistung, sondern auf die subjektiven Vorstellungen der Parteien vom Wert des beiderseits zu Leistenden ankomme«.[60])

Ferner gilt dies aber auch für die Rechtsprechung zur Frage der Entgeltlichkeit. So begründet etwa der II. Zivilsenat die Entgeltlichkeit eines Auseinandersetzungsvertrages über eine Handelsgesellschaft: »Denn für die Entgeltlichkeit kommt es allein darauf an, in welcher Weise die Vertragsparteien die einander zugesagten Leistungen selbst beurteilen, ob sie nämlich die

---

[57]) NJW 1056, 1072.

[58]) 6 vor § 320.

[59]) Anfechtungsrecht (1884), S. 134/5.
Ebenso muß man die anderen gemeinrechtlichen Autoren verstehen, die die Äquivalenz als Gleichschätzung der Werte der Leistungen aufgefaßt haben. Das gilt für Windscheid Voraussetzung, S. 89, Bekker Aktion Bd. I S. 130, Lenel AcP 79,71, Anm. 19; ebenso auch für Stintzing Vorverpflichtung (1903), S. 52. Man kann nicht unterstellen, daß sie sich auf den objektiven Wert der Leistungen beziehen. Insbesondere verspräche das auch der nie bezweifelten Möglichkeit des sog. Freundeskaufs, bei dem der Preis von den Parteien in voller Absicht unter dem objektiven Wert der Kaufsache festgesetzt wird. Dieses Geschäft ist rechtlich immer als reiner Kauf behandelt worden; vgl. Sintenis Civilrecht (3. Aufl. 1868) Bd. II, S. 610.

[60]) Die Bedeutung der subjektiven Wertvorstellungen wird ferner betont in: BGH LM Nr. 35 zu § 242 (Ba) Urt. v. 4. 11. 1960; LM Nr. 41 zu § 242 (Bb – Bl. 3 –) Urt. v. 29. 9. 1961 V. ZS.

versprochene Leistung des einen als einen Gegenwert für die versprochene Leistung des anderen auffassen.« Daß diese Voraussetzung im entschiedenen Fall erfüllt ist, stellt der Senat mit folgenden Worten fest: »Wie hoch auch immer der Wert des Geschäfts nach objektiven Maßstäben im Zeitpunkt der Auseinandersetzung anzusehen gewesen sein mag, für den Beklagten war jedenfalls die Möglichkeit einer alleinigen Fortführung des Geschäftsunternehmens so viel wert, daß er dafür die ihm obliegenden Verpflichtungen in dem Auseinandersetzungsvertrag ... übernahm.«[61]) Damit wird also die Entgeltlichkeit aus einer wertmäßigen Gleichschätzung der vereinbarten Leistungen durch die Parteien begründet.

Mit dieser Begründung ist der Bundesgerichtshof von der Rechtsprechung des Reichsgerichts abgewichen. Zwar stellt er an das Äquivalenzverhältnis des gegenseitigen Vertrages ebensowenig wie das Reichsgericht irgendwelche Anforderungen, die das objektive Wertverhältnis der Leistungen betreffen. Das zeigt sich deutlich in der Rechtsprechung zur Äquivalenzstörung, wo als wesentliches Gleichgewicht nicht etwa die objektive Gleichwertigkeit der Leistungen, sondern ihr bei Vertragsschluß bestehendes tatsächliches Wertverhältnis zugrunde gelegt wird[62]). Während jedoch das Reichsgericht die Rolle des rechtsgeschäftlichen Parteiwillens für die Gleichstellung der Leistungen allein in den Vordergrund gestellt hat[63]), versucht der Bundesgerichtshof in den zitierten Urteilen darüber hinaus, diese rechtsgeschäftliche Gleichstellung aus einer wertmäßigen Gleichschätzung zu belegen und zu erkennen. Die Frage, in welchem Sinne denn objektiv ungleichwertige gegenseitige Leistungen äquivalent genannt werden können, wird also unter Berufung auf zugrundeliegende subjektive Wertvorstellungen der Parteien beantwortet, für die der objektive Minderwert einer Gegenleistung durch eine höhere individuelle Nutzenbewertung ausgeglichen wird. Das Reichsgericht hat demgegenüber grundsätzlich offengelassen, was Grund der Gleichstellung gegenseitiger Leistungen ist. Zu den Motiven der Parteien wird lediglich bis-

---

[61]) Urt. v. 15. 12. 1955 WM IV B 1955, 354 f.

[62]) Vgl. RG 112, 333 Urt. v. 10. 2. 1926 V. ZS.: das Gleichgewicht der Leistungen besteht darin, daß die Parteien sie als gleichwertig oder doch in einem bestimmten Verhältnis stehend ansehen; siehe besonders BGH Betrieb, 1958, 1325 Urt. v. 23. 9. 1958 VIII. ZS: bei Störung des Gleichgewichtsverhältnisses bei einem Mietvertrag hat das Gericht »die Miete bis zu dem Betrag anzuheben, der dem für die damalige Zeit festgestellten Verhältnis zwischen objektivem Nutzungswert und tatsächlicher Nutzungsentschädigung entspricht, um die Gleichwertigkeit der Leistungen wiederherzustellen.« Vgl. ferner BGH NJW 1958, 907 Urt. v. 8. 1. 1958 V. ZS.

[63]) So besonders in der Rechtsprechung zur Entgeltlichkeit: vgl. RG Recht 1907, Nr. 389, Urt. v. 28. 11. 1907 IV. ZS. (»Vertragswille«); RG 83,52 Urt. v. 4. 7. 1913 VII. ZS. (»Parteiabsicht«); RG Recht 1918, Nr. 850, Urt. v. 18. 3. 1918 IV. ZS. (»Inhalt des Rechtsgeschäft«).
Auch die Formel des großen Zivilsenats (Beschluß vom 30. 1. 1940 RG 163, 356) bezieht sich nicht auf Wertvorstellungen der Parteien: »entgeltlich ist ein Erwerb, wenn er kraft Gesetzes oder kraft rechtsgeschäftlicher Bestimmung rechtlich abhängig ist von einer als Ausgleichung aufgefaßten eigenen Zuwendung«. Diese Auffassung der Ausgleichung ist nach RG WarnRspr 1941 Nr. 116, Urt. v. 9. 6. 1941 V. ZS ebenfalls aus der rechtsgeschäftlichen Bestimmung zu entnehmen.

weilen ausgeführt, daß die Leistungen »mit Hinblick auf die mit ihnen verfolgten Zwecke« gleichgestellt seien[64]). Eine Deutung dieser normativen Gleichstellung der Leistungen durch Rückgang auf die wertschätzenden Vorstellungen der Parteien von ihrer Wertgleichheit wird aber im allgemeinen vermieden[65]).

Auf dem Standpunkt der subjektiven Äquivalenztheorie steht entschieden auch Larenz. Nach ihm ist die Gegenleistung »in den Augen jeder Partei der vollgültige Gegenwert ihrer Leistung, wobei ihre eigene Schätzung jeweils maßgebend ist. Der Maßstab, nach dem sich die vorausgesetzte Gleichwertigkeit ergibt, ist also für jede Partei ein anderer, subjektiver: der ihres eigenen Bedürfnisses.« Und ferner: »Die Parteien tauschen Leistungen aus, die in den Augen einer jeden von ihnen einander gleichwertig sind, so daß jede für ihre eigene Leistung die wertmäßig entsprechende Gegenleistung erhält.«[66])

Auch Jaeger-Lent greifen – zur Definition der Entgeltlichkeit im Rahmen des § 32 KO – auf die subjektive Äquivalenztheorie zurück: Als Entgelt könne dem Zweck der Gläubigeranfechtung entsprechend nur eine Gegenleistung zählen, die nach der wirklichen Auffassung der Parteien der Leistung im Werte wenigstens gleich geachtet werde[67]).

Auch diese Äquivalenzauffassung ist verfehlt. Die Forderung, daß die Parteien von der subjektiven Gleichwertigkeit der Leistungen, gemessen an ihrem jeweiligen Nutzen, ausgehen müßten, widerspricht geradezu der Möglichkeit wirtschaftlichen Tauschverkehrs. Bei rationaler, wirtschaftlicher Betrachtungsweise wird ein Tausch nur dann zustande kommen, wenn beide Parteien sich davon eine Erhöhung ihres Nutzens versprechen. Kann eine Partei nach ihrer konkreten Nutzensituation den subjektiven Wert der angebotenen Gegenleistung nur ebenso hoch ansetzen wie den der eigenen Leistung, so fehlt ein Tauschantrieb; der Trägheit folgend wird sie ihre eigene Leistung behalten. Tauschvoraussetzung ist, daß jede Partei den Nutzenwert der Gegenleistung höher einschätzt als den der eigenen Leistung.

---

[64]) Vgl. RG 105, 249 Urt. v. 6. 7. 1922 IV. ZS, RG WarnRspr. 1928 Nr. 36 (S. 71), Urt. v. 5. 1. 1928 IV. ZS.

[65]) Anklänge daran finden sich aber etwa in RG WarnRspr. 1937 Nr. 22 (S. 53) Urt. v. 27. 11. 1936 V. ZS: »es ist Sache der Parteien, wie hoch sie bei einem gegenseitigen Vertrage die beiderseitigen Leistungen einschätzen. Da der Minderwert der einen Leistung durch andere Umstände durchaus ausgeglichen werden kann, ist es möglich, daß das Geschäft als ernstliches gewollt war«; auch in RG Recht 1918 Nr. 850 Urt. v. 18. 3. 1918 IV. ZS wird das Ermessen der Parteien bei der »Einschätzung« der Leistungen betont.

[66]) Geschäftsgrundlage (3. Aufl. 1963), S. 78 und Schuldrecht Bd. I, § 18 I.

[67]) Konkursordnung (8. Aufl. 1958) 1 zu § 32 KO; ähnlich Mentzel-Kuhn (7. Aufl. 1962) 6 zu § 32 KO: die Veräußerung unter Wert ist nicht unentgeltlich, weil die Parteien den Preis nach Lage der Sache als gleichwertig ansehen.
Auf den Wert der gegenseitigen Leistungen wird die Äquivalenz ferner auch bezogen von: Wilde (RGRK 11. Aufl. 1959 3 vor §§ 320 f.): subjektiv liegt dem Verhältnis, in das Leistung und Gegenleistung gebracht werden, der wirtschaftliche Äquivalenzgedanke zugrunde, der jedem Teile die von dem anderen zu empfangende Leistung als ein für ihn mindestens gleichwertigen Ausgleich erscheinen läßt; vgl. weiter Erman-Groepper (3. Aufl. 1962 3 vor §§ 320 ff.): die Leistungen sind für die Parteien wenigstens subjektiv wirtschaftlich äquivalent.

3. Die rechtsgeschäftliche Gleichstellung der gegenseitigen Leistungspflichten

Alle Versuche, die Äquivalenz der gegenseitigen Leistungen in irgendeiner Form als eine Gleichheit der Werte dieser Leistungen zu deuten, sind verfehlt. Die Wertvorstellungen der Parteien sind für die strukturelle Erfassung des gegenseitigen Vertrages belanglos; sie behalten gegenüber dem Rechtsgeschäft den Charakter bloßer Motive, aus denen kein Aufschluß über die wesentliche Gleichwertigkeit der gegenseitigen Leistungspflichten zu gewinnen ist.

Das Phänomen der Äquivalenz im gegenseitigen Vertrag kann allein von den Willenserklärungen der Parteien her erfaßt werden. Man kann mit Locher sagen: »nicht eine Gleichschätzung durch Parteiurteil bedeutet die mit dem Synallagma verbundene Gleichwertigkeit der Leistungen, sondern eine Gleichsetzung durch Parteiwillensakt.«[69]) Ebenso betont Oertmann[70]): »die richtige Ausprägung der (Äquivalenz-)Lehre verlangt nicht eine Vorstellung der Parteien von der subjektiven Wertgleichheit der Leistungen, sondern nur einen Willen dahin, daß die eine einen Ausgleich für die von dem anderen übernommene bildet, beide sollen nur im Sinne des Vertragszweckes gleichwertig sein.«

Äquivalenz bedeutet die Gleichwertigkeit der Leistungen im Funktionszusammenhang des ganzen Rechtsgeschäfts. Jede Leistung ist auch Gegenleistung und hat den gleichen Rechtswert (Funktionswert) wie diese. Grund dieser Gleichheit sind nicht bestimmte Wertvorstellungen der Parteien, sondern ihre rechtsgeschäftlichen Entscheidungen. Der Abschluß eines gegenseitigen Vertrages ist eine Äquivalent-Setzung der gegenseitigen Leistungspflichten.

Die daraus resultierende Gleichheit der Leistungen ist eine absolute und vollständige. Sie gilt notwendig und allgemein und nicht nur im Regelfall;

---

[68]) Dieser Sachverhalt ist auch verschiedentlich zur Klärung des Wesens entgeltlicher Geschäfte herangezogen worden; wohl zuerst von Ihring Zweck im Recht (3. Aufl. 1893) Bd. I, S. 121 f.
Unter dem Eindruck der Richtigkeit dieser Auffassung behaupten die Vertreter der subjektiven Äquivalenztheorie bisweilen, die Parteien müßten die vereinbarten Leistungen als »mindestens gleichwertig« ansehen (vgl. z. B. RGRK Wilde 3 vor §§ 320 ff.). Auch diese Theorie ist jedoch nicht haltbar. Sie gilt zwar für den Regelfall des wirtschaftlichen Austauschvertrages, ist aber nicht eine Struktur jedes gegenseitigen Vertrages. Man vgl. dazu nochmals die nach Anm. 55 zitierten Beispiele Haymanns.

[69]) AcP 121 (1923) 70.

[70]) BGB (5. Aufl. 1928).
Den allein rechtsgeschäftlichen Charakter der Äquivalenz beschreibt Haymann, wenn er sagt, daß die Leistungen nach der Vertragsauffassung koordiniert seien (Schenkung, S. 58; IhrJB 56, 124). Das wesentliche Moment von Leistung und Gegenleistung liegt nach ihm darin: »daß die Parteien das jedem Teil obliegende Verhalten als Leistung an den anderen Teil anerkennen und jedweder Handlung im gleichen Sinne Bedeutung für die Interessen des Gegners zuerkennen« (Schenkung, S. 57). Vgl. auch Crome System Bd. II (1902), S. 165: »gleichwertig im Rechtssinne«; und ferner Cosack Bürgerliches Recht Bd. I (8. Aufl. 1927), S. 369: Leistung und Gegenleistung befinden sich »rechtlich im Gleichgewicht«.

sie ist in keinem Falle nur »annähernd« verwirklicht[71]). Die Leistungen können auch nicht sinnvoll als »mindestens gleichwertig« bezeichnet werden[72]). Ebensowenig darf man, streng genommen, von der Äquivalenz als einer Geschäftsgrundlage reden, die die Parteien voraussetzen[73]). Unter Geschäftsgrundlage im technischen Sinne kann man nur einen außerhalb des Vertragsinhalts liegenden Umstand verstehen, auf dem sich der Vertragswille der Parteien aufbaut. Die in der Äquivalenz liegende Gleichheit der Leistungspflichten wird aber durch die Willenseinigung der Parteien allererst konstituiert. Die zitierten Redewendungen verraten eine Tendenz, der Äquivalenz Wertvorstellungen zu unterlegen. Es kann aber nicht genug betont werden, daß die Gleichheit der Leistungspflichten nichts als eine rechtliche Gleichwertigkeit infolge einer Äquivalent-Setzung im Vertrag ist. Es war gerade der entscheidende Fehler der subjektiven Äquivalenz-theorien, daß sie glaubten, diese rechtliche Struktur als ein Verhältnis der Werte der Leistungen erläutern und erkennbar machen zu können[74]).

Der Überblick über die verschiedenen Varianten des Äquivalenzgedankenz hat gezeigt, daß die Frage nach dem Sinn und der Tragweite der Äquivalenz gegenseitiger Leistungspflichten ein Problem der rechtlichen Struktur des gegenseitigen Vertrages ist. Mit dem Nachweis, daß die Äquivalenz nur als eine rechtliche Gleichstellung durch die Vertragsentscheidung der Parteien verstanden werden darf, ist dies Problem nicht beantwortet, sondern erst präzise gestellt. Es ist gezeigt worden, daß jede Auslegung dieser Äquivalenzstruktur durch die Beziehung auf die Werte der vereinbarten Leistungen ausgeschaltet werden muß. Damit hat sich der Begriff der Äquivalenz als weniger inhaltsreich erwiesen, als es zunächst den Anschein gehabt haben mag; er ist insbesondere, sobald er nur noch als eine Beschreibung der formalen rechtlichen Struktur des gegenseitigen Vertrages verstanden werden darf, auch nicht mehr als Kriterium brauchbar, im einzelnen Fall darüber zu entscheiden, ob ein vorgelegter Vertrag gegenseitig (entgeltlich) ist.

Eine Erklärung und Begründung der rechtlichen Gleichheit von Leistung und Gegenleistung wird man nur geben können, wenn es gelingt, die Struktur des gegenseitigen Vertrages unabhängig vom Äquivalenzgedanken näher auszulegen. Dieser Aufgabe gilt der erste Teil der folgenden Untersuchungen.

In einem zweiten Teil wird versucht, die Lösung einzelner Probleme des Synallagmas aus der Struktur des gegenseitigen Vertrages zu gewinnen.

---

71) So aber BGH LM Nr. 39 zu § 242 (Bb) Urt. v. 21. 12. 1960 V. ZS.

72) RGRK (Wilde) 3 vor §§ 320ff.

73) Vgl. Enn.-Lehmann Schuldrecht (15. Aufl. 1958), wo das Gleichwertverhältnis zu den von den Parteien »unbewußt vorausgesetzten selbstverständlichen Umständen« gerechnet wird, § 41 II 4 (am Ende).

74) Siber Schuldrecht, S. 191, ersetzt daher den Begriff der »Äquivalenz« durch den der »Gegenwertigkeit«. Diese Terminologie vermeidet zwar alle Anklänge an die Werttheorien, hat aber den Nachteil, daß sie den wesentlichen Gedanken der Gleichheit von Leistung und Gegenleistung nicht mehr ausdrückt.

Erster Teil

ALLGEMEINE STRUKTUREN

B. Die Struktur der Gegenseitigkeit

I. Die Theorie von der wechselseitigen Zweckbeziehung der Leistungspflichten als methodischer Ausgangspunkt

Die Antwort der herrschenden Lehre auf die Frage nach dem Wesen des gegenseitigen Vertrages ist die Theorie von der wechselseitigen Zweckbeziehung der vereinbarten Leistungspflichten: die Verpflichtung der einen Partei soll jeweils der Zweck der Verpflichtung der anderen Partei sein.
Diese Theorie wird in verschiedenen Formulierungen vertreten. Man spricht sowohl von einer »finalen Gegenseitigkeitsbindung«[1]) als auch von einer »Kausalbeziehung« der Leistungen[2]). Es heißt ebenso oft, jede Leistung erfolge »um der Gegenleistung willen«[3]) wie: jede Leistung werde geschuldet, »weil« die andere geschuldet werde[4]). Diese Formulierungen sind austauschbar und bezeichnen keinen sachlichen Unterschied. Ist die Gegenverpflichtung Zweck meiner eigenen Verpflichtung, so ist sie zugleich deren Ursache, denn sie bestimmt mich zu meiner Verpflichtung[5]).

Die Theorie von der Zweckbeziehung der Leistungspflichten ist nicht psychologisch, sondern normativ zu verstehen. Sie ist eine Aussage über die rechtliche Struktur des Vertragstypus, nicht über die wirklich verfolgten Zwecke der Parteien. Jede Leistungspflicht soll Zweck der anderen sein im Sinne des charakteristischen Geschäftszwecks des gegenseitigen Vertrages[6]).

---

[1]) Esser Schuldrecht (2. Aufl.) § 19 I; vgl. auch Titze Schuldverhältnisse (4. Aufl.), S. 69: »finales Reziprozitätsverhältnis«.

[2]) Heck Schuldrecht, S. 127.

[3]) Heck aaO, S. 126; Larenz Schuldrecht Bd. I § 18 I; Erman-Gropper 1c vor §§ 320 ff.; vgl. auch Blomeyer Schuldrecht (3. Aufl.), S. 105.

[4]) RG 147, 342 Urt. v. 5. 4. 1935 II. ZS; BGH 15, 105 Urt. v. 21. 10. 1954 IV. ZS.

[5]) Vgl. im übrigen als Anhänger dieser Theorie: v. Tuhr Allgemeiner Teil Bd. II 2 S. 71/2; Planck-Siber (4. Aufl.) 1 vor §§ 320 ff.; von den älteren: Crome System Bd. II, S. 165; Dernburg Schuldverhältnisse (3. Aufl.) Bd. II 1, S. 237; Düringer-Hachenburg HGB (1. Aufl.) Bd. II, S. 91.

[6]) Vgl. Esser aaO § 14, 3: »Bei entgeltlichen kausalen Verträgen besteht der charakteristische Geschäftszweck in der Erlangung des Anspruchs auf die Gegenleistung.« In der Terminologie von Larenz ist die Verpflichtung zur Gegenleistung Zweck der eigenen Leistungspflicht im Sinne des »typischen Geschäftszwecks«, vgl. aaO Bd. II § 62 I a.

Dieser Zweck ist ein strukturell-typischer; er folgt aus dem objektiven Sinn des Vertrages[7]). In ihm ist rechtlich bestimmt, »wozu« die vertraglich begründeten Verpflichtungen eingegangen werden. Dieser normierte Zweck der Verpflichtung ist ihr Rechtsgrund, ihre causa[8]).

In der Theorie von der wechselseitigen Zweckbeziehung der Leistungspflichten im gegenseitigen Vertrag liegt also die Behauptung, daß in diesem Vertrag jede Verpflichtung ihren rechtlichen Grund in der Verpflichtung der anderen Partei zur Gegenleistung habe. Diese Ansicht entspricht der französischen Doktrin zur »cause« der in einem gegenseitigen Vertrag begründeten Obligationen. Hier gilt noch heute die klassische Formulierung Domats: »Dans les contrats synallagmatiques la cause de l'obligation de chacune des parties est l'obligation de l'autre.«[9])

Ob diese Auffassung vom Wesen des gegenseitigen Vertrages zutreffend ist, bedarf der Prüfung und näheren Begründung. Es soll daher im folgenden versucht werden, die Auslegung der Struktur des gegenseitigen Vertrages im einzelnen nachzuvollziehen.

Methodisch wird man dabei von den Rechtsfolgen auszugehen haben, die insbesondere in den §§ 320 ff. BGB für diesen Vertrag festgelegt sind. Das Bürgerliche Gesetzbuch hat zwar – etwa im Gegensatz zum Code Civil français (vgl. art. 1104) – nicht versucht, das Wesen des gegenseitigen Vertrages zu definieren, es legt aber implizit mit der Normierung von Rechtsfolgen auch eine bestimmte Vertragsstruktur zugrunde, die es herauszuheben gilt. Die Aufgabe besteht also darin, von den Rechtsfolgen ausgehend diejenige Struktur des Vertrages aufzudecken, aus der diese Rechtsfolgen zu begründen sind.

Dieses Verfahren könnte Bedenken erwecken, weil ein Schluß von den Rechtsfolgen (also insbesondere von den §§ 320 ff.) auf eine bestimmte Struktur des Tatbestandes (auf das Wesen der Gegenseitigkeit) nicht völlig sicher ist; denn prinzipiell ist nicht auszuschließen, daß eben dieselben Rechtsfolgen aus mehreren verschiedenen Deutungen des Tatbestandes begründet werden können. Gleichwohl ist dieser Weg wohl allein gangbar. Die wesentlichen Rechtsfolgen des gegenseitigen Vertrages legen im vorhinein eine Gestalt des Schuldverhältnisses fest, die für die dogmatische Begriffsbildung verbindlich ist; sie kann von dieser nur »nachgezeichnet« werden. Wegen dieser Bindung der Begriffsbildung an die gegebenen Rechtsfolgen erscheint es besser, die »Ursache« der Rechtsfolgen zu bestimmen, also den Tatbestand aufzusuchen, der solche Rechtsfolgen notwendig macht, als apriori beliebige

---

[7]) Dazu Heck aaO, S. 127.

[8]) Vgl. Esser aaO: »Die Tragweite des Geschäftszwecks zeigt sich darin, daß mit seiner Erreichung auch der Rechtserwerb des Bedachten oder die Erlangung des Erwerbsgrundes gerechtfertigt ist. Der Geschäftszweck steht nicht neben dem Rechtsgrund, er ist insoweit Rechtsgrund.« Ähnlich Larenz aaO; vgl. ferner Blomeyer Schuldrecht, S. 105, und besonders Studien zur Bedingungslehre Bd. I, S. 109 f.; mit Siber Schuldrecht, S. 171, ist die causa der Verpflichtung als innerer Rechtsgrund zu bezeichnen.

[9]) Vgl. Ripert et Boulanger Traité de Droit Civil II no. 285.

Vertragsstrukturen zu entwerfen und dann zu prüfen, ob die Normen des Vertrages daraus folgen[10]).

Bevor wir uns den Normen des gegenseitigen Vertrages zuwenden können, muß zunächst der hier vorausgesetzte Zusammenhang zwischen Vertragsstruktur und Rechtsfolgen näher erläutert werden. Zu diesem Zweck werfen wir einen kurzen Blick auf die allgemeinen Sinnstrukturen des Schuldverhältnisses und dabei insbesondere auf das Verhältnis von Schuldsinn und Rechtsfolgen bei den gesetzlich normierten Vertragstypen.

II. Die allgemeinen Strukturen des Schuldverhältnisses

1. Die Finalität des Schuldens

Zum Verständnis der Strukturen des Schuldverhältnisses greifen wir in mehrfacher Hinsicht auf den Topos des Zwecks zurück.

Man mag grundsätzlich jedes Rechtsgebilde auch final verstehen können, als ein Mittel zur Erreichung eines sozialen Zwecks; Schuldverhältnisse haben einen davon unterschiedenen finalen Sinn. Finalität ist eine Struktur des Schuldens selbst. Im Schuldverhältnis wird eine Leistung als gesollt gesetzt. Auf diese Leistung hin ist eine Bewegung in ihm angelegt; es ist seinem Wesen nach Prozeß (Larenz)[11]). Mit der Erbringung dieser Leistung erfüllt sich das Schuldverhältnis, seine Aktivität endet; es hat ein »Sein auf ein Ende hin« (G. Husserl)[12]).

Das Ende, der Zweck, dem das Schuldverhältnis wesentlich zustrebt, ist die Befriedigung des Gläubigers wegen eines rechtlichen Leistungsinteresses durch Erfüllung der Leistungspflicht[13]).

Vom Schuldzweck her sind Funktion und Entwicklung des Schuldverhältnisses zu sehen. Er organisiert das Schuldverhältnis, indem er alle seine Momente in einen einheitlichen Richtungssinn fügt[14]). Er ist Bezugspunkt für die rechtlichen Entscheidungen über das Schuldverhältnis; auf den Sinn, das »Wohin« des Schuldens, ist einerseits bei der Ausfüllung der allgemeinen Vorschriften etwa über die Leistungsstörungen, über Annahmeverzug und Erfüllung abzustellen; aus ihm ergibt sich andererseits die Notwendigkeit spezifischer Regeln für das Schuldverhältnis, etwa über die Intensität der Schuld (Haftungsgrade) oder über die Existenz von Nebenverpflichtungen[15]).

---

[10]) In Anlehnung an die alte Unterscheidung können die Rechtsfolgen als ratio cognoscendi der Vertragsstruktur bezeichnet werden; diese Struktur ist hingegen ratio essendi der besonderen Rechtsfolgen.

[11]) Schuldrecht Bd. I § 2 V.

[12]) Recht und Zeit (1955), S. 32 f.

[13]) Vgl. Böhmer Erfüllungswille, S. 6; Larenz aaO Bd. I § 2; Zepos AcP 155 (1956) 489; auch Wieacker Festschrift für Nipperdey (1965) Bd. I, S. 812.

[14]) Darauf stellt die Kennzeichnung des Schuldverhältnisses als »Gefüge« (Larenz) oder als »Organismus« (Siber) ab.

[15]) Vgl. etwa BGH LM Nr. 2 zu § 362 Urt. v. 25. 8. 1952 II. ZS.

Der einem Schuldverhältnis eigene Sinn kann nur aus dem Inhalt der Leistungspflicht des Schuldners erkannt werden. Man hat also zu fragen, »was« der Schuldner schuldet[16]). Diese Frage ist nun sehr verschieden beantwortet, je nachdem, ob man nur den Leistungsgegenstand bezeichnet (etwa: Übereignung einer bestimmten Sache) oder den Entstehungsgrund der Verpflichtung hinzufügt (Übereignung aus Kauf, Schenkung, ungerechtfertigter Bereicherung).

Schuldverhältnisse, in denen die Leistungspflicht nur durch den Leistungsgegenstand gekennzeichnet werden kann, bilden die Ausnahme. Ein Beispiel ist das sog. abstrakte Schuldversprechen, wenn dieses etwa zur konstitutiven Neubegründung einer Schuld gegeben wird[17]). Der Schuldsinn eines solchen Versprechen ist dürftig; er ist lediglich durch das Objekt der Verpflichtung bestimmt und enthält keinerlei Strukturen, die eine differenzierte rechtliche Behandlung des Schuldverhältnisses fordern oder rechtfertigen würden. Für ein solches Versprechen ist eben nichts besonderes bestimmt (vgl. §§ 195, 276), und es unterliegt daher in seiner Abwicklung nur den allgemeinen Vorschriften[18]).

Regelmäßig ist aber die Leistungspflicht des Schuldners nicht nur durch den Gegenstand, sondern auch durch den Entstehungsgrund der Verpflichtung bestimmt[19]). Dadurch werden Unterschiede begründet, die für die verschiedene rechtliche Behandlung der Schuldverhältnisse ausschlaggebend sein können. Wer eine Sache nach § 812 zu übereignen hat, schuldet etwas anderes als derjenige, der eine solche Sache nach § 667 übertragen muß. Geht etwa die geschuldete Sache unter, so haftet der Beauftragte für jede Fahrlässigkeit, der Bereicherungsschuldner aber vor dem nach den §§ 819, 820 maßgebenden Zeitpunkt gar nicht. Man vergleiche weiter den Unterschied einer der Höhe nach vielleicht gleichen Unterhaltspflicht, je nachdem, ob sie aus Verwandschaft oder aus unehelicher Vaterschaft begründet ist (§§ 1602 ff. und § 1708). Die sich hier zeigende verschiedene Wertung der Interessenlage geht auf die Unterschiede in den Entstehungsgründen der Verpflichtungen zurück.

2. Die Zweckgestalt vertraglicher Schuldverhältnisse. Die Bestimmung des Schuldsinns durch die causa der Verpflichtung

Im Entstehungstatbestand vertraglicher Schuldverhältnisse findet sich ein besonderes Zweckmoment, das den Schuldsinn des Versprechens mitbestimmt. Die Verpflichtung aus dem Vertrag – nicht als das bestehende obligatorische Band zwischen den Parteien, sondern als der Akt des Verpflichtens durch

---

[16]) Böhmer aaO, S. 6; Zepos aaO, S. 493: die Leistungspflicht ist der entscheidende »Regulator« der Gestalt des konkreten Schuldverhältnisses.

[17]) Vgl. dazu Esser aaO § 166, 2 d.

[18]) Soweit nicht die Möglichkeit besteht, einredeweise auf zugrundeliegende Strukturen zurückzugreifen, vgl. etwa Palandt-Gramm 5 zu § 780.

[19]) Eine Zusammenfassung der Entstehungsgründe bei Enn.-Lehmann Schuldrecht § 26 I.

eine Handlung der Parteien – unterliegt einem Zweck, der den Grund enthält, warum der Schuldner sich verpflichtet. Die Beziehung auf einen solchen Zweck ist ein Teil des besonderen Sinnes, der ein Verhalten als ein Verpflichtungsverhalten auszeichnet. Jede Erklärung des Schuldners, etwas schulden zu wollen, enthält demgemäß diese Beziehung auf einen Zweck[20]). Dieser »erklärte« Zweck ist die causa der vertraglichen Verpflichtung[21]).

Die causa ist zur Bestimmung der vertraglichen Schuld unentbehrlich. Maß und Grenze dessen, wozu der Schuldner verpflichtet ist, ist – im Rahmen der Privatautonomie – der erklärte rechtsgeschäftliche Wille des Schuldners. Dieser begründet auch allein den Vertrauenstatbestand, aus dem der Gläubiger die rechtlich begründete Erwartung eines bestimmten Leistungsverhalten des Schuldners ableiten darf. Der erklärte Wille des Schuldners bestimmt jedoch nicht nur den Gegenstand der versprochenen Leistung, es setzt zugleich einen Zweck als Grund für das Versprechen[22]). Und wenn es nach dem Grundsatz der Privatautonomie gerechtfertigt ist, den Schuldner an seinen erklärten Willen zu binden, so muß diese Verbindlichkeit durch alle Momente dieses Willens (dessen Geltung der Gläubiger durch die Annahme des Vertrages anerkannt hat) reguliert werden. Dazu gehört die Durchsetzung des Zwecks, zu dem das Versprechen begründet wird; der Schuldner kann nichts schulden, als was diesem Zweck gerecht ist[23]).

Im französischen Recht pflegt man das Objekt und die causa einer Verpflichtung dadurch zu unterscheiden, daß man jenem die Frage »quid debitur«, diesem die Frage »cur debitur« zuordnet[24]). In Wahrheit ist die zweite Frage ein Teil der ersten; »was« geschuldet wird, ist ohne die causa der Verpflichtung nicht zu bestimmen. Demgemäß werden auch die sog. primären Leistungspflichten, mit denen das Schuldverhältnis als solches entsteht und die ihm den wesentlichen Inhalt geben[25]), immer schon in bestimmte Geschäftstypen eingeordnet: etwa als Verpflichtung zur Zahlung des Kaufpreises, zur Übertragung der verkauften oder verschenkten Sache usw. Nur wenn man

---

[20]) Diese Beziehung ist oft erst durch Auslegung zu bestimmen. Im Ausnahmefall des abstrakten Schuldversprechens ist sie ausdrücklich negativ: der direkte Rückgang auf den Zweck der Verpflichtung wird ausgeschaltet.

[21]) Daneben kann es weitere erklärte und vereinbarte Zwecke geben, die als Geschäftsgrundlage rechtlich bedeutsam sind. Ihr Verhältnis zur causa bleibt hier unerörtert. Dazu wäre eine Inhaltsbestimmung des Begriffs der causa notwendig (etwa als »erste Absicht« oder »wirtschaftlich tragendes Motiv«). Hier wird nur die Funktion der causa betrachtet.
Soweit die Zwecke des Schuldners nicht erklärt und vereinbart sind, haben sie den Charakter von »bloßen« Motiven.

[22]) Die Übereignung einer Sache kann versprochen sein, um eine Gegenleistung des Empfängers herbeizuführen oder um ihm Sicherheit zu leisten oder um ihm unentgeltlich etwas zuzuwenden. Die Schuld ist jedesmal eine andere.

[23]) Die Erreichung dieses Zwecks ist (innerer) Rechtsgrund der Verpflichtung, d.h. der Grund, der nach dem Parteiwillen das Bestehen der Verbindlichkeit rechtfertigen soll; vgl. Esser aaO § 14, 3.

[24]) Vgl. etwa Mazeaud Leçons de Droit Civil (2me éd.) II no. 254; Ripert et Boulanger aaO II no. 275.

[25]) Larenz aaO Bd. I § 2 I.

die Leistungspflichten so kennzeichnet, können sie, wie von ihnen behauptet wird, eine typenmäßige Eigenart des Schuldverhältnisses charakterisieren, seine »konkrete Gestalt« zeichnen[26]).

Wir haben also eine doppelte Beziehung auf einen Zweck zu unterscheiden: Das Schuldverhältnis ist seinem Wesen nach von finaler Struktur; es ist notwendig auf eine gesollte Leistung als Ziel gerichtet. Vertragliche Schuldverhältnisse im besonderen unterliegen einer weiteren Finalität, die in der Bestimmung eines Zwecks liegt, zu der die Schuldverpflichtung eingegangen wird (causa). Die causa ist ein notwendiges Moment des Schuldsinns vertraglicher Schuldverhältnisse[27]).

3. Die Normierung von Schuldverträgen und die causa-Struktur des Vertrages

a) Die causa-Struktur als fundamentale Interessenlage des Vertrages

Die spezifische Richtung eines Schuldvertrages durch die causa seiner Verpflichtung ist ein wesentlicher Ansatzpunkt für seine differenzierte rechtliche Behandlung. Diese Funktion der causa soll im folgenden am Beispiel gesetzlich ausgestalteter Schuldverträge genauer erläutert werden.

Man kann die Regeln des Gesetzes für die einzelnen Schuldverträge als die gerechten Implikationen des Parteiwillens ansehen. Sie enthalten die Entscheidung über eine Reihe von Konfliktslagen, in die das von den Parteien begründete Schuldverhältnis geraten kann. Wonach aber ist entschieden, was im Einzelfall die gerechte Lösung ist? Woraus erhellt etwa die Gerechtigkeit der Regeln unseres Schenkungsrechts, daß der Schenker nur sehr abgemildert haftet (vgl. §§ 521, 523 f.); daß er überhaupt die Erfüllung seines Versprechens verweigern kann, wenn es ihn übermäßig belastet (§ 528)? Die Gerechtigkeit dieser Normen ist offenbar nicht unabhängig vom Inhalt gerade dieses bestimmten Schuldverhältnisses zu erkennen; in einem anderen kann das Gegenteil davon gerecht sein. Die Gerechtigkeit im Vertrag ist eine immanente Vertragsgerechtigkeit, – man fragt nach dem, was auf der Grundlage der Parteientscheidung gerecht ist, nicht nach der Gerechtigkeit dieser Entscheidung. Gerecht ist eine Folge, die angemessen ist an die Willensentscheidung der Parteien, d. h. immer zugleich: angemessen an die darin liegende Zwecksetzung der Verpflichtung (causa). Eben dies geschieht im Fall des § 528. Hat der Schenker seine Verpflichtung zu dem Zweck begründet, dem Empfänger etwas unentgeltlich zuzuwenden, so kann dieser gerechterweise nicht darauf vertrauen, die versprochene Leistung auch dann zu erhalten, wenn dadurch der eigene Unterhalt des Schenkers gefährdet wird. Aus der Zwecksetzung der Verpflichtung wird deutlich, daß hier das Leistungsinteresse des

---

[26]) Larenz aaO Bd. I § 2 I; Zepos aaO, S. 493.

[27]) Unter »Schuldverhältnis« ist hier immer nur die Verpflichtungsbeziehung zwischen einem Gläubiger und einem Schuldner gemeint, vgl. Boehmer Erfüllungswille, S. 6, Anm. 1. Auch wenn man die Verpflichtungen aus einem gegenseitigen Vertrag isoliert betrachtet, so gehen sie doch immer noch auf »Kaufpreiszahlung« usw.

Gläubigers hinter das »Erhaltungsinteresse« des Schuldners zurücktreten muß[28].)

Die maßgebliche Interessenlage des Vertrages, auf die die Rechtsfolgen der gesetzlichen Regelung als gerechte Lösung bezogen sind, ergibt sich nicht schon aus der Bestimmung der Objekte der Leistungspflichten. Da erst mit dem Zweck, zu dem die Verpflichtungen bestehen, der volle Schuldsinn der Leistungspflichten bestimmt ist, kann erst mit seiner Hilfe erkannt werden, welche Interessen durch das Schuldverhältnis verwirklicht werden sollen und welches Gewicht ihnen im Verhältnis zu anderen dadurch berührten Interessen zukommen soll.

In der causa-Struktur liegt die Bestimmung einer fundamentalen Interessenlage des Schuldvertrages, aus der besondere »Abwicklungs- und Reaktionsnormen« des Schuldverhältnisses folgen[29]). Sie »folgen« bedeutet, sie sind das Ergebnis einer Interessenabwägung auf der Grundlage dieses Sinnes der Vertragsentscheidung.

Es versteht sich, daß die Regelung konkreter Schuldverhältnisse im übrigen den sachlichen Konsequenzen der verschiedenen Leistungsgegenstände folgt; die Verpflichtung des Verkäufers erfordert andere Regeln als die des Vermieters oder Versicherers. Je allgemeiner aber der Leistungsgegenstand des Schuldverhältnisses aufgefaßt wird – je formaler dieses betrachtet wird – um so ausschließlicher ergeben sich spezifische Schuldstrukturen des Vertrages nur noch aus der causa-Struktur der Verpflichtungen[30]). In der Regelung des gegenseitigen Vertrages (§§ 320 ff.) ist die formalste Stufe in der Betrachtung besonderer Schuldverhältnisse erreicht. Da die Leistungsgegenstände hier nur als »Leistung« und »Gegenleistung« angesetzt werden, kann sich die Möglichkeit und Notwendigkeit besonderer Rechtsfolgen für diesen Vertrag nur aus der zugrundeliegenden causa-Struktur der Verpflichtungen ergeben[31]).

b) Die normative Interessenlage; die causa als rechtliche Zwecksetzung

Für den Gesetzgeber, der besondere Schuldverträge regeln will, ergibt sich aus dem vorhergehenden folgendes: Um seine Normen überhaupt in Bewegung setzen zu können, muß er nicht nur von bestimmten Leistungsgegenständen (Wertverschaffung, Gebrauchsüberlassung usw.) ausgehen, er muß außerdem eine bestimmte causa-Beziehung der vertraglichen Verpflichtungen

---

[28]) Allgemein gilt oberhalb der Grenze der Unpfändbarkeit die gegenteilige Regel. Aus der Zwecksetzung der Schenkungsverpflichtung ist auch die geringere Intensität der Schenkschuld abzuleiten, die sich etwa in den abgemilderten Haftungsregeln zeigt.

[29]) Diese Begriffe hat Stampe (Wertbewegungslehre, S. 14) geprägt.

[30]) Die causa-Struktur des Vertrages ist die Einheit der causa-Beziehungen der in ihm enthaltenen Verpflichtungen. Sie entspricht dem »vertragscharakteristischen Geschäftszweck« oder dem »strukturell-typischen Vertragszweck« vgl. Esser aaO § 14, 3 und z.B. § 85, 8.

[31]) Formaler kann das Schuldverhältnis nicht betrachtet werden, ohne jeden spezifischen Richtungssinn zu verlieren. Ein solcher fehlt etwa dem Schuldverhältnis, wie es in den §§ 241, 275, 362 behandelt wird; dieses hat zwar begrifflich ein Ziel: die »Leistung«, ihm fehlt aber eine eigene Gestalt.

annehmen. Erst damit hat er ein Schuldverhältnis mit einer spezifischen Interessenlage, auf die er seine Normen einrichten kann. Wo der Gesetzgeber also überhaupt Typen besonderer Schuldverträge normiert, normiert er zugleich auch spezifische causa-Struktur des Vertrages.

Damit hat die causa unversehens ihr Gesicht geändert. War sie zunächst als ein Moment der Willensbestimmung der Parteien eingeführt worden, das ihrer Vereinbarung grundsätzlich offensteht, so erweist sie sich jetzt, im System der geregelten Schuldverträge, als eine normative Zwecksetzung; als ein Zwecksinn, der einem bestimmten Vertragsverhalten rechtlich zugeschrieben ist. Allerdings verfährt der Gesetzgeber bei seiner Zwecksetzung nicht willkürlich. Da er Lebensvorgänge regeln will, nimmt er wirkliche typische Geschäftsziele der Parteien auf und erhebt sie zur causa eines bestimmten Vertragsverhaltens; darauf beruht die Lebendigkeit – die soziale Geltung – der von ihm geschaffenen Vertragstypen.

Es zeigt sich somit eine gewisse Ambivalenz des rechtlichen Zwecks einer vertraglichen Verpflichtung (und damit auch des strukturell-typischen Vertragszwecks): Insoweit sich die rechtliche Zwecksetzung der causa auf wirkliche Parteizwecke bezieht, ist ihre Durchsetzung zugleich die Durchsetzung dessen, was die Parteien eigentlich gewollt haben. Die causa erscheint als Parteizweck und als dem Parteiwillen untergeordnet.

Als ein rechtlicher Zweck ist sie aber andererseits zugleich objektiviert und in ihrer Geltung von dieser Grundlage abgelöst. Einem bestimmten Vertragsverhalten (Kauf, Miete usw.) ist rechtlich immer schon eine Zweckstruktur unterlegt, von der her die Willenserklärungen der Parteien eine spezifische Bedeutung erhalten und die selbst dann gilt, wenn die Parteien mit dem gewählten Geschäftstypus im Einzelfall andere Zwecke verfolgen sollten[32]).

Die causa-Struktur (der strukturell-typische Vertragszweck) schafft daher so etwas wie einen »apriorischen Inhalt« der Willenserklärungen; einen objektiven Sinn des Vertrages, der für die Parteien, wenn sie ihn wählen, ebensowenig verfügbar ist, wie die Bedeutung der Sprache, derer sie sich bedienen. Esmain[33]) stellt diesen Sachverhalt für das französische Recht fest, wenn er von der Abhängigkeit der Leistung von der Gegenleistung als ihrer ›cause‹ sagt: »ohne Zweifel entspricht dies dem Willen der Parteien, und man kann diese Regel infolgedessen als ein Moment darstellen, das die Parteien gewollt haben. In Wahrheit ist es jedoch eine Regel, von der sie beherrscht werden, die das Recht auferlegt.«[34])

Damit soll die Untersuchung der allgemeinen Strukturen des Schuldverhältnisses abgeschlossen werden. Es hat sich ergeben, daß der rechliche Zweck

---

[32]) So wenn etwa jemand einen Kauf anbietet, wo er in Wahrheit unerkannt schenken will.

[33]) Planiol et Ripert par Esmain VI no. 252.

[34]) Ausdruck dieser Ambivalenz des strukturell-typischen Vertragszwecks ist im amerikanischen Recht die Unentschiedenheit in der Begründung der Abhängigkeit von Leistung und Gegenleistung im gegenseitigen Vertrag; einmal durch die Konstruktion stillschweigender Parteibedingungen (implied conditions), andererseits durch normative Bedingungen (constructive conditions); vgl. dazu Williston-Jaeger On Contracts (3rd. ed.) § 825.

der Verpflichtung (causa) ein wesentliches Moment des Schuldsinnes vertraglicher Schuldverhältnisse ist, das diesen ihre spezifische Gestalt gibt und ein Grund ihrer besonderen Normen ist.

Auch dem Recht des gegenseitigen Vertrages muß als Erklärungsprinzip seiner Regelung eine Zweckstruktur der gegenseitigen Verpflichtungen zugrundeliegen. Eben diese Struktur muß aus der rechtlichen »Erscheinung« des Vertrages, aus seinen Rechtsfolgen entwickelt werden können. Wir wenden uns daher jetzt den Normen des gegenseitigen Vertrages zu[35]).

III. Die Zweckstruktur des gegenseitigen Vertrages

1. Die synallagmatischen Rechtsfolgen

Da die Rechtsfolgen des gegenseitigen Vertrages nur zum Teil in den §§ 320 ff. enthalten sind, darf ein Überblick über die wesentlichen Normen dieses Vertrages nicht auf das Gesetz selbst beschränkt bleiben. Er muß vielmehr auch diejenigen Grundsätze mitberücksichtigen, deren rechtliche Geltung außerhalb des Gesetzes durch eine unangefochtene Lehre und Rechtsprechung gesichert ist. Danach ergibt das geltende Recht das folgende bekannte Bild: Die Rechtsfolgen des gegenseitigen Vertrages lassen sich im wesentlichen drei Normengruppen zuordnen, die eine dreifache Abhängigkeit der gegenseitigen Leistungspflichten voneinander festlegen. Diese Abhängigkeit bezeichnet man gewöhnlich als genetisches, konditionelles und funktionelles Synallagma[36]). Das genetische Synallagma (im Gesetz nicht geregelt) macht jede der Leistungspflichten in ihrer Entstehung von der wirksamen Begründung der Gegenverpflichtung abhängig. Ist die Leistungspflicht einer Partei nichtig, etwa wegen Sittenwidrigkeit (§ 138) oder mangels hinreichender Bestimmt-

---

[35]) Da die causa-Struktur der geregelten Schuldverträge auf einer normativen Zwecksetzung beruht, konnten die Untersuchungen zur causa ohne eine inhaltliche Klärung der Parteizwecke auskommen, denn sie betreffen die innere Normenstruktur des Vertragstypus.
Insbesondere konnte daher offen bleiben, wie sich die causa als ein Zweckmoment des Verpflichtungswillens aus der Vielfalt der möglicherweise vorhandenen Parteimotive herauslösen läßt; welcher Parteizweck also die Funktion der causa übernimmt (etwa der typische Verkehrszweck« oder die »erste Absicht«).
Die Schwierigkeit, im einzelnen Fall die causa einer Verpflichtung zu bestimmen, zeigt sich bei der Einordnung eines konkreten Geschäfts in die gesetzlich geregelten Schuldvertragstypen; etwa bei der Frage, ob eine vereinbarte Leistungspflicht der Gegenpartei auf ein Entgelt oder ein teilweises Entgelt oder auf eine Auflage gerichtet ist.

[36]) Vielfach unterscheidet man nur zwischen genetischem und funktionellem Synallagma und rechnet zum letzteren auch die konditionelle Abhängigkeit der Leistungspflichten. Die Terminologie des Textes folgt Soergel-Schmidt 7–10 zu §§ 320 ff.; vgl. zum Synallagma im übrigen: Erman-Groepper 8 vor §§ 320 ff.; Enn.-Lehmann Schuldrecht § 32 III; Esser Schuldrecht § 19.
Mit »Synallagma« wird im folgenden immer die Rechtsfolge (Abhängigkeit der Leistungspflichten) bezeichnet; bisweilen wird, der ursprünglichen Wortbedeutung angemessener, darunter auch der Tatbestand (Gegenseitigkeit des Vertrages) verstanden.

heit, so folgt daraus ohne weiteres auch die Nichtigkeit der Verpflichtung der anderen Partei. Das Prinzip des konditionellen Synallagmas (§§ 323, 325) macht den Bestand jeder Leistungspflicht vom Bestand der Gegenverpflichtung abhängig; wird die vereinbarte Leistungspflicht einer Partei nach Vertragsschluß vereitelt, so führt das zur Befreiung (§ 323 I), bzw. zu einem Befreiungsrecht (§ 325 I) der Gegenpartei. Schließlich enthält das funktionelle Synallagma eine Abhängigkeit im Vollzug der gegenseitigen Leistungspflichten. Jede Partei kann grundsätzlich mittels der Einrede des nichterfüllten Vertrages (§ 320) die Erfüllung ihrer eigenen Verbindlichkeit bis zum Angebot der Gegenleistung verweigern[37]).

2. Die wechselseitige causa-Beziehung der Leistungspflichten als Erklärungsprinzip der synallagmatischen Rechtsfolgen

Aus dem Synallagma, der rechtlichen Abhängigkeit der Leistungspflichten in ihrer Entstehung, ihrem Bestand und ihrer Erfüllung, kann die Zweckstruktur des gegenseitigen Vertrages abgeleitet werden. Die Notwendigkeit dieser Rechtsfolgen läßt sich genau dann einsehen, wenn man davon ausgeht, das jede der Leistungspflichten im gegenseitigen Vertrag rechtlich um der anderen willen begründet sei. In diesem Falle ergibt sich eine Interessenlage des Vertrages, aus der die verschiedenen Formen des Synallagmas zwingend gefordert werden. Das ist im einzelnen zu zeigen.

a) Das genetische Synallagma

Ist im gegenseitigen Vertrag jede Leistungspflicht rechtlicher Zweck der anderen, so verfehlt im Fall der Nichtigkeit einer der beiderseitigen Verpflichtungen die andere ihren Zweck und ist nach dem Sinn des Vertrages grundlos. Aus der Zwecksetzung folgt gerade, daß keine Partei sich auch für den Fall gebunden hätte, daß die Verpflichtung der anderen nicht entsteht. Den Vertrag einseitig durchzusetzen, hieße den Schuldner an etwas festhalten, was er erklärtermaßen nicht gewollt hat und dem Gläubiger etwas gewähren, auf das er nach der Vertragsentscheidung keinerlei Vertrauen setzen durfte. Man hätte damit den ursprünglichen Sinn des Vertrages zerstört und im Ergebnis an die Stelle autonomer Parteivereinbarung ein gesetzliches Schuldverhältnis gesetzt. Aus einer wechselseitigen Zweckbeziehung der Leistungspflichten folgt daher mit Notwendigkeit (d. h. nach der Vertragsgerechtigkeit), daß die Nichtigkeit der einen Verpflichtung die Nichtigkeit der Gegenverpflichtung nach sich ziehen muß.

Die Rechtsfolge des genetischen Synallagmas läßt sich nicht aus § 139

---

[37]) Auch wenn eine Partei vorleistungspflichtig ist, hat sie doch nicht ganz ohne Rücksicht auf die Erfüllung der Gegenleistung zu leisten. Die Einrede des § 321 enthält einen Kern von funktioneller Abhängigkeit (vgl. auch Esser aaO § 19, 3). Das Leistungsverweigerungsrecht sichert jedoch dem Vorleistenden nicht die Gegenleistung als solche, sondern nur deren wirtschaftlichen Wert.

gewinnen[38]). Die Nichtigkeit des ganzen Rechtsgeschäfts tritt nach § 139 nur ein, wenn nicht anzunehmen ist, daß es auch ohne den nichtigen Teil vorgenommen sein würde. Daß diese Ausnahme für den gegenseitigen Vertrag bei Nichtigkeit einer der beiderseitigen Leistungspflichten nicht eintreten kann, ergibt sich jedoch nicht aus § 139. Gerade die Notwendigkeit dieser Abhängigkeit ist aber das Wesentliche des genetischen Synallagmas. Sie folgt aus dem Wesen dieses Vertrages, nämlich daraus, daß jede Verpflichtung rechtlich durch die Gegenverpflichtung als ihre causa getragen wird. Nach herrschender Lehre sind daher, weil die Anwendung des Vorbehalts des Parteiwillens von vornherein ausgeschlossen ist, die gegenseitigen Leistungspflichten für sich gar nicht als Teile des Gesamtrechtsgeschäfts im Sinne des § 139 anzusehen[39]). Das Rechtsgeschäft ist in dieser Hinsicht unteilbar, und es tritt ohne weiteres Gesamtnichtigkeit ein[40]).

Für den Fall der anfänglichen Unmöglichkeit der Leistung wird bisweilen in § 306 die Rechtsgrundlage der Rechtsfolge des genetischen Synallagmas gesehen[41]). Auch in diesem Fall ist aber zur Begründung der Rechtsfolge des genetischen Synallagmas ein Rückgang auf die causa-Struktur des gegenseitigen Vertrages nicht zu vermeiden. Es bedarf nämlich nach dem Inhalt des § 306 der Feststellung, daß der Vertrag auf die unmögliche Leistung »gerichtet« sei. Das ergibt sich nicht schon aus der Tatsache, daß im Vertrag eine Verpflichtung zu dieser Leistung begründet ist; – das ist etwa auch bei einer Schenkung unter Auflage der Fall, ohne daß deshalb der Vertrag als im Sinne des § 306 auf die Erfüllung der Auflage »gerichtet« angesehen werden dürfte[42]). Erst aus der rechtlichen Zweckbeziehung der Leistungspflichten ergibt sich für den gegenseitigen Vertrag, daß er gleichermaßen auf jede der beiderseitigen Leistungen »gerichtet« ist.

Auch wo sich die Rechtsfolge des genetischen Synallagma, die Erstreckung der Nichtigkeitsgründe für eine der Leistungspflichten auf den ganzen Vertrag, auf das Gesetz selbst stützen läßt, bleibt ihr eigentlicher Erklärungsgrund die innere causa-Abhängigkeit der vereinbarten Leistungspflichten[43]).

---

[38]) So aber noch Staudinger-Werner (9. Aufl. 1930) 1 vor §§ 320 ff. (S. 457); auch O. v. Gierke Deutsches Privatrecht Bd. III (1917), S. 295, Anm. 68; Hoeniger Gemischte Verträge (1910) hielt deshalb den Begriff des genetischen Synallagmas für ganz wertlos (S. 226).

[39]) Nach Blomeyer Studien zur Bedingungslehre Bd. I, S. 112, liegen hier ebensowenig Teile des Gesamtrechtsgeschäfts vor wie im Verhältnis von Angebot und Annahme des Schuldvertrages.

[40]) Teilnichtigkeit im Sinne des § 139 liegt nur dann vor, wenn ein Rest des Vertrages bestehen bleibt, der an sich den Inhalt eines selbständigen Rechtsgeschäfts bilden könnte; h. L. vgl. Staudinger-Coing (11. Aufl.) 5 zu § 139; Erman-Westermann (2. Aufl.) 7 zu § 139; vgl. auch Esser Anm. zu BGH MDR 1957, 466.

[41]) Etwa Blomeyer Studien Bd. I S. 111.

[42]) Bei anfänglicher Unmöglichkeit der Auflageleistung gilt nicht § 306, sondern § 139; dagegen ist der ganze Vertrag (auch die Auflage) im Sinne des § 306 auf die Leistung des Schenkers »gerichtet«. Die Auflage ist einseitig auf das Schenkungsversprechen als ihre causa gerichtet und diesem wesentlich untergeordnet.

[43]) Im französischen Recht ist das genetische Synallagma der typische Anwendungsfall der théorie de cause. Ist die Verpflichtung der einen Partei nichtig, so entfällt die der anderen Partei wegen Fehlens der cause; vgl. Ripert et Boulanger aaO II no.

b) Das konditionelle Synallagma

Ebenso wie das genetische Synallagma lassen sich das konditionelle und das funktionelle Synallagma als notwendige Regeln aus der angenommenen causa-Struktur des gegenseitigen Vertrages entwickeln[44]).

Entfällt etwa die vereinbarte Leistungspflicht einer Partei wegen Unmöglichkeit der Leistung (sei es, daß sie das zu vertreten hat oder nicht), so ist damit zugleich der Zweck der Verpflichtung der anderen Partei vereitelt. Das muß dazu führen, daß diese ihrerseits von der Verbindlichkeit loskommen kann, falls sie nicht aus besonderen Gründen das Risiko dieser Zweckvereitelung zu tragen hat (etwa nach einer Gefahrtragungsregelung oder nach § 324 BGB). Das gilt selbst dann, wenn an die Stelle der vereitelten Leistungspflicht eine Ersatzverpflichtung tritt. Ist die vereinbarte Leistungspflicht der Zweck der eigenen Verpflichtung, so braucht sich gerechterweise, d. h. nach der Entscheidung des Vertrages, keine Partei mit einer Ersatzverpflichtung der anderen abfertigen zu lassen. Die Interessenlage des Vertrages erfordert dann vielmehr neben dem Schadensersatzspruch noch die Einräumung eines »Befreiungsrechts«. Dieser Wertung folgt das Gesetz, indem es im § 325 BGB dem Gläubiger die Möglichkeit einräumt, den Rücktritt vom Vertrag zu wählen oder gemäß § 323 BGB davon Abstand zu nehmen[45]).

c) Das funktionelle Synallagma

Schon das konditionelle Synallagma zeigt, daß die Zweckausrichtung der Verpflichtungen auf die jeweilige Gegenverpflichtung nicht mit Begründung wirksamer Verpflichtungen erschöpft ist. Die Verpflichtungen sind nicht Selbstzweck, sondern werden um der versprochenen Leistung willen begründet; auf diese hin sollen sie entwickelt werden. Daher ist Zweck (causa) der Verpflichtung jeder Partei nicht nur die obligatorische Bindung des anderen (seine »Verschuldung«), sondern auch die Erfüllung dieser Verpflichtung[46]).

294, 296; Mazeaud II no. 266; die cause erklärt die Interdependenz der Leistungspflichten bei Vertragsschluß.

[44]) »Notwendig« sind diese Regeln nur im Sinne der gerechten Folgerung aus der angenommenen fundamentalen Interessenlage des Vertrages; damit wird über ihren dispositiven oder zwingenden Charakter nichts entschieden.

[45]) Folgerichtig macht es das Gesetz in § 323 II von einer Willensentscheidung der Partei abhängig, ob ihre eigene Verpflichtung gegen die Verpflichtung der anderen Partei, das stellvertretende Kommodum zu leisten aufrechterhalten bleiben soll.

[46]) Vgl. Oertmann, Entgeltliche Geschäfte, S. 16: nicht das Versprechen, sondern die erlangte Gegenleistung ist das eigentliche Entgelt. So ist wohl auch Esser aaO, S. 59, zu verstehen: die Gegenseitigkeitsbindung sei nicht nur Abschlußmotiv (?), sondern beherrsche auch den Leistungsaustausch selbst.
Sehr klar spricht im gleichen Sinne für das amerikanische Recht das Restatement of Contracts, sect. 266, commentary a) von einem doppelten Austausch: »when parties enter into an ordinary bilateral contract they contemplate a double exchange, first an exchange of promises and later an exchange of performances.« Vgl. auch Williston-Jaeger, On Contracts § 812: »The law now recognizes that in substance parties to an ordinary bilateral contracts are not interested in a mere exchange of promises but that, normally their real object is to receive an agreed exchange of reciprocal promised performances.«

Der strukturell-typische Zweck des gegenseitigen Vertrages ist zwar mit seinem wirksamen Zustandekommen, also der Begründung der beiderseitigen Leistungspflichten, erreicht[47]), er hat aber, ebenso wie die Verpflichtungen, eine zeitliche Erstreckung: er ist erreicht, solange und indem die Verpflichtungen bestehen und erfüllt werden. Er ist sowohl vereitelt, wenn – wie das konditionelle Synallagma zeigt – eine der Verpflichtungen untergeht als auch, wenn sie nicht oder schlecht erfüllt werden.

Ist jede Leistungspflicht rechtlicher Zweck der Gegenverpflichtung, dann fordert der so bestimmte Schuldsinn des gegenseitigen Vertrages also auch eine Abhängigkeit der Leistungspflicht einer jeden Partei von der Leistung der anderen. Diese Abhängigkeit wird einmal realisiert durch die Einräumung eines Rücktrittsrechts im Falle des Verzuges (§ 326 I BGB)[48]). Sie findet weiter Ausdruck in der Möglichkeit, mittels der Einrede des nichterfüllten Vertrages die Erfüllung beider Leistungspflichten in einen zeitlichen Zusammenhang zu verschränken (§§ 320, 322).

Diese Erstreckung der Zweckbindung auf die Verpflichtungen auch in ihrem Vollzug findet ein Gegenstück in der französischen Theorie der »cause«. Nach einer in Rechtsprechung und Schrifttum verbreiteten Auffassung ist cause der Obligation im gegenseitigen Vertrag nicht nur die Gegenverpflichtung sondern auch deren Erfüllung[49]). Entsprechend wird die Theorie der cause nicht nur für den Abschluß, sondern auch für die Abwicklung des gegenseitigen Vertrages relevant. Sie wird herangezogen zur Begründung der théorie des risques (deren Regel dem § 323 I BGB entspricht), der exceptio non adimpleti constractus und der résolution pour inexécution des art. 1184 C. c. fr.[50]).

---

47) So Esser aaO § 14, 3.

48) Im Gegensatz zum deutschen Recht gewährt das Skandinavische Kaufgesetz (vgl. §§ 21 I, 23 Almèn Bd. I, S. 250, 314) das Rücktrittsrecht ohne Rücksicht auf das Verschulden im Fall nicht rechtzeitiger Leistung (vgl. Rabel, Warenkauf, Bd.I, S. 295).
Das gleiche gilt für die dem art 1184 C.c. franç. nachgebildete Auflösungsklage des romanischen Rechtskreises. Die Schärfe dieses Rechtsbehelfs wird im französischen Recht dadurch gemildert, daß dem Schuldner regelmäßig eine letzte Frist (délai de grâce) gewährt wird. Das deutsche Recht ist hier von vornherein schuldnerfreundlich; eine Billigkeitsregelung, die aus der vertraglichen Interessenlage nicht ohne weiteres abgeleitet werden kann. Das Interesse des Gläubigers wird nach deutschem Recht dadurch gewahrt, daß die zeitweilige, vorübergehende Unmöglichkeit der Schuldnerleistung unter Umständen der dauernden Unmöglichkeit gleichzustellen ist. Vgl. dazu Soergel-Schmidt 26 vor § 275.

49) Vgl. Colin et Capitant par de la Morandière II no. 738: »la cause envisagée n'est donc pas seulement l'existence des obligations réciproques, mais l'exécution de ces obligations.« Hauptverfechter dieser Lehre war Capitant De la cause (3me éd.) no. 14. Ebenso Esmain in Planiol et Ripert VI no. 253 »C'est en réalité l'exécution de l'obligation de la seconde qui est la cause de l'obligation de la première.« Rechtsprechungsnachweise bei Maury Encyclopédie Dalloz »cause« no. 22.

50) Vgl. Esmain und Colin-Capitant aaO. Diese Ausweitung der cause wird von Maury aaO no. 26 bekämpft; er will die Funktion der cause auf den Vertragsschluß beschränken. Cause ist »la contrepartie convenue non la contrepartie réalisée«. Wie er auch Mazeaud II no. 266; Ripert et Boulanger II no. 504.

Wir kommen zusammenfassend zu dem Ergebnis, daß die eingangs dargestellte Theorie vom gegenseitigen Vertrag dessen Struktur zutreffend erfaßt hat. Im gegenseitigen Vertrag ist die Verpflichtung jeder Partei der Zweck (innerer Rechtsgrund) der Verpflichtung der anderen Partei. Das Synallagma ist die rechtliche Formulierung dieser im objektiven Sinn des gegenseitigen Vertrages liegenden Zweckstruktur[51]).

Zur Methode dieser Ableitung sei daran erinnert, daß man von der »Wirkung« zur »Ursache« zurückgegangen ist; man geht von den gegebenen Normen des gegenseitigen Vertrages aus und sucht denjenigen spezifischen Schuldsinn, der solche Normen notwendig macht. Dabei ist prinzipiell nicht auszuschließen, daß mehrere mögliche Erklärungsgründe gefunden werden. Solche müßten ebenfalls als richtig bezeichnet werden, wenn sie leisten, was die hier entwickelte causa-Struktur leistet: einen Schuldsinn des gegenseitigen Vertrages zu erkennen, aus dem seine Normen ableitbar sind[52]).

3. Die Äquivalenz der gegenseitigen Leistungspflichten

a) Die formale Symmetrie der Rechtsgrundbeziehung

An dieser Stelle kann nun präzise angegeben werden, welchen Sinn es hat, die Leistungspflichten im gegenseitigen Vertrag als rechtlich »äquivalent« zu bezeichnen.

Die damit gemeinte Gleichwertigkeit ist die aus der Zwecksstruktur des gegenseitigen Vertrages folgende vollkommene rechtliche Symmetrie der gegenseitigen Leistungspflichten. Die Zweckbezogenheit der Verpflichtungen ist, formal betrachtet, eine Relation, in der jede Seite gleich und auswechselbar ist. Die vielfältigen Versuche, das Wesen des gegenseitigen Vertrages mit Hilfe des Äquivalenzgedankens zu erfassen, liegen also, richtig verstanden, sämtlich im Rahmen der Theorie von der wechselseitigen Zweckbeziehung der Leistungspflichten, die die Auslegung dessen enthält, was »Äquivalenz« hier bedeutet: als Rechtsgrund der Gegenverpflichtung hat jede Leistungspflicht das gleiche Gewicht wie die andere.

---

[51]) Vgl. auch Wieacker Festschrift für Nipperdey (1965), Bd. I, S. 808, wo er das funktionelle Synallagma als Formulierung des strukturell-typischen Vertragszwecks ansieht.
Da die Zweckbindung jeder Verpflichtung an die andere diese nicht als statische Bindung, sondern als Funktion erfaßt, die sich auf die Leistung hin entfaltet, kann man mit Recht auch sagen, im gegenseitigen Vertrage erfolge jede Leistung »um der Gegenleistung willen« und die Gegenleistung sei (innerer) Rechtsgrund für die Leistung. Dabei muß man sich aber scharf absetzen gegen den Rechtsgrund der Leistung, auf den sich die §§ 812 ff. beziehen (»äußerer Rechtsgrund« im Sinne von Siber). Für diesen gilt nämlich, daß im gegenseitigen Vertrage jede Leistung gerade nicht um der Gegenleistung willen, sondern solvendi causa, zum Zwecke der Erfüllung, erfolgt. (vgl. Esser aaO § 189, 4) Causa im Sinne von § 812 kann die Gegenleistung nur sein, wo sie bei einer ohne Verpflichtung erbrachten Leistung der damit verfolgte Zweck ist; sog. kausale Verknüpfung von Leistung und Gegenleistung.

[52]) Der Gedanke der Bedingung ist kein möglicher Erklärungsgrund; vgl. unten C.

Diese formale Symmetrie der Rechtsgrundbeziehung findet nun allerdings keinen durchgehenden Ausdruck in einer absoluten Gleichheit der für die Leistungspflichten geltenden Rechtsfolgen. Das am Bild der gesetzlich normierten Rechtsfolgen entwickelte Äquivalenzgefüge kann durch Eingriffe privatautonomer Vertragsgestaltung tiefgreifend verändert werden. Das Verhältnis der vereinbarten Leistungspflichten kann, was die Abhängigkeit voneinander in ihrem Bestand (konditionelles Synallagma) und in ihrer Abwicklung (funktionelles Synallagma) betrifft, sehr ungleich ausgestaltet sein, ohne die Gegenseitigkeit des Vertrages in Frage zu stellen.

So sind alle Momente des funktionellen Synallagmas abdingbar, ohne daß der Charakter des Geschäfts als gegenseitiger Vertrag dadurch berührt wird. Das gilt für die Zug-um-Zug Leistung und die Einrede des nichterfüllten Vertrages, sowie für die Einrede des § 321 im Fall der Vorleistungspflicht[53]).

Ähnliches gilt für den Grundsatz des konditionellen Synallagmas in § 323 I. Es steht den Parteien frei, durch besondere Regelung der Gefahrtragung die Preisgefahr (Gegenleistungsgefahr) bei von keiner Seite zu vertretender Unmöglichkeit der Leistung auf den Gläubiger abzuwälzen[54]). So können die Parteien etwa auch bestimmen, daß der Gläubiger – ähnlich der gemeinrechtlichen Kaufregelung – die Preisgefahr schon bei Abschluß des Vertrages übernimmt[55]). Die Parteien können weiter eine Vereinbarung darüber treffen, welche Umstände der Schuldner bei Leistungsstörungen zu vertreten hat. Die Haftung des Schuldners kann bis zur Grenze des eigenen Vorsatzes ausgeschlossen werden, §§ 276 II, 278, 2. Dann ist der Anwendungsbereich der §§ 325, 326, die Vertretenmüssen des Schuldners voraussetzen, auf den Fall eigenen Vorsatzes des Schuldners beschränkt, in allen übrigen Fällen gelten die §§ 275, 323. Und selbst für diese Fälle kann durch Vereinbarung noch die Preisgefahr auf den Gläubiger abgewälzt werden, so daß der frei gewordene Schuldner den Anspruch auf die Gegenleistung behält[56]).

Das konditionelle Synallagma ist also weitgehend dispositiv; als notwendiger und unabdingbarer Rest bleibt von ihm nur folgendes: In keinem gegenseitigen Vertrag kann eine Partei nachträglich frei werden und den Anspruch auf die Gegenleistung gleichwohl behalten, wenn sie die Unmöglichkeit ihrer Leistung vorsätzlich herbeigeführt hat. Dieser notwendige Rest von Bestandsabhängigkeit der Leistungspflichten ist jedoch eigentlich schon ein Teil des genetischen Synallagmas. Haftet der Schuldner nicht einmal für die durch eigenen Vorsatz herbeigeführte Unmöglichkeit seiner Leistung und behält aber trotzdem den Anspruch auf die Gegenleistung, so ist aus dem Vertrag in Wahrheit nur der Gläubiger verpflichtet. Ist es in das Belieben des Schuldners

---

53) Vgl. dazu Soergel-Schmidt 10 zu § 320 und 7 zu § 321.

54) Gesetzliche Fälle abweichender Gefahrtragungsregeln finden sich etwa in § 447 (die Gefahr kann vor der Erfüllung übergehen) und in § 644 (die Gefahr geht regelmäßig erst nach der Erfüllung auf den Gläubiger über).

55) Vgl. dazu Windscheid, Pandekten, II § 390.

56) Die Möglichkeit solcher einseitig belastenden Verträge wird theoretisch bleiben, da wohl regelmäßig Sittenwidrigkeit vorliegen wird. Hier kommt es jedoch nur darauf an, daß aus dem Recht des gegenseitigen Vertrages eine Grenze für solche Vereinbarungen nicht entwickelt werden kann.

gestellt, ob seine Verpflichtung Bestand haben soll, so ist er gar nicht wirksam verpflichtet. Die Forderung des genetischen Synallagmas geht aber gerade auf die Begründung wirksamer Verpflichtungen beider Parteien; dieses enthält daher auch ein Minimum an konditioneller Abhängigkeit.

Die aus der Privatautonomie abzuleitende Möglichkeit, die vertragliche Risikolage abweichend von den §§ 320 ff. auszugestalten, hebt die allgemeine Geltung einer strukturellen Äquivalenzbeziehung für die gegenseitigen Leistungspflichten nicht auf. Die zusätzliche Belastung, die sich aus einer solchen rechtlichen Einseitigkeit für eine der Parteien ergibt, muß als Moment ihrer Gegenleistungspflicht angesehen werden, die als eine solche der Leistungspflicht der anderen Partei als deren Rechtsgrund vertraglich gleichgesetzt ist. Unabdingbarer juristischer Ausdruck dieser rechtlichen Gleichheit ist die Rechtsfolge des genetischen Synallagmas. Das genetische Synallagma kann durch Parteivereinbarung nicht eingeschränkt werden. Ein Vertrag, in dem nicht beiderseitige Leistungspflichten festgesetzt werden, die nach dem Parteiwillen wechselseitig in ihrem Entstehen voneinander abhängen sollen, ist kein gegenseitiger Vertrag. Von der Gleichbedeutendheit der Leistungspflichten für die Begründung der Vertragsbindung kann nichts abgezogen werden, ohne den Vertragstypus »gegenseitiger Vertrag« zu verlassen. Das genetische Synallagma ist der juristische Kern der Äquivalenz der gegenseitigen Leistungspflichten. In ihm findet die Symmetrie der strukturellen Rechtsgrundbeziehung beider Leistungspflichten den notwendigen Ausdruck in einer absoluten Gleichheit der für sie geltenden Rechtsfolgen.

Das genetische Synallagma, das in den §§ 320 ff. nicht geregelt ist, erweist sich somit als die schlechthin wesentliche Rechtsfolge des gegenseitigen Vertrages. Es findet sich daher historisch auch schon von Anfang an in den Tauschregelungen solcher Rechtsordnungen, die andere Formen des Synallagmas nur zögernd oder spät herausgebildet haben[57]).

b) Die Neutralität des Synallagmas gegen das Wertverhältnis der gegenseitigen Leistungspflichten

Die synallagmatischen Rechtsfolgen, die die juristische Formulierung der dem gegenseitigen Vertrag zugrundeliegenden causa-Struktur enthalten, können als Ausdruck einer Äquivalenz von Leistung und Gegenleistung verstanden werden, weil die Rechtsgrundbeziehung der Leistungspflichten wegen ihrer Symmetrie eine Gleichwertigkeit derselben innerhalb des Vertrages begründet. Da mit der Durchsetzung dieser Äquivalenz im Funktionsablauf des Schuldverhältnisses die notwendigen, d. h. gerechten Folgerungen aus der Interessenlage des Vertrages gezogen werden, begründet das Synallagma insoweit die immanente, besondere Gerechtigkeit des gegenseitigen Vertrages.

---

[57]) Vgl. für das römische Recht: Benöhr, Das sog. Synallagma in den Konsensualkontrakten des klassischen römischen Rechts, 1965, §§ 12 I, 18 I; für das englische Recht: Rheinstein, Die Struktur des vertraglichen Schuldverhältnisses im angloamerikanischen Recht, S. 55 f., 147.

Zu Unrecht glaubt jedoch Wieacker, darüber hinaus im Synallagma den juristischen Ausdruck einer dem gegenseitigen Vertrag zugrundegelegten Idee der allgemeinen ausgleichenden Gerechtigkeit sehen zu dürfen[58]). Die Idee einer iustitia commutativa durch den gegenseitigen Vertrag bezieht sich auf das Postulat der objektiven Wertgleichheit der getauschten Leistungen[59]). Dagegen enthält die entwickelte rechtliche Äquivalenz der gegenseitigen Leistungen keine Beziehung auf irgendeine Form der Wertgleichheit. Das Synallagma ist daher gerade gegen die besondere Qualität des objektiven Wertverhältnisses der gegenseitigen Leistungen völlig neutral.

Wo das Wertverhältnis der Leistungen zum Bezugspunkt für vertragliche Reaktionswirkungen wird, da ist es das bei Vertragsschluß jeweils bestehende tatsächliche Wertverhältnis. Nicht die Idee einer objektiven Wertäquivalenz liegt dem Synallagma zugrunde, vielmehr ist dieses die Anerkennung und Durchsetzung einer Vertragsgleichung, durch die die verschiedenen Werte von Leistung und Gegenleistung einander als rechtlich äquivalent gegenübergestellt werden.

So ist etwa die Gegenleistung im Verhältnis der tatsächlichen Werte zu mindern, wenn die Leistung des Schuldners teilweise unmöglich wird (§§ 323 I 2. Hs, 472); das gleiche gilt nach § 323 II, wenn an Stelle der Schuldnerleistung ein im Wert geringeres stellvertretendes Kommodum verlangt wird. Ferner sind die objektiven Werte der beiderseitigen Leistungen bei der Ermittlung des Schadensersatzes wegen Nichterfüllung nach der Differenzmethode gegeneinander abzurechnen.

Ebenso verhält es sich mit der Lösung des Problems der Äquivalenzstörung. Die clausula rebus sic stantibus ist nicht ein Einbruch einer dem Vertrag übergeordneten iustitia commutativa, die das Leistungsverhältnis auf objektive Gleichwertigkeit hin korrigiert; sie ist vielmehr nur die Durchsetzung der jeweiligen Vertragsentscheidung und bezieht sich maßgeblich auf das bei Vertragsschluß bestehende tatsächliche Wertverhältnis der Leistungen. Das gilt sowohl für die Frage, wann eine relevante Verschiebung des Gleichwertigkeitsverhältnisses der Leistungen vorliegt[60]), als auch für das Problem, wie das gestörte Leistungsverhältnis gegebenenfalls anzupassen sei[61]). Hier ist grundsätzlich zunächst zu prüfen, ob nicht die Wiederherstellung des ursprünglichen Wertverhältnisses dem Vertragssinn und der Risikoverteilung gerecht wird[62]).

Die Äquivalenz des gegenseitigen Vertrages bedeutet also in gewisser Weise auch ein Gleichgewicht der Werte der gegenseitigen Leistungen; dieses beruht aber nicht auf irgendeiner wertmäßigen Gleichheit sondern allein darauf, daß in der Vertragsentscheidung der Parteien zugleich mit den beiderseitigen Leistungen auch der Wert der Leistung dem Wert der Gegenleistung äquivalent gesetzt wird. Locher bezeichnet daher das Synallagma

---

[58]) Festschrift für Wilburg, 1965, S. 249.
[59]) Vgl. dazu oben A II 1 zu Anm. 43 ff.
[60]) Vgl. BGH LM Nr. 35 zu § 242 (Ba) Urt. v. 4. 11. 1960. V. ZS (Lastenausgleich).
[61]) Vgl. BGH NJW 1962, 30 Urt. v. 29. 9. 1961 V. ZS.
[62]) Vgl. BGH Betrieb 1958, 1325 Urt. v. 23. 9. 1958 VIII. ZS; eingehend Larenz, Geschäftsgrundlage, (3. Aufl. 1963), S. 176 f.

als eine »gewollte Wertgleichung« zwischen Leistung und Gegenleistung[63]). Die Durchsetzung dieser Gleichung dient der Verwirklichung des Parteiwillens, nicht einer dem Vertrag übergeordneten Gerechtigkeit.

c) Die Grenzen des rechtsgeschäftlichen »Äquivalenzermessens«

Der Neutralität des Synallagmas gegenüber dem Wertverhältnis der gegenseitigen Leistungen entspricht ein rechtsgeschäftliches »Äquivalenzermessen« der Parteien: diese können im Vertrag grundsätzlich auch sehr verschiedenwertige Leistungen als volle Entgelte einander gleichstellen[64]).

Das macht eine »Instrumentalisierung« des gegenseitigen Vertrages sichtbar. Die Gestaltungsformen dieses Vertrages sind als Instrumente zu verstehen, die von ihrer typischen sozialen Funktion, der Regelung des wirtschaftlichen Tauschverkehrs, abgelöst sind und den Parteien prinzipiell auch zur rechtlichen Bewältigung ganz anderer Zwecke frei zur Verfügung stehen. Eine solche Zweckentfremdung des gegenseitigen Vertrages ist etwa in der Form des sog. Freundeskaufs geläufig, bei dem der Kaufpreis in voller Absicht besonders niedrig angesetzt wird, um den Käufer, wirtschaftlich gesehen, um den nicht gedeckten Wert der Kaufsache zu bereichern. Die beabsichtigte Freigebigkeit bleibt hier für die Rechtsnatur des Vertrages ohne Bedeutung, solange die Parteien den Kaufpreis in ihren rechtsgeschäftlichen Willenserklärungen zur vollen Gegenleistung erklärt haben[65]).

---

[63]) AcP 121 (1923) 94.
Die rechtliche Äquivalenz verschiedener objektiver Leistungswerte zeigt sich deutlich im Schadensersatzrecht: so kann nach RG JW 1913, 595, Nr. 8, Urt. v. 13. 3. 1913 II. ZS der Käufer, der die verkaufte Ware nicht erhalten hat, als geringsten Schaden in jedem Falle den Betrag des von ihm schon geleisteten Kaufpreises geltend machen. Dieser Schadensersatzanspruch wird auch nicht durch den Nachweis des Verkäufers entkräftet, daß der Käufer wegen der Wertverschiedenheit der Leistungen bei Erfüllung des Vertrages einen Verlust erlitten hätte, der weit über seiner geleisteten Anzahlung liege. Grund dieser Regelung ist die durch den Vertrag gesetzte Gleichheit der Leistungswerte; diese muß bei der Schadensabrechnung berücksichtigt werden. Die Gleichwertigkeit der Leistungen ist eine Struktur des gegenseitigen Vertrages, nicht eine (widerlegbare) Vermutung. Anderer Ansicht offenbar: RG SeuffA 81, Nr. 216, Urt. v. 8. 12. 1926 I. ZS; Erman-Groepper 6b aa (am Ende) zu § 325. Das würde dazu führen, daß der vertragsbrüchige Verkäufer im Zuge des vom Käufer geltend gemachten Schadensersatzes die Vorteile der Erfüllung des Vertrages erhalten könnte. Diese Folge hat das RG aber deutlich abgewiesen für den Fall, daß der Käufer noch nichts geleistet hat und die Schadensberechnung an sich einen Saldo zu Gunsten des Verkäufers ergibt (RG 58, 177, Urt. v. 27. 5. 1904 VII. ZS). Nach RG 127, 249 (Urt. v. 19. 2. 1930 I. ZS) ist nur der Nachweis des Verkäufers zugelassen, daß der Käufer weitere in der Schadensrechnung geltend gemachte Aufwendungen (außer der schon geleisteten Kaufpreiszahlung) bei Vertragserfüllung nicht hätte decken können (ebenso Palandt-Danckelmann 5a zu § 325).

[64]) Von einem Ermessen der Parteien bei der Festsetzung der Leistungen spricht etwa RG 105, 249 Urt. v. 6. 7. 1922 IV. ZS; vgl. auch BGH LM Nr. 1 zu § 2325 Urt. v. 9. 11. 1960 V. ZS: Die Parteien können grundsätzlich die beiderseitigen Leistungen selbst frei bewerten.

[65]) Vgl. RG 163, 259 Urt. v. 22. 2. 1940 VII. ZS; BGH LM Nr. 1 zu § 2325 Urt. v. 9. 11. 1960 V. ZS; Liebisch, Das Wesen unentgeltlicher Zuwendungen, S. 67 f.; Larenz aaO, Bd. II, § 43 III.

Es ist zu fragen, ob dem Äquivalenzermessen der Parteien und damit der Instrumentalisierung des gegenseitigen Vertrages Grenzen gezogen sind. Kann, als Extremfall, die rechtsgeschäftliche Begründung einer bloß nominellen Entgeltlichkeit durch die Vereinbarung eines Minimalpreises (nummus unus) in unserer Rechtsordnung anerkannt werden?[66])

Da die tatsächliche Zielsetzung eines solchen Geschäfts erkennbar allein in einer freigebigen Bereicherung einer der beiden Parteien besteht, ist die vereinbarte Gegenseitigkeit in diesem Fall nichts als eine leere rechtsgeschäftliche Formel, mit deren Hilfe die für diesen Zweck im Gesetz vorgesehenen Gestaltungsformen (etwa §§ 516 ff.) umgangen werden sollen. Allerdings erfüllt diese Vereinbarung alle formellen Tatbestandsmerkmale eines gegenseitigen Vertrages. Gerade aus der Umgehungsabsicht folgt, daß sich der Geschäftswille der Parteien ganz ausdrücklich auf die gewählte Vertragsform und deren Rechtsfolgen richtet[67]). Über die Vereinbarung einer nominellen Gegenleistung (nummus unus) kann daher regelmäßig nicht aus § 117 entschieden werden. Die nominelle Entgeltlichkeit ist kein Problem der rechtsgeschäftlichen Scheinerklärung[68]).

Die Frage ihrer Anerkennung ist für das Verhältnis der Parteien zu außerhalb des Vertrages stehenden Dritten anders zu beantworten, als für das Verhältnis der Vertragsschließenden zueinander. Einige Gesichtspunkte dieser Antwort sollen im folgenden dargestellt werden.

1. Das Gesetz knüpft in einer Reihe von Normen den Schutz von Interessen Dritter, die durch die vertragliche Güterbewegung berührt werden, an den Tatbestand der Unentgeltlichkeit. Das gilt in verschiedener Weise etwa für das Anfechtungsrecht des Gläubigers gemäß § 3 I Ziff. 3, 4 Anfechtungsgesetz (bzw. die Konkursanfechtung nach § 32 KO), für den Bereicherungsanspruch des § 822, die Berechnung des auszugleichenden Endvermögens des Ehegatten gemäß § 1375 II Ziff. 1, die Verfügungsverbote für den Vorerben und den Testamentsvollstrecker §§ 2113 und 2205, den Pflichtteilsergänzungsanspruch des § 2325[69]).

---

66) Für das amerikanische Common Law (anders im englischen Recht) ist die nominelle Gegenleistung von 1 Cent als vollwertige consideration anerkannt (sog. peppercorn theory). Vgl. dazu Restatement of Contracts sect. 82; Corbin On Contracts I § 127; Rheinstein aaO, S. 60 f. Die nominelle Entgeltlichkeit findet sich im übrigen häufig als Institution des objektiven Rechts in solchen Rechtsordnungen, die eigene Gestaltungsformen für unentgeltliche Geschäfte erst unvollkommen entwickelt haben. Vgl. z. B. zur venditio nummo uno im römischen Recht Bechmann, Der Kauf nach Gemeinem Recht, Bd. I, S. 213 ff.

67) Vgl. Staudinger-Coing 1e und 21 zu § 117; Flume, Allgemeiner Teil des BGB, Bd. II, S. 408.

68) So aber Windscheid-Kipp, Pandekten, Bd. II, S. 683, Anm. 8 und heute noch Jaeger-Lent, Konkursordnung, (8. Aufl.) 12 zu § 32 KO.
Ebenso offenbar auch Bechmann aaO, Bd. II, S. 151, Anm. 1, der andererseits gerade klar herausgearbeitet hat, daß ein solcher Vertrag alle formellen Voraussetzungen des juristischen Tatbestandes erfüllt und sein Scheincharakter nur auf der Auswechslung der ökonomischen Funktion beruht (Bd. I, S. 213 ff.).
Auch im französischen Recht scheint die Frage des Minimalpreises unter dem Gesichtspunkt der simulierten Preisvereinbarung behandelt zu werden; vgl. Planiol et Ripert V par Trasbot et Loussourain no. 425.

69) Der Begriff der Unentgeltlichkeit ist nicht einheitlich im formalen Sinn der

Die Schranken, die der rechtlichen Anerkennung unentgeltlicher Geschäfte zum Schutz dritter Interessen durch diese Tatbestände gezogen werden, sind zwingendes Recht. Sie können nicht durch eine bloß formale Verwendung entgeltlicher Vertragstypen umgangen werden. Zwar ist als Grundsatz davon auszugehen, daß die rechtsgeschäftliche synallagmatische Verknüpfung zweier Leistungen im allgemeinen hinreicht, um sie als entgeltlich auszuweisen[70]). Für den Fall einer bloß nominellen Entgeltlichkeit verlangt der Schutzzweck dieser Normen jedoch einen Rückgang auf die durch das Rechtsgeschäft bezweckte wirtschaftliche Güterbewegung. Dem geschützten Dritten gegenüber ist die Berufung auf die gewählte Rechtsform auszuschließen und für die Beurteilung des Geschäfts an seine materiell unentgeltliche Funktion anzuknüpfen. Dieser Durchgriff auf die wirtschaftliche Funktion des Geschäfts wird im Rahmen der angeführten Tatbestände regelmäßig auch dann geboten sein, wenn eine erhebliche Freigebigkeit in Form eines gegenseitigen Vertrages vollzogen werden soll, ohne daß die vereinbarte Gegenleistung dabei gleich auf ein bloß nominelles, symbolisches Entgelt herabgedrückt ist. Man denke etwa daran, daß die Parteien bewußt einen Preis vereinbaren, der nur den halben oder den zehnten Teil des Wertes der Kaufsache deckt. Allerdings bereitet hier die Grenzziehung erhebliche Schwierigkeiten. Es ist die Privatautonomie der Parteien, mit dem daraus abgeleiteten grundsätzlichen Äquivalenzermessen gegen die geschützten Interessen des Dritten abzuwägen. Der Frage kann hier nicht im einzelnen nachgegangen werden[71]).

---

§§ 516 ff. festzulegen, sondern aus dem Zweck der jeweiligen Norm zu entwickeln. Vgl. dazu Soergel-Ballerstedt 3 vor § 516; Jaeger-Lent, Konkursordnung, (8. Aufl.) 2 zu § 32 KO.

[70]) Vgl. BGH WM IV B 1955, 354 Urt. v. 15. 12. 1955 II. ZS; RGRK (Kuhn) 6 zu § 516; Mentzel-Kuhn, Konkursordnung, 2 zu § 32 KO.
Prinzipiell anderes gilt für die §§ 2113, 2205. Der Zweck dieser Verfügungsverbote verlangt auch eine Kontrolle des objektiven Wertverhältnisses der vereinbarten Entgelte; vgl. Soergel-Ballerstedt 3 vor § 516. Die Rechtsprechung hat daher das rechtsgeschäftliche Äquivalenzermessen von Vorerben und Testamentsvollstrecker auf den Rahmen einer ordnungsgemäßen Verwaltung (vgl. §§ 2120, 2216) eingeschränkt. Vgl. RG JW 1938, 525 Nr. 30 Urt. v. 24. 11. 1937 V. ZS; BGH NJW 1952, 698 Urt. v. 15. 2. 1952 V. ZS; Palandt-Rechenmacher 2a zu § 2113 und 3 zu § 2205.
Einen klaren Durchgriff auf die in der gewählten Rechtsform vollzogene wirtschaftliche Güterbewegung enthält § 3 Erbschaftssteuergesetz. Die Steuerpflicht einer Freigebigkeit wird nicht dadurch ausgeschlossen, daß sie in die gültige Form eines entgeltlichen Vertrages gekleidet ist. Vgl. Kapp, Erbschaftssteuergesetz, (3. Aufl.), S. 183.

[71]) Das RG hat in einer (nur im Leitsatz veröffentlichten) Entscheidung vom 5. 5. 1934 V. ZS (HRR 1934 Nr. 1441) die Grenze des Äquivalenzermessens Ansprüchen Dritter gegenüber da gezogen, wo die Entgeltsetzung der Parteien als willkürlich zu bezeichnen ist. Vgl. dazu auch BGH LM Nr. 1 zu § 2325 Urt. v. 9. 11. 1960 V. ZS.
Unbeantwortet bleibt die Frage, wie dieser Maßstab im Einzelfall zu konkretisieren sei. RG 165, 224 Urt. v. 25. 11. 1940 VIII. ZS will anscheinend die Äquivalentsetzung der Parteien Dritten gegenüber dann nicht anerkennen, wenn die vereinbarte Gegenleistung bewußt niedriger als die Hälfte des Wertes der Leistung angesetzt ist. Vgl. dazu auch Mentzel-Kuhn, Konkursordnung, 6 zu § 32

2. Unabhängig von der Frage, welche Grenzen dem Äquivalenzermessen der Parteien durch den gesetzlichen Schutz dritter Interessen gezogen sind, ist zu untersuchen, ob die Parteien auch, soweit nur die Gestaltung ihrer eigenen Rechtsbeziehungen in Betracht gezogen wird, also sozusagen im Innenverhältnis, an Schranken der Entgeltsetzung gebunden sind. Können sich die Parteien durch die Vereinbarung rechtsgeschäftlicher Entgeltlichkeit auch dann den Rechtsfolgen gegenseitiger Verträge unterstellen, wenn das beabsichtigte Geschäft seiner wirtschaftlichen Zielsetzung nach überwiegend oder ganz eine freigebige Zuwendung verfolgt?
Das Prinzip der Privatautonomie spricht an sich für eine solche Möglichkeit. Zwar stellt die Rechtsordnung für derartige Zwecke eigene Rechtsinstitute zur Verfügung (etwa Schenkung § 516 ff. oder Leihe §§ 598 ff.), deren Rechtsfolgen eine gerechte Abwicklung gewährleisten sollen, es steht den Parteien aber grundsätzlich frei, innerhalb dieser Vertragstypen die gerechte Lösung des Gesetzes durch eine andere, selbst gewählte Ausgestaltung des Vertrages zu ersetzen.
Allerdings gilt das für die Schenkung nur zum Teil: die Formvorschrift des § 518, ferner das Widerrufsrecht des § 530 und nach wohl herrschender Lehre auch die Rechtsbehelfe der §§ 519, 528 sind zwingendes Recht[72]). Daran scheitert – auch im Innenverhältnis der Parteien – die Anerkennung einer bloß nominellen Entgeltlichkeit eines Kauf- oder Tauschvertrages. Da die Funktion eines solchen Vertrages tatsächlich allein in einer freigebigen Zuwendung an eine der Parteien besteht, muß er sinngemäß von dem für diese Zwecke geltenden zwingenden Recht erfaßt werden. Insbesondere kann die Formvorschrift des § 518 nicht durch das Ausweichen in die leere Form des gegenseitigen Vertrages umgangen werden.

Im Verhältnis von Miete und Leihe (ebenso etwa von entgeltlicher Geschäftsbesorgung und Auftrag) fehlt eine entsprechende Schranke. Zwar hat ein Mietvertrag mit einem bloß nominellen Mietzins (etwa DM 1,– für die Vermietung einer Wohnung) die Funktion einer Leihe. Das Recht der Leihe enthält aber keine zwingenden Normen, die in diesem Fall die Anerkennung der formalen Entgeltlichkeit des Vertrages verbieten[73]).

Man könnte versucht sein, der Ausweitung des Äquivalenzermessens hier durch den Hinweis auf institutionelle Schranken des gegenseitigen Vertrages zu begegnen. Dazu müßte man den Gestaltungsformen gegenseitiger Verträge einen materiellen Gehalt beilegen, der ihre Verwendung auf bestimmte soziale Funktionen, also auf die Regelung des wirtschaftlichen Güteraus-

---

KO. Eine so schematische Abgrenzung wird aber kaum in allen Fällen brauchbare Resultate ergeben.

[72]) Vgl. Palandt-Danckelmann 1 zu § 519; RGRK (Kuhn) 1 zu § 519 und 10 zu § 528; Soergel-Ballerstedt 1 zu § 519; Staudinger-Ostler 2 zu § 519; für das Widerrufsrecht des § 530 vgl. § 533 und BGH 3, 213 Urt. v. 2. 10. 1951 V. ZS.

[73]) Das gleiche gilt im Verhältnis von Kauf und Schenkung, wenn die von den Parteien vereinbarte Gegenleistung zwar sehr niedrig ist, aber nicht bloß nominellen Charakter trägt. Aus dem zwingenden Schenkungsrecht lassen sich keine Einwände gegen die Wirksamkeit eines Kaufes ableiten, der wirtschaftlich gesehen teils einem echten Güteraustausch, teils einer freigebigen Zuwendung dienen soll.

tausches, einschränkt. Eine vollständige Auswechslung dieser Funktionen durch den Parteiwillen erscheint von diesem Standpunkt aus als Rechtsmißbrauch.

Gegen die Errichtung einer solchen institutionellen Schranke innerhalb der gegenseitigen Verträge spricht, abgesehen von der Schwierigkeit einer Grenzziehung, das unser Vertragsrecht beherrschende Prinzip der Privatautonomie. Dieses Prinzip rechtfertigt grundsätzlich eine Vermutung gegen die rechtliche Bindung eines Vertragstypus an eine bestimmte soziale Funktion und für seine freie instrumentale Verwendbarkeit. Soweit daher nicht zwingendes Recht eingreift, sind die Parteien in der Gestaltung ihrer eigenen Rechtsbeziehung nur an die allgemeinen Bedingungen der Vertragsfreiheit[74]), nicht an einen materiellen Gehalt des gegenseitigen Vertrages gebunden. Die Möglichkeit, daß eine gesetzliche Gestaltungsform dabei durch die Auswechslung ihrer typischen sozialen Funktion denaturiert wird, ist in diesem Rahmen als eine Konsequenz der Freiheit der Parteien hinzunehmen[75]).

Für die Gestaltungsform gegenseitiger Verträge bedeutet dies, daß die Parteien bei ihrer Verwendung nicht an die Funktion eines tatsächlichen Güteraustausches zu binden sind. Sie können sich dieser Rechtsformen auch dann wirksam bedienen, wenn ihre wirtschaftliche Zielsetzung überwiegend oder ganz auf eine Freigebigkeit gerichtet ist. Soweit eine solche Vertragsausgestaltung nicht eine Umgehung zwingender Normen anderer Vertragstypen darstellt, ist auch für unsere Rechtsordnung die rechtsgeschäftliche Begründung einer bloß nominellen Gegenseitigkeit durch die Vereinbarung eines nummus unus als Gegenleistung im Innenverhältnis der Parteien als wirksam anzuerkennen[76]).

Die wechselseitige Rechtsgrundbeziehung der gegenseitigen Leistungspflichten ist vom Wertverhältnis der versprochenen Leistungen vollständig unabhängig.

---

[74]) Dazu gehört, daß die Vereinbarung nicht auf dem Druck der wirtschaftlichen Übermacht einer Vertragsseite beruhen darf; vgl. Larenz aaO, Bd. I, § 5 II a).
Für die Vertragsfreiheit selbst wird eine institutionelle Auffassung zu befürworten sein, die in der »gleichen Freiheit« der Vertragspartner eine rechtliche Voraussetzung für die Einräumung der Vertragsfreiheit sieht. Vgl. dazu Mestmäcker JZ 1964, 443 ferner Raiser, Vertragsfunktion und Vertragsfreiheit in Hundert Jahre Deutsches Rechtsleben, (1960) Bd. I, S. 133. Der Sinn dieser Lehre besteht in erster Linie darin, dem Mißbrauch der Vertragsfreiheit durch wirtschaftliche Macht wirksam zu begegnen.

[75]) a.A. wohl Raiser, Rechtsschutz und Institutionenschutz im Privatrecht in Summum ius, summa iniuria, (1963), S. 163 f., der allgemein die Grenzen rechtswirksamen Handelns nach dem Zweck des jeweiligen Instituts bestimmen will.
Die Frage, ob die Parteien bei der Verwendung rechtlicher Gestaltungsformen an den immanenten Sinn des Rechtsinstituts gebunden sind, stellt sich in entsprechender Weise beim Problem der gesellschaftsrechtlichen Grundtypenvermischung. Die h.L. scheint das zu verneinen und einer rein instrumentalen Betrachtungsweise zuzuneigen; vgl. dazu neuerdings Mertens NJW 1966, 1049 ff.

[76]) Auf die Vermietung einer Wohnung zu einem vereinbarten Mietzins zu DM 1,– findet im Verhältnis der Parteien zueinander nur Mietrecht Anwendung; der Vermieter kann die Privilegien des Verleihers nicht in Anspruch nehmen.
Das gilt unbeschadet der Tatsache, daß die vereinbarte Gebrauchsüberlassung im Verhältnis zu geschützten Dritten als unentgeltliche Verfügung zu bewerten ist.

4. Exkurs: Ist die causa der Verpflichtung ein Moment »materieller« Rechtfertigung der Verbindlichkeit aus dem Vertragsversprechen?

Die causa-Struktur des gegenseitigen Vertrages zeigt jede Verpflichtung als inneren Rechtsgrund der Gegenverpflichtung. Es fragt sich, ob dieser Rechtsgrund auch im Sinne einer materiellen Rechtfertigung der Verpflichtung verstanden werden darf, ob die Entstehung der Verbindlichkeit aus dem Vertrag dadurch gerechtfertigt ist, daß die Parteien den Zweck erreichen, den sie rechtlich damit verfolgen.

In unserem Begriff eines Kausal- oder Grundgeschäftes scheint zweierlei zu liegen: einmal, daß in diesem Vertrag jede Verpflichtung auf einen rechtlichen Zweck als ihre causa bezogen ist; zum anderen, daß ein solches Geschäft einen materiellen Grund von Zuwendungen enthalte, in ihm also auch eine Rechtfertigung für die aus der Vereinbarung der Parteien entspringende obligatorische Bindung liege.

Die Beziehung auf einen Zweck ist in der Tat schon als solche ein Moment solcher Rechtfertigung. Unser Recht geht davon aus, daß jedes Erklärungsverhalten, das auf die Begründung einer Verpflichtung gerichtet ist, zweckhaftes Verhalten ist; entsprechend hat jede Verpflichtung eine causa – einen Zweck, zu dem sie rechtlich begründet ist[77]). Diese Zweckhaftigkeit der Verpflichtung ist ein Moment ihrer »Vernünftigkeit« und eine Voraussetzung für ihre Anerkennung. Sie begründet eine Ernsthaftigkeit des Verpflichtungsverhaltens, die dieses vom bloßen Spiel oder vom sinnlosen Einfall unterscheidet. Diese Ernsthaftigkeit, die schon in der bloßen Beziehung auf einen Zweck überhaupt liegt, ist ein Minimum an formalem Sinn, den ein Erklärungsverhalten haben muß, um als Akt der Privatautonomie gelten zu können. Die Freiheit, sich unter ein selbstentschiedenes rechtliches Sollen zu stellen (Privatautonomie) ist eine Rechtmacht zu »vernünftigem« Gebrauch[78]). Sie enthält nicht die Befugnis, eine Verpflichtung zu begründen, die in sich jede Beziehung auf einen Zweck, zu dem sie bestehen soll, ausschließt. Auch diesen Sinn kann man in einem System der Vertragsfreiheit dem art. 1131 C. c. franç. geben: »L'obligation sans cause ne peut avoir aucun effet.«[79])

---

[77]) Das gilt auch für das abstrakte Schuldversprechen des § 780 BGB. Gerade bei dieser Regelung betonte der Gesetzgeber, daß jede Verpflichtung eine »materielle causa« habe (vgl. Motive Mugdan Materialien zum BGB, Bd. II, S. 689). Die Loslösung der Verbindlichkeit von der causa in den §§ 780 f. ist eine bloß rechtstechnische (vgl. Protokolle, Bd. II, S. 503).

[78]) Die immanenten Schranken dieser Freiheit können auch daraus begründet werden, daß sie eine von der Gesellschaft eingeräumte Freiheit ist. (Das ist kein anderer Maßstab als der der Vernunft).

[79]) Die causa ist nicht wie im geschlossenen Kontraktssystem des klassischen römischen Rechts eine bestimmte typische Einkleidung, die eine Verpflichtung haben muß, um wirksam zu sein (vgl. dazu etwa Kaser, Römisches Recht, Bd. I, S. 450). Sie ist eine – allerdings sehr formale – Sinnstruktur, der jede Verpflichtung genügen muß. Vgl. auch Becker, Kommentar zum Schweizerischen Obligationenrecht, 28 zu Art. 1: »Das Recht, als eine von Vernunft beherrschte Ordnung, anerkennt zweck- und grundlose Versprechen nicht als bindend an.«

Ein wahrer »Grund des Rechts« liegt aber in dem inneren Rechtsgrund der Verpflichtung nur, wenn sich die Rechtsordnung gegen den Inhalt der causa nicht neutral verhält, sondern mit ihrer Anerkennung zugleich eine Wertung des Zwecks vollzieht. Daß eine solche Wertung der Zwecke bei den gesetzlichen Typen der Kausalgeschäfte stattfindet, läßt sich etwa aus der Nichtanerkennung einer Verbindlichkeit aus Spiel und Wette schließen. Hier wird gewissen Geschäftszwecken die Anerkennung als Verpflichtungsgrund versagt, weil sie keine sozial schützenswerte Funktion erfüllen[80]). Ein ähnliches (aber wohl inzwischen überholtes) Werturteil des Gesetzgebers liegt der Nichtanerkennung einer Verbindlichkeit aus entgeltlicher Heiratsvermittlung (§ 656 BGB) zugrunde.

Diese Wertung des Gesetzes bezieht sich jedoch nur auf die strukturellen Zwecke in der Allgemeinheit, wie sie in den gesetzlichen Typen der Schuldverträge enthalten sind, nicht auf die konkrete Zwecksetzung des einzelnen Geschäfts. Der Kauf, die Miete, der gegenseitige Vertrag als Typen sind anerkannt, weil sie eine sozial wertvolle Funktion erfüllen. Dieser im Typus gesetzte Wert kann aber im konkret darunter fallenden Vertrag verfehlt werden, ohne daß dies von Einfluß auf die daraus entstehenden Verbindlichkeiten der Parteien wäre. Es gelten nur einige allgemeine Grenzen, denen jede konkrete Zwecksetzung innerhalb des Typus zusätzlich genügen muß; sie darf insbesondere nicht gegen das Gesetz oder gegen die guten Sitten verstoßen §§ 134, 138[81]).

Unser Recht wertet also die causa der Verpflichtung nur auf der Ebene der strukturellen Zwecke. Die allgemeine Zwecksetzung in den Typen der Schuldverträge bezeichnet zugleich eine sozial wertvolle Funktion des geschäftlichen Verhaltens. Dagegen braucht die konkrete Zwecksetzung von Verträgen, die unter diese Zweckstruktur fallen dem im Typus intendierten Wert nicht zu entsprechen; sie muß lediglich im Rahmen der §§ 134, 138 BGB zulässig sein. Die causa der Verpflichtung ist in concreto nur eine »cause licite« im Sinne des art. 1108 C. c. franç. nicht im eigentlichen Sinne eine rechtfertigende, gerechte causa.

Die Enthaltsamkeit des Rechts gegenüber dem Wert oder Unwert der jeweiligen konkreten causa einer Verpflichtung ist ein Korrelat der Einräumung der Freiheitssphäre der Privatautonomie. Und die Entscheidung über eine materielle Rechtfertigung der aus einem Versprechen entspringenden Verbindlichkeit müßte eine Entscheidung über die Berechtigung der Privatautonomie sein.

Mit dem Aufweis der causa-Struktur des gegenseitigen Vertrages ist also nicht die Frage beantwortet, warum das Recht diesen Vertrag als Verpflichtungstatbestand anerkennt. Die causa ist ein Moment innerhalb der Vertragsentscheidung der Parteien und für die Frage nach deren Gerechtigkeit irrelevant. Sie ist nicht Rechtsgrund der Verpflichtung, weil diese mit Erreichen

---

80) Nicht dagegen, wie Palandt-Gramm 1 zu § 762 annehmen, weil Geschäfte dieser Art besonders gefährlich seien; das hätte zu einer Formvorschrift führen müssen.

81) Ferner folgt aus dem Begriff des Rechts, daß ein Versprechen mit erkennbar absurder Zwecksetzung nicht verbindlich sein kann.

des rechtlichen Zwecks schlechthin gerecht ist, sondern weil sie dadurch »vertragsgerecht« ist; sie ist nach der Vertragsentscheidung gerechtfertigt, weil sie um eben dieses Zwecks willen rechtlich begründet worden ist.

C. Das Synallagma und die Kategorie der Bedingung

Im folgenden ist zu untersuchen, wie sich die Auffassung, daß der Sinn der Gegenseitigkeit des Vertrages in der wechselseitigen causa-Beziehung der Leistungspflichten liege, zu den Versuchen verhält, in der Bedingung die maßgebliche Kategorie des Synallagmas zu sehen. Die Geschichte dieser Versuche reicht in das kanonische Recht des 13. Jahrhunderts zurück. Innozenz II stützt im Dekretal Quemadmodum erstmalig die Auflösung des Vertrages wegen Nichterfüllung der Verpflichtung einer Seite auf die Annahme, daß die Leistungspflichten nach dem Willen der Parteien bei Vertragsschluß unter der stillschweigenden Resolutivbedingung »si fides servatur« stehen sollen[1]).

Auch das geltende Recht hat die Bedingung als juristische Form der Gegenseitigkeitsbindung mehrfach aufgegriffen. So etwa der französische Code Civil bei der Regelung der Vertragsauflösung wegen Nichterfüllung. Nach art. 1184 gilt: la condition résolutoire est toujour sous-entendue dans les contrats synallagmatiques, pour le cas où l'une des deux parties ne satisfera point à son engagement.«[2]) Die Nichterfüllung des Gegenversprechens wird als Eintritt einer auflösenden Bedingung konstruiert[3]).

Eine wesentliche Rolle spielt der Bedingungsgedanke im Common Law. Die wechselseitige Abhängigkeit der durch den gegenseitigen Vertrag begründeten Leistungspflichten wird seit ihrer Entdeckung im 18. Jahrhundert vorwiegend auf den Gedanken der Bedingung gestützt[4]). Lord Mansfield setzte die Auffassung durch, daß die Versprechen im gegenseitigen Vertrag »mutual conditions to be performed at the same time« sind[5]). Die moderne Form dieses Gedankens ist die Doktrin der »concurrent conditions«. Sofern keine Partei vorleistungspflichtig ist, ist danach im gegenseitigen Vertrag die Erfüllungsbereitschaft der anderen Partei Bedingung für die Verbind-

---

[1]) Nach Boyer, Recherches historiques de la Résolution des Contrats (1924), S. 239ff., 252f.; vgl. zur Geschichte der Dogmatik des Synallagmas den Überblick bei Blomeyer RvglHdWB Artikel »Schuldverhältnis«, S. 325ff.

[2]) Diese Vorschrift findet sich im Abschnitt über bedingte Obligation. Für die entsprechenden Regeln in den übrigen romanischen Ländern vgl. Rabel aaO, Bd. I, S. 247; abweichend art. 1453 C.c. ital.

[3]) Der allerdings grundsätzlich den Vertrag nicht ipso iure dahinfallen läßt, sondern nur zur Erhebung einer Auflösungsklage berechtigt (art. 1184 II); vgl. dazu Ripert et Boulanger II no. 534ff.

[4]) Vgl. dazu Blomeyer, Studien zur Bedingungslehre, Bd. I, S. 105ff.; Rheinstein, Die Struktur des vertraglichen Schuldverhältnisses im anglo-amerikanischen Recht, S. 192ff.

[5]) Belege bei Rheinstein aaO, S. 195.

lichkeit des eigenen Versprechens. Section 28 des englischen Sales of Goods Act von 1893 legt dies für den Kauf beweglicher Sachen fest: »Unless otherwise agreed, delivery of the goods and payment of the price are concurrent conditions, that is to say, the seller must be ready and willing to give possession of the goods to the buyer in exchange for the price and the buyer must be ready and willing to pay the price in exchange for possession of the goods.«[6])

I. Konstruktionsversuche für den gegenseitigen Vertrag des BGB

1. Der Versuch Hoenigers

Für das deutsche Recht seit dem BGB hat der Gedanke, daß die Bedingung die maßgebliche Kategorie des Synallagmas sei, nur vereinzelte Anhänger gefunden.

Den wohl ersten systematischen Versuch in dieser Richtung findet man bei Hoeniger[7]). Hoeniger führt die Abhängigkeit der Leistungspflichten im konditionellen und funktionellen Synallagma auf eine vertragsmäßige Beschränkung des rechtsgeschäftlichen Willens zurück, deren juristische Kategorie er in einer von ihm so genannten »Modalitätsbedingung« findet, die die von vorneherein wirksamen Leistungspflichten im einzelnen davon abhängig macht, wie die Gegenleistung vollzogen wird (S. 240). Die Leistungspflicht ist danach nicht in ihrer Entstehung bedingt, sie wird nur durch verschiedene Umstände, die den Vollzug der Gegenleistung betreffen, modifiziert (S. 229). In einem gewissen Widerspruch dazu soll die Abhängigkeit des funktionellen Synallagmas als wechselseitige Potestativbedingung aufzufassen sein; in der Weise, daß die Leistungspflicht eines jeden erst dann voll wirksam wird, wenn auch der andere leistet (S. 228)[8]).

Die Einordnung des Synallagmas in eine andere Kategorie als die der Bedingung (etwa die der »vertragsmäßigen Voraussetzung«) verbietet sich nach Hoeniger deshalb, weil einer solchen Kategorie hier keine von der Bedingung verschiedenen Rechtsfolgen zukommen würden (S. 237).

Hoeniger macht nicht den Versuch, die Rechtstechnik des Synallagmas, wie sie in den §§ 320 ff BGB niedergelegt ist, im einzelnen auf die Existenz der von ihm behaupteten Bedingungen abzubilden[9]). Das tut erst Blomeyer, der

---

[6]) Ebenso wörtlich der amerikanische Uniform Sales Act sect. 42; im übrigen dazu Rheinstein aaO, S. 198; Restatement of Contracts sect. 267; Corbin On Contracts § 1258: »a tender of his performance by either of the one of the parties is a condition precedent for the duty of performance of the other.«
Ist eine der Parteien vorleistungspflichtig, so ist diese Leistung condition precedent für die Verpflichtung der anderen; vgl. Restatement of Contracts sect. 269 ff.

[7]) Die gemischten Verträge in ihren Grundformen, Mannheim und Leipzig 1910.

[8]) Die exceptio non adimpleti contractus werde damit zur exceptio non adimpletae condicionis.

[9]) Dieser Aufgabe weicht Hoeniger, S. 228, 240 f. aus.

einen neuen Ansatz unternimmt, das Synallagma auf Bedingungen zu reduzieren[10]).

2. Die Konstruktion Blomeyers

Die Rechtsfolge des genetischen Synallagmas ergibt sich nach Blomeyer ohne weiteres aus der Annahme, daß die Wirksamkeit des Gegenversprechens jeweils die Bedingung für die Rechtsgültigkeit des eigenen Versprechens jeder Partei sei (S. 111). Gegen diese Begründung läßt sich nicht etwa einwenden, daß danach überhaupt keine Verpflichtung wirksam werden könne, da jede vor der anderen als deren Bedingung entstehen müßte[11]). Dieser Einwand verkennt den allein rechtlichen Charakter dieser Abhängigkeit, der über ein dynamisches Zeitverhältnis der Leistungspflichten nichts entscheidet.

Unproblematisch ist auch die von Blomeyer vorgenommene Rückführung des § 323 I auf eine wechselseitige auflösende Bedingtheit der Leistungspflichten und die Erklärung des § 324 aus dem Prinzip des § 162[12]).

Ferner soll sich nach Blomeyer die Einheit des Vertragsdurchführungsakts, wie sie durch die Regelung des § 320 angestrebt wird, daraus ergeben, daß die Leistung jeder Partei die Bedingung der Verpflichtung zur Gegenleistung ist. »Denn nur wenn beide Teile leisten, bestehen die Pflichten, welche gleichzeitig erfüllt werden« (S. 114) und: »jeder Teil leistet also solvendi und condicionis implendae causa« (S. 114 Anm. 1)[13]). Das bedeutet, daß die Verpflichtung jeder Partei aufschiebend bedingt ist durch die Leistung (oder das Angebot) der Gegenpartei, und, solange keine Partei wenigstens angeboten hat, bestehen überhaupt keine voll wirksamen Verpflichtungen aus dem gegenseitigen Vertrag[14]).

Nach dieser Auffassung steht also jede Leistungspflicht sowohl unter einer aufschiebenden Bedingung (der Leistung oder dem Angebot der Gegenpartei) als auch unter einer auflösenden Bedingung (dem Wegfall der Leistungspflicht des anderen, § 323 I). Das ist möglich; es erfordert lediglich einige konstruktive Besonderheiten: So kann der Eintritt der auflösenden Bedingung vor der aufschiebenden nur den Wegfall einer bedingten Leistungspflicht bewirken. Ferner ist zu berücksichtigen, daß die Leistungs-

---

[10]) Studien zur Bedingungslehre, Bd. I (1938), S. 105 ff.; vgl. auch Schuldrecht (3. Aufl.), S. 106 f.

[11]) Ähnlich haben die französischen Anti-causalisten gegen die Vorstellung einer wechselseitigen causa-Abhängigkeit der Verpflichtungen argumentiert; vgl. dazu Planiol et Ripert VI par Esmain no. 260.

[12]) Führt der Gläubiger selbst die Unmöglichkeit der Gegenleistung herbei oder trägt er die Gefahr dafür, so gilt die auflösende Bedingung für seine eigene Leistungspflicht als nicht eingetreten.

[13]) Wegen der Regelung des § 320 soll diese Bedingtheit im Prozeß nur dann berücksichtigt werden, wenn der Schuldner sich darauf beruft (S. 119).

[14]) Im genetischen Synallagma ist also die Rechtsgültigkeit jeder Verpflichtung nicht hinreichende, sondern nur notwendige Bedingung für das Entstehen einer wirksamen Gegenverpflichtung.
Zu dieser Konstruktion Blomeyers vgl. auch Larenz, aaO, Bd. I, § 18 I (S. 208, Anm. 1).

pflicht, deren Wegfall nach § 323 I als auflösende Bedingung operieren soll, selbst noch aufschiebend bedingt sein kann. Die Anwendung des § 275 auf sie muß dazu führen, daß der Schuldner von der bedingten Leistungspflicht befreit wird.

Die Konstruktion Blomeyers wäre aber unrichtig, wenn man dem Wortlaut des BGB folgend im Einwand des § 320 eine echte Einrede zu sehen hätte[15]). Nach dem Sprachgebrauch des BGB ist die Einrede ein Gegenrecht, mit dem die Ausübung von Rechten abgewehrt werden kann. Sie setzt also gerade voraus, daß diese Rechte (Ansprüche) bestehen[16]) und hat bei aufschiebend bedingten Verpflichtungen keinen Anwendungsbereich.

Nun ist allerdings die Rechtsnatur der Einrede des nichterfüllten Vertrages nicht unbestritten. Nach einigen handelt es sich dabei nicht um eine echte Einrede, sondern um ein Leugnen des Klagegrundes. Dieser Auffasssung liegt die Lehre zugrunde, daß aus einem gegenseitigen Vertrag normalerweise jede Partei nicht zur Leistung schlechthin, sondern nur zur Leistung gegen Empfang der Gegenleistung verpflichtet sei[17]). Danach ist die Leistungspflicht inhaltlich durch die Verpflichtung zur Gegenleistung beschränkt, und das unbeschränkte Leistungsbegehren des Klägers ist unbegründet, sofern er nicht selbst wenigstens schon angeboten hat[18]).

Auch Blomeyer muß konsequent die Einredenatur der sog. Einrede des nichterfüllten Vertrages leugnen. Nach seiner Auffassung macht der Beklagte mit ihr die aufschiebende Bedingtheit seiner Verpflichtung geltend (S. 119). Er wendet also die rechtshindernde Tatsache ein, daß die Verpflichtung zur eingeklagten Leistung mangels Eintritt der Bedingung noch gar nicht wirksam entstanden sei[19]). Wie nahe die Vorstellung einer inhaltlichen Beschränkung der Verpflichtungen auf »Leistung gegen Gegenleistung« der Auffassung von der wechselseitigen Bedingtheit kommt, zeigen etwa die Argumentationen Kellers in den Pandekten: »jede Leistung (ist) durch die Gegenleistung insofern bedingt, als kein Teil die Leistung des anderen fordern kann, wenn er nicht seine Gegenleistung entweder schon gemacht hat oder doch sie Zug-um-Zug zu machen bereit ist. Jeder ist zu seiner Leistung verpflichtet unter der

---

15) So die h. M. vgl. etwa RGRK (Wilde) 1 zu § 320 und das Gesetz in § 202, wo ausdrücklich von einer »Einrede des nichterfüllten Vertrages« gesprochen wird.

16) Vgl. Enn.-Nipperdey, Allgemeiner Teil, Bd. II, S. 1382; Staudinger-Coing (11. Aufl.) 18 zu § 194.

17) Vgl. Larenz, aaO, Bd. I, § 18 I.

18) Diese Auffassung liegt der Regelung des Preuß. ALR zugrunde: »Wer die Erfüllung eines Vertrages fordert, muß nachweisen, daß er demselben von seiner Seite schon Genüge geleistet hat oder warum er dazu erst in der Folge verbunden sei.« (I 5 § 271). Für das gemeine Recht wurde sie überwiegend abgelehnt; vgl. zu diesem Streit Windscheid Pandekten II § 321 Anm. 2.
Für das BGB haben diese Auffassung vertreten (außer Larenz): Endemann, Lehrbuch des bürgerlichen Rechts (9. Aufl. 1903), Bd. I, § 125, Anm. 10, und Anm. zu RG Urteil vom 2. 10. 1920 in JW 1921, 523; ferner Leonhard, Schuldrecht, Bd. I, S. 337 ff.

19) Im »Schuldrecht« geht Blomeyer mit der h. L. von einer echten Einrede des nichterfüllten Vertrages aus, ohne jedoch andererseits seine Position aus den »Studien« zurückzunehmen (Schuldrecht, 3. Aufl., S. 107 ff.).

Bedingung, daß der andere die seinige auch mache, und zwar wenigstens gleichzeitig[20]).

Ob Blomeyers Versuch, die synallagmatischen Techniken des Gesetzes auf Bedingungen zurückzuführen, haltbar ist, hängt in diesem Punkt von einer Stellungnahme zum Problem der Rechtsnatur der Einrede des nichterfüllten Vertrages ab. Diesem Problem wenden wir uns jetzt zu.

3. Die Rechtsnatur der Einrede des nichterfüllten Vertrages

a) Das Problem der dogmatischen Einordnung des unbeschränkten Versäumnisurteils

Nachdem das BGB die praktische Seite des gemeinrechtlichen Streites um das Wesen der exceptio non adimpleti contractus entschieden hat, liegt die Bedeutung der verschiedenen Auffassungen allein in der dogmatischen Konstruktion des funktionellen Synallagmas. Einigkeit besteht wohl auf allen Seiten einmal darüber, daß die Einrede des nichterfüllten Vertrages ein Instrument zur Durchsetzung der vertraglichen Abhängigkeit der Verpflichtungen im gegenseitigen Vertrag ist[21]). Ferner darüber, daß es prozeßtechnische Gründe sind, aus denen das Gesetz zur Berücksichtigung dieser Abhängigkeit im Prozeß ihre Geltendmachung durch den Beklagten verlangt[22]). Im Gegensatz zum ALR soll das Klagbegehren des Klägers eine Verurteilung des Beklagten auch dann tragen, wenn der Kläger nicht vorträgt, schon geleistet zu haben oder zur Leistung bereit zu sein, was insbesondere praktisch wird, falls er ein Versäumnisurteil gegen den Beklagten erwirken möchte.

Allgemein ist anzumerken, daß die Entscheidung über die verschiedenen Auffassungen nicht unmittelbar aus dem Wortlaut des Gesetzes entnommen werden kann[23]). Es mag sein, daß der Gesetzgeber der herrschenden gemeinrechtlichen Doktrin folgend davon ausgegangen ist, daß im gegenseitigen Vertrag zwei inhaltlich nicht beschränkte Ansprüche auf Leistung-schlechthin begründet werden[24]). Allein, diese Ansicht des Gesetzgebers ist kritisierbar. Das Gesetz entscheidet verbindlich nur über die Rechtsfolgen und die Techniken ihrer Durchsetzung, nicht aber über deren dogmatische Einordnung[25]).

---

[20]) Pandekten (1861), S. 474; – Blomeyer kritisiert im übrigen an der Vorstellung einer Verpflichtung auf »Leistung gegen Gegenleistung«, daß sie einen ganz unbekannten Anspruchsbegriff aufstelle (Studien, Bd. I, S. 109).

[21]) Vgl. Larenz aaO, Bd. I, § 18 I; Soergel-Schmidt 1 zu § 320; RG 149, 328 Urt. v. 10. 11. 1935 I. ZS fordert »ein die Anwendung des § 320 rechtfertigendes Abhängigkeitsverhältnis« der Verpflichtungen.

[22]) Vgl. Larenz, aaO; Motive, Mugdan, Materialien zum BGB, Bd. II, S. 204.

[23]) So offenbar RGRK-BGB (Wilde) 1 zu § 320.

[24]) Vgl. Windscheid, Pandekten II zu § 321, Anm. 2, wo er gegen Keller argumentiert, daß die Gegenleistung nicht Minderung der Leistung, sondern ihr Äquivalent sei und daß demgemäß in dem Fordern, ohne daß die Gegenleistung erbracht oder angeboten sei, nicht ein Zuvielfordern, sondern ein Verstoß gegen die Absicht des Vertrages zu sehen sei.

[25]) Die dogmatische Ansicht des Gesetzgebers hat nicht Gesetzeskraft. Der Nachweis

Mittelbar bindet jedoch das Gesetz die Dogmatik insofern, als die von ihm gewählte Rechtstechnik eine bestimmte Auffassung zulassen, eine andere ausschließen kann.

Es gilt daher zu prüfen, welche der widerstreitenden Ansichten die bessere dogmatische Einordnung der gesetzlichen Regelung zuläßt[26]). Springender Punkt dieser Einordnung ist das Verständnis der unbeschränkten Verurteilung des Beklagten aus einen gegenseitigen Vertrag. Nach dem Recht des BGB kann wegen eines Anspruchs aus einem gegenseitigen Vertrag gegen den Beklagten ein unbeschränktes Versäumnisurteil selbst dann ergehen, wenn der Kläger selbst vorträgt, daß er weder seinerseits schon geleistet noch auch nur seine Leistung schon angeboten habe[27]).

b) Die Unhaltbarkeit der Theorie vom materiell beschränkten Leistungsanspruch

Nach § 331 II ZPO kann der Kläger ein Versäumnisurteil gegen den Beklagten nur erwirken, wenn der Klageantrag durch sein tatsächliches Vorbringen, das nach § 331 I ZPO als zugestanden gilt, gerechtfertigt ist.

Daß einer Klage (abgesehen vom Anerkenntnisurteil des § 307 ZPO) nur dann stattgegeben werden kann, wenn der Anspruch des Klägers begründet ist, ist ein selbstverständlicher allgemeiner Rechtsgrundsatz, der ohne weiteres auch für das Versäumnisverfahren gilt, wenn man die Säumniswirkung einmal auf die Geständnisfiktion beschränkt hat. Der Tatsachenstoff, der die Entscheidungsgrundlage bildet, wird von den Parteien bestimmt. Begründet ist das Klagbegehren genau dann, wenn die behaupteten und bewiesenen Tatsachen den rechtlichen Schluß auf den geltend gemachten Anspruch zulassen. Damit ist nichts weiter gesagt, als daß das Urteil »richtig« sein muß; materiell richtig in dem Sinne, der unter dem Prinzip der formellen Wahrheit überhaupt nur erreichbar ist. Diese Forderung folgt aus dem Wesen einer »Recht«-sprechung und begründet die Gerechtigkeit des Verfahrens.

Die durchgehende Geltung dieser fundamentalen Forderung muß Larenz (und ebenso Blomeyer) seiner eigenen dogmatischen Auffassung entsprechend leugnen. Geht man davon aus, daß aus einem gegenseitigen Vertrage jede Partei von vornherein nur zur Leistung Zug-um-Zug gegen Empfang der

---

ihrer Unhaltbarkeit berührt aber keineswegs die Geltung der festgesetzten Rechtsfolgen.

[26]) Sind danach mehrere Auffassungen möglich, so unterscheiden sie sich nicht mehr nach Wahrheit oder Falschheit, sondern nach Sinnfälligkeit, Schärfe, Eleganz usw. Hier greifen die in einer Theorie immer mitspielenden heuristischen und ästhetischen Maßstäbe ein. (Ein Gegenstück aus der Logik ist die aristotelische Annahme, daß von zwei möglichen Beweisen derjenige besser sei, der mit der geringeren Anzahl von Prämissen auskomme.)

[27]) Der Beklagte wird selbst dann verurteilt, wenn der Kläger vorträgt, daß er zur Zeit gar nicht in der Lage sei, selbst zu leisten (falls das nicht Unmöglichkeit der Leistung bedeutet).
Was für das Versäumnisurteil gilt, gilt ebenso für das Endurteil aus streitiger Verhandlung, wenn der Beklagte die Einrede des nichterfüllten Vertrages nicht erhebt.

Gegenleistung verpflichtet ist, so ist eine Klage auf Leistung-schlechthin materiellrechtlich unbegründet, da sie zuviel fordert[28]). Und wenn der Richter die dem Anspruch von vornherein innewohnende Beschränkung wegen der besonderen Gestaltung des § 320 nicht von Amts wegen berücksichtigen darf (so Larenz aaO), so bedeutet das also, daß er einer Klage stattgeben muß, die nach materiellem Recht nicht schlüssig ist, weil die vom Kläger vorgetragenen Tatsachen ergeben, daß der eingeklagte Anspruch nicht begründet ist. Besonders kraß zeigt sich dies auf dem Grunde von Blomeyers Auffassung: Trägt der Kläger selbst vor, daß er weder seinerseits schon geleistet noch angeboten habe, so ist das eine rechtshindernde Tatsache: sein Anspruch auf die Leistung des Beklagten ist noch aufschiebend bedingt. Wie soll man bei dieser Rechtslage verstehen, daß der Beklagte gleichwohl antragsgemäß uneingeschränkt zur Leistung verurteilt wird?[29])

Das unbeschränkte Versäumnisurteil muß bei dieser Konstruktion der materiellen Rechtslage geradezu als gesetzlicher Fall eines »falschen« Urteils und die Regelung der §§ 320 und 322 als eine gesetzliche Anweisung zu einem solchen Urteil verstanden werden. Es ist ein Urteil, das sich zwar auf einen vorgetragenen Sachverhalt bezieht; das aber durch diesen Sachverhalt nicht gerechtfertigt ist, das vielmehr nur dadurch zustande kommt, daß ein Teil der nach materiellem Recht erheblichen Tatsachen vom Richter nicht beachtet werden darf.

Einen Gesetzesbefehl, der den Richter anweist, eine nach materiellem Recht unmittelbar erhebliche Tatsache bei der Rechtsfindung unberücksichtigt zu lassen, kann es jedoch nicht geben. Der richterliche Urteilsspruch hat bei der Entscheidung über einen festgestellten Sachverhalt dem dafür geltenden materiellen Recht zu folgen und dabei alle rechtserheblichen Umstände zu berücksichtigen. Ist nach materiellem Recht ein tatsächlicher Umstand rechtlich erheblich, so enthält das begrifflich die zwingende Anweisung an den Richter, dies bei der Urteilsfindung zu beachten[30]). Würde ein Gesetzesbefehl existieren, der die Berücksichtigung einer unmittelbar rechtserheblichen Tatsache

---

[28]) Das ALR kennt konsequent eine unbedingte und unbeschränkte Verurteilung des Beklagten nicht. Behauptet der Kläger nicht, schon geleistet zu haben oder erst nach dem Beklagten leisten zu müssen, so ergeht gegen den Beklagten nur ein Urteil auf Leistung Zug-um-Zug gegen die Leistung des Klägers; vgl. dazu Förster-Eccius, Preußisches Privatrecht (7. Aufl.), Bd. I, S. 490 f.

[29]) Leonhard, Schuldrecht, Bd. I, S. 304 f., betont, daß der Kläger den Sachverhalt nur soweit vorzutragen habe, als zur Begründung der Klage notwendig ist; irgendwelche Mängel im Klaggrund müsse der Beklagte rügen, um sie in den Prozeß einzuführen. Danach ist allerdings verständlich, daß der Richter dem Klagantrag stattgibt, wenn der Vortrag des Klägers nichts darüber enthält, ob er vielleicht nur Zug-um-Zug gegen Empfang der Gegenleistung berechtigt ist und der Beklagte dies nicht rügt. Unverständlich bleibt jedoch, warum dem Antrag selbst dann stattgegeben werden muß, wenn der Kläger den Mangel im Klaggrund selbst vorträgt.

[30]) Nach Oertmann (BayRpflZ 1905, 12) wäre daher, wenn der Beklagte wirklich nur den Austausch der Leistungen schuldete, nach allgemeinen Rechtsgrundsätzen eine Berücksichtigung von Amts wegen unvermeidlich, da das tatsächliche Vorbringen den Klagantrag auf »reine« Leistung nicht rechtfertigt.

ausschließt, so enthielte die Rechtsordnung einen Widerspruch, der das Recht selbst aufhebt.

Daß die Annahme einer inhaltlichen Beschränkung des Leistungsanspruchs aus einem gegenseitigen Vertrag durch die Verpflichtung zur Gegenleistung zu einem solchen Widerspruch mit der Rechtstechnik des § 320 führen muß, ist von Endemann selbst gesehen worden[31]). Um diesen Bruch zu vermeiden, fordert er, daß in der Nichterhebung der Einrede des nichterfüllten Vertrages eine Umgestaltung der materiellen Rechtslage gesehen werde, durch die das gegenseitige Vertragsverhältnis in zwei selbständige Verpflichtungen aufgelöst werde. Dann kann gegen den Beklagten ein vorbehaltloses Urteil auf Leistung-schlechthin ergehen, weil nach dem zur Zeit des Urteils feststehenden Sachverhalt ein unbeschränkter Leistungsanspruch des Klägers materiellrechtlich begründet ist.

Diese Konstruktion, die an sich ein widerspruchsfreies Verständnis der Rechtstechnik des § 320 erlaubt, ist jedoch unhaltbar. Die behauptete inhaltliche Umgestaltung der gegenseitigen Leistungsansprüche kann, da sie weder aus dem ursprünglichen Vertragsschluß noch aus dem Gesetz abzuleiten ist, nur aus dem Verhalten des Beklagten begründet werden. Das aber ist unmöglich, wenn die Nichterhebung der Einrede des nichterfüllten Vertrages auf einer Säumnis des Beklagten beruht, der keinerlei Erklärungsgehalt (etwa als Einredeverzicht) beigemessen werden darf[32]).

Überdies ist gar nicht mehr einzusehen, welchen Sinn es haben soll, den Leistungsanspruch aus einem gegenseitigen Vertrag als durch die Verpflichtung zur Gegenleistung beschränkt zu verstehen, wenn sich diese Ansicht nur aufrecht erhalten läßt unter der Voraussetzung, daß diese Beschränkung entfällt, wenn sich der Beklagte nicht darauf beruft. Das eigentliche Ziel dieser Theorie, nämlich der aus dem Sinn der Gegenseitigkeit geforderten Schranke der vertraglichen Schuld in einer inhaltlichen Schranke des Leistungsanspruchs unmittelbar rechtserheblichen Ausdruck zu verleihen, hat sich als unerreichbar erwiesen. Die Regelung des Gesetzes in § 320 zwingt in jedem Fall zu der Annahme, daß die Rechtserheblichkeit dieser Schranke im Prozeß von der Geltendmachung durch den Beklagten abhängt.

Genau dieser Tatbestand wird aber von der herrschenden Lehre systematisch einfach mit Hilfe der Figur des einredebehafteten Anspruchs erfaßt.

c) Die gegen die herrschende Lehre geltend gemachten Argumente

Die herrschende Lehre verkennt, indem sie von zunächst vorbehaltlosen selbständigen Leistungsansprüchen ausgeht, keineswegs, daß nach dem Sinn des gegenseitigen Vertrages keine Partei ihre Leistung ohne Rücksicht auf

---

[31]) Lehrbuch, Bd. I (9. Aufl.), § 125, Anm. 14; dagegen behandeln weder Leonhard noch Blomeyer oder Larenz die begriffliche Problematik einer materiell-rechtlich unmittelbar erheblichen, aber im Prozeß nicht von Amts wegen zu berücksichtigenden Anspruchsschranke.

[32]) Darauf weist Oertmann, BayZRpfl 1905, 12 hin.

die Gegenverpflichtung des anderen schuldet[33]). Sie versteht jedoch diese vertragliche Abhängigkeit als juristisch latent. Durch die Regelung der Einrede des gegenseitigen Vertrages ist ihre Aktualisierung bis zur Geltendmachung durch Einrede aufgeschoben. Die nach dem Schuldsinn des gegenseitigen Vertrages in ihrer Erfüllung voneinander abhängenden Leistungspflichten sind nach dieser Auffassung relativ (zeitlich) verselbständigt.

Der Absicht des Vertrages, also der Gegenseitigkeit der Verpflichtungen, wird bei dieser Konstruktion voll Rechnung getragen, indem jede Partei die Befugnis erhält, einen zeitlichen Zusammenhang der Abwicklung der Leistungen zu erzwingen. Zu Unrecht versucht Larenz, für seine abweichende Auffassung ein Argument aus dem »Sinn« des gegenseitigen Vertrages zu gewinnen. Aus dem Schuldsinn des Vertrages kann allein die Rechtsfolge (Gleichzeitigkeit der Leistungen) als notwendige Lösung abgeleitet werden, nicht aber eine bestimmte Rechtstechnik zu ihrer Durchsetzung oder deren dogmatisches Verständnis. Über die Rechtstechnik zur Durchsetzung der wesentlichen Abhängigkeit der gegenseitigen Leistungspflichten kann der Gesetzgeber frei verfügen[34]).

Im übrigen ist auch Larenz keineswegs der Meinung, daß die wesentliche vertragliche Abhängigkeit der gegenseitigen Leistungspflichten nur durch eine unmittelbar inhaltliche Beschränkung der Leistungsansprüche verwirklicht werden könne. Dies soll ausdrücklich nur für das funktionelle Synallagma des § 320 gelten. Ist Vorleistungspflicht einer Partei vereinbart, so geht auch Larenz von selbständigen Leistungsansprüchen aus, die doch gleichwohl nach dem Vertragssinn voneinander abhängen[35]).

Zu Unrecht ziehen ferner Leonhard und Larenz ein Argument für ihre Ansicht aus der allgemein anerkannten Regel, daß der Beklagte, anders als im Normalfall der Einrede, nicht zu beweisen braucht, daß sein Gegenrecht begründet ist. Diese Beweislastverteilung rechtfertigt sich auch nach der Auffassung der herrschenden Lehre[36]).

Stützt der Kläger den geltend gemachten Anspruch auf einen gegenseitigen Vertrag, so ergibt sich die Entstehung dieses Rechts ohne weiteres schon aus seinem eigenen Vortrag und kann insoweit nicht streitig sein. Daß dieses Recht ausnahmsweise nicht entstanden sei, weil der Beklagte vorzuleisten hat, muß nach der Fassung des § 320 der Kläger beweisen; ebenso trägt er die Beweislast für die Replik, daß dieses Recht durch Erfüllung seiner eigenen Leistungspflicht schon ausgeräumt sei[37]).

---

[33]) Oertmann (BayRPflZ 1905, 11) betont, daß es gerade die Beschränktheit der Schuld des Beklagten sei, die das beschränkte Urteil des § 322 rechtfertige. Die Leistungspflicht Zug-um-Zug sei von einer im übrigen gleichen reinen Leistungspflicht materiell verschieden.
Das schließt jedoch für ihn nicht aus, daß jede Partei einen unbeschränkten Leistungsanspruch aus dem Vertrag erwirbt (vgl. S. 12 f.).

[34]) Man vergleiche etwa das deutsche System des Rücktritts in § 325 mit der Auflösungsklage des art. 1184 C.c. fr.

[35]) Vgl. aaO, Bd. I, § 18 I und § 20 I b.

[36]) Vgl. Enn.-Lehmann, Schuldrecht, § 32 III.

[37]) Vgl. Oertmann (5. Aufl.) 2 zu 320;
Planck-Siber (4. Aufl.) 1 zu 320.

Grund dieser für den Beklagten so günstigen Beweissituation ist der vertragliche Zusammenhang der beiderseitigen Leistungspflichten, der den Kläger nötigt, zugleich mit der Begründung seines Anspruchs diejenigen Tatsachen vorzutragen, aus denen sich die Entstehung der Einrede des nichterfüllten Vertrages ergibt[38]).

Ebenfalls nicht gegen die Auffassung der herrschenden Lehre spricht die Regel, daß der Schuldner durch eine Mahnung des Gläubigers nicht ohne weiteres in Verzug gerät. Nach allgemeiner Ansicht schließt schon die bloße Möglichkeit, die Einrede des nichterfüllten Vertrages zu erheben, den Verzugseintritt aus, sofern der Gläubiger nicht seinerseits zur Leistung imstande und bereit ist[39]). Grund dieser Rechtsfolge ist die durch den Vertagssinn begründete Abhängigkeit der Leistungspflichten voneinander[40]). Diese verlangt die Gleichzeitigkeit der Leistungen; keine Partei soll die Last einer Vorleistung tragen müssen. Dem entspricht es, wenn der Schuldner auch nicht durch den Druck drohender Schadensersatzansprüche oder des Rücktritts vom Vertrage gezwungen werden kann, mit seiner Leistung zu beginnen, falls nicht der Gläubiger seinerseits vorher oder gleichzeitig die Initiative zur Erfüllung seiner eigenen Leistungspflicht ergreift[41]).

---

[38]) Der Beklagte wird wohl nie in die Verlegenheit kommen, beweisen zu müssen, daß ein gegenseitiger Vertrag abgeschlossen worden ist (so aber Staudinger-Werner 9. Aufl. 1 c zu § 322), da es für ihn näher liegt, den Anspruch des Klägers einfach zu bestreiten und ihn dadurch zu zwingen, den Klaggrund genau darzulegen und zu beweisen.
Dagegen ist zweifelhaft, wer die Beweislast trägt, wenn der Umfang der Gegenleistung streitig ist. Nach Leonhard aaO, S. 338 der Kläger, nach der wohl überwiegenden Ansicht der Beklagte – vgl. dazu Rosenberg, Beweislast (5. Aufl.), S. 321 ff.; ebenso im Anschluß an RG HRR 1932 Nr. 2136 Urt. v. 26. 4. 1932 III. ZS, wohl auch RGRK-BGB (Wilde) 20 zu § 320; Palandt-Danckelmann 2 b vor §§ 320 ff.; Erman-Groepper 7 zu § 320.

[39]) Vgl. RG JW 1921, 523, 2 Urt. v. 2. 11. 1920 V. ZS; RG 151, 310 f. Urt. v. 12. 6. 1936, V. ZS, Palandt-Danckelmann 3 a zu § 320.

[40]) Sie folgt nicht aus dem Satz, – falls ein solcher überhaupt gilt – daß jede Einrede eo ipso den Verzugseintritt hindere (so das RG in JW 1921, 523, 2). Zweifelsfrei kann nämlich der Schuldner in Verzug gesetzt werden, wenn er sich bezüglich der Gegenleistung in Annahmeverzug befindet. Gleichwohl kann er auch in diesem Fall die Einrede des nichterfüllten Vertrages erheben.

[41]) Daher ist auch gegen die h. L. mit Blomeyer, Schuldrecht (3. Aufl.), S. 109, zur Inverzugsetzung des Schuldners ein Angebot des Gläubigers zu fordern. Die bloße Leistungsbereitschaft und -fähigkeit, die nach RG 151, 310/11 Urt. v. 12. 6. 1936 nicht einmal erklärt zu werden braucht, sondern nur gegebenenfalls zu beweisen ist, genügt nicht. Es widerspricht der Absicht des Vertrages, daß der Gläubiger den Schuldner zur Vertragsinitiative zwingen kann, ohne selbst aktiv zu werden. Käme nach der h. L. der Schuldner auch dann in Verzug, wenn er seinerseits auf die Mahnung des Gläubigers hin lediglich erklärte, er sei zur Leistung bereit und imstande?
Der Schuldner ist aus dem Vertrag nicht zu mehr verpflichtet als der Gläubiger; er braucht weder zuerst zu leisten noch als erster die Leistung anzubieten. Unser Recht verlangt im Gegenteil die Initiative zur Leistung immer von dem, der zuerst auf die Erfüllung des Vertrages drängt. Klagt nämlich der Gläubiger auf die Gegenleistung, ohne seine eigene Leistung wenigstens angeboten zu haben, trägt er nach allgemeiner Ansicht die Prozeßkosten, wenn der Schuldner die Einrede des

Allerdings zeigt die Regel, daß der Eintritt des Verzuges schon durch das bloße Bestehen der Einredemöglichkeit gehemmt ist, doch eine gewisse Inkonsistenz im System der synallagmatischen Rechtsfolgen. Mit ihr wird der Abhängigkeit der Leistungspflichten, zu deren Realisierung nach der Gestaltung des § 320 an sich eine Erklärung des Schuldners erforderlich ist, ipso iure Wirkung verschafft. Dies beweist jedoch lediglich, daß sich die rechtstechnische Ausschaltung dieser Abhängigkeit bis zu ihrer Geltendmachung nicht in jeder Beziehung konsequent durchhalten läßt. Es rechtfertigt nicht die Annahme, daß die beiderseitigen Leistungspflichten auf Grund dieser Abhängigkeit schon von vornherein inhaltlich durcheinander beschränkt seien[42]).

4. Rücktritt und auflösende Bedingung

Die vorstehenden Überlegungen haben gezeigt, daß wir in der Einrede des nichterfüllten Vertrages eine synallagmatische Figur haben, die sich nicht in Bedingungskategorien einordnen läßt. Blomeyers Programm, die Bedingung als Quelle der synallagmatischen Rechtstechniken aufzuweisen, ist damit schon als undurchführbar erwiesen.

Ähnliche Schwierigkeiten ergeben sich für das in den §§ 325, 326 gewährte Rücktrittsrecht. Blomeyer bemüht sich um den Nachweis, daß der Rücktritt ein Unterfall der auflösenden (Wollens-)Bedingung sei[43]). Dabei argumentiert er mit der früher eindeutig herrschenden Lehre, daß der Rücktritt ebenso wie die auflösende Bedingung das Schuldverhältnis zum Erlöschen bringe und den Rechtsgrund für die schon erbrachten Leistungen beseitige[44]). Nach dieser Lehre besteht in der Tat eine Ähnlichkeit zwischen den beiden Rechtsinstituten. Nach Wilde soll der wesentliche Unterschied nur darin bestehen, daß es zum Rücktritt einer Erklärung bedarf[45]). Diese Abweichung wird hinfällig, wenn man mit Blomeyer von einer Wollensbedingung ausgeht.

Die Nähe zwischen Rücktritt und auflösender Bedingung verschwindet jedoch, wenn man mit der neueren Dogmatik annimmt, daß durch den Rücktritt der Vertrag nicht aufgelöst werde, um einem gesetzlichen Schuldverhältnis Platz zu machen, sondern lediglich aus einem Leistungs- in ein

---

nichterfüllten Vertrages erhebt und demgemäß nur zur Leistung Zug-um-Zug verurteilt wird.

Geht man überhaupt davon aus, daß der Eintritt des Verzuges schon dadurch gehindert wird, daß der Schuldner die Einrede erheben *kann*, so kann dieses Hindernis nur durch ein Angebot der Gegenleistung des Gläubigers ausgeräumt werden. Schuldnerverzug tritt nur zusammen mit Gläubigerverzug ein.

[42]) Dieser Schluß klingt allerdings in RG JW 1921, 523, 2. an: der Schuldner komme durch einfache Mahnung des Gläubigers nicht in Verzug, da er nur zur Leistung Zug-um-Zug gegen die dem Gläubiger obliegende Gegenleistung verpflichtet sei.

[43]) Studien I, S. 115 f.

[44]) So auch die wohl heute noch herrschende Lehre: vgl. Enn.-Lehmann, aaO, § 38 II; Palandt-Danckelmann 1 vor § 346; RGRK-BGB (Wilde) 1 vor § 346; Soergel-Schmidt 4 vor § 346; vgl. zuerst RG 50, 266 Urt. v. 11. 4. 1902 VI. ZS.

[45]) Die Nähe beider Institute betont auch Palandt-Danckelmann 1 vor § 346.

Abwicklungsverhältnis umgestaltet werde[46]). Zu Unrecht behauptet Blomeyer[47]), daß auch für diese Auffassung kein grundsätzlicher Unterschied zwischen Rücktritt und auflösender Bedingung bestehe. Mit Eintritt der Bedingung wird jedoch abweichend vom Rücktritt das Schuldverhältnis aufgehoben, und die Abwicklung erfolgt über das Bereicherungsrecht[48]).

II. Die Bedingung ist nicht Grund oder Form des Synallagmas

1. Der formale Charakter der Bedingung

Der Versuch Blomeyers, das Synallagma auf Bedingungen zu reduzieren, muß als gescheitert angesehen werden; die gesetzliche Ausgestaltung des gegenseitigen Vertrages enthält Techniken der Abhängigkeit, die sich nicht aus der Figur der Bedingung verstehen lassen.

Doch selbst, wo der Gedanke der Bedingung die Rechtstechnik des Synallagmas erhellen kann (wie etwa beim genetischen Synallagma oder in § 323 I[49])) ist sein Erklärungs- und Begründungswert sehr begrenzt. Ein bestehender Bedingungszusammenhang kann immer nur zeigen, »daß« eine Abhängigkeit besteht, er läßt dagegen nicht erkennen, »warum« sie besteht. So hat man denn auch versucht anzugeben, worauf sich der Bedingungszusammenhang der Leistungspflichten im gegenseitigen Vertrag gründet. Gewöhnlich geht man auf die Vertragsentscheidung zurück, wobei man die Bedingung entweder als stillschweigend vereinbart[50]) oder als der Sache nach selbstverständlich darin enthalten ansieht[51]). Beides kann im Sinn der sog. »implied condition« liegen, auf die das anglo-amerikanische Recht zurückgreift.

Die Berufung auf eine stillschweigend vereinbarte Vertragsbedingung ist ein naheliegender, aber vergleichsweise primitiver Begründungsversuch. Es liegt auf der Hand, daß er zu Fiktionen führt, wo die Parteien an eine solche Bedingung nicht gedacht haben. Daher wird diese Theorie für das amerikanische Recht heftig bekämpft von Williston-Jaeger. Sie verlangen,

---

46) Diese Lehre wurde von Stoll begründet vgl. etwa AcP 131, 141 ff.; neuerdings ausführlich Wolff AcP 153, 97 ff.
Sie ist im Vordringen: Esser vertritt sie seit der 2. Auflage des Schuldrechts (1960) § 82, 2 f.; ebenso Larenz seit der 2. Auflage, Schuldrecht, Bd. I (1957), § 25 a; Blomeyer, Schuldrecht, seit der 3. Auflage (1964), S. 208; selbst Enn.-Lehmann geben Vorzüge dieser Lehre zu (aaO, § 38 II); ebenso Erman-Westermann 3 zu § 346.

47) Schuldrecht (3. Aufl.), S. 208.

48) Mit der Besonderheit des Anspruchs aus § 160 II. Blomeyer will allerdings die Verpflichtung zur Rückgewähr nach Bedingungseintritt auf den bedingten Schuldvertrag, nicht auf die §§ 812 ff. stützen. Damit hat er seine Argumentation aus den »Studien« in allen Punkten umgedreht.

49) Auch in den §§ 325, 326 hat man einen bedingungsgleichen synallagmatischen Zusammenhang der Leistungspflichten, wenn man annimmt, daß mit Eintritt der Unmöglichkeit der Schuldnerleistung (bzw. mit der Ablehnungserklärung gemäß § 326) auch die Verpflichtung des Gläubigers ipso iure entfalle.

50) Vgl. C.c. ital. abrogato von 1865 art. 1165: »condizione risolutiva tacita«.

51) Vgl. C.c. fr. art. 1184: ». . . sous-entendue«.

daß man die Bedingungen als »constructive conditions« anerkennt[52]), deren Grundlage ihre Gerechtigkeit und nicht ein unterstellter Parteiwille ist[53]).

Versteht man die implied conditions als naturalia negotii[54]), so wird man ebenfalls in ihrer Angemessenheit die Grundlage ihrer Geltung zu sehen haben. Diese conditions sind nicht schon deshalb anerkannt als implied terms, weil sie üblicherweise vereinbart werden und man deshalb mit ihnen zu rechnen hat, sondern weil sie die gerechten Implikationen des ausdrücklichen Vertragswillens sind, die jedermann gegen sich gelten lassen muß[55]).

Unbeantwortet bleibt dabei in jedem Fall die Frage, warum denn ein solcher Bedingungszusammenhang gerecht ist. Die Antwort darauf gibt die wechselseitige Zweck- und Rechtsgrundbeziehung der gegenseitigen Leistungspflichten. Sie ist diejenige Struktur der Vertragsentscheidung, aus der die fundamentale Interessenlage des Vertrages zu erkennen ist, die die Notwendigkeit einer solchen Abhängigkeit einsichtig macht. Wo also eine Rechtsordnung die Bedingung zur Form der synallagmatischen Abhängigkeit macht, muß man zur Begründung derselben gleichwohl auf die causa-Struktur des gegenseitigen Vertrages zurückgehen. Die Kennzeichnung des Synallagmas als Ausdruck und Folge der normativen Zweckbeziehung der Leistungspflichten aufeinander ist also ursprünglicher und umfassender als die eventuelle Einordnung seiner Technik in Bedingungskategorien. Die Bedingung kann zur Form des Synallagmas gemacht werden, sie ist nicht der Grund desselben.

Auch Blomeyer gibt für den Bedingungszusammenhang im Synallagma eine tiefere Begründung. Sie liegt im Sinn der Entgeltlichkeit, demzufolge jede Leistung ihr Entgelt »bedingt«[56]). Dieses »bedingen«, das keineswegs rechtstechnisch zu verstehen ist, erläutert Blomeyer damit, daß jedes Entgelt durch die Leistung, für die es Entgelt ist »erforderlich gesollt« und dadurch gerechtfertigt sei. Damit bezeichnet er eben diejenige Verknüpfung der Entgelte, die hier als normative Zweckbeziehung bestimmt worden ist.

---

52) Als »constructive« definiert das Restatement of Contracts (sect. 253) eine Bedingung, »that is such because of a rule of law and not based on interpretation of a promise or agreement.«

53) On Contracts § 825 (S. 59 f., 67): The truth is, if intention of the parties is to be brought into the doctrine of conditions, which are in reality constructive, it can only be an intention which the court assumes the parties would have had, had they considered the matter and had made some provisions. – The only justification for such an assumption is the fairness of dependency as considered with independency in bilateral contracts, and this being so it is better to drop any talk about intention of the parties and rest doctrines of constructive dependency solely on their fairness – a quite sufficient basis.«
Mit der gleichen Begründung rückt das Restatement (sect. 267 comm. a) von der Annahme stillschweigender Bedingungen ab.

54) Vgl. etwa Cheshire-Fifoot The Law of Contracts (4th. ed.), S. 125: Der Vertrag ist nicht isoliert zu betrachten. »It will frequently be set against a background of usage, familiar to all who engage in similar negotiations and which may be supposed to govern the language of the particular agreement.«

55) Ebenso wie die dispositiven Regeln des Gesetzes für die einzelnen typischen Schuldverträge.

56) Studien I, S. 110 f.

2. Die Eigenständigkeit der Rechtstechnik des Synallagmas

Die Bedingung ist aber für das deutsche Recht auch nicht die Rechtsform des Synallagmas. Der Gesetzgeber kann über die Rechtstechnik des Synallagmas grundsätzlich frei bestimmen. Von der aus dem Sinn des Vertrages zu entwickelnden Notwendigkeit einer Abhängigkeit der gegenseitigen Leistungspflichten ist ein Schluß auf eine bestimmte Form dieser Abhängigkeit nicht zulässig.

Die synallagmatischen Figuren des BGB sind in durchaus unterschiedliche dogmatische Figuren der Abhängigkeit von Leistungspflichten einzuordnen: Einrede des nichterfüllten Vertrages, Rücktrittsrecht, – nur das genetische Synallagma und der Grundsatz des konditionellen Synallagmas in § 323 I lassen sich auch als Bedingungszusammenhang verstehen.

Man wird von einer Rückführung der Rechtsfolgen des Synallagmas auf dogmatische Formen außerhalb des Rechts des gegenseitigen Vertrages überhaupt abzusehen haben. Das Synallagma ist eine eigene rechtliche Form der wechselseitigen Abhängigkeit von Leistungspflichten; seine verschiedenen Figuren sind sämtlich Ausdruck einer ganz selbständigen Kategorie vertragsmäßiger Willensbeschränkung: der Verknüpfung einer Leistungspflicht mit der Verpflichtung zur Gegenleistung als ihrem Zweck. »Synallagma« ist also der Name für die besondere Rechtsform dieser Zweckabhängigkeit, die auch ihrer Rechtstechnik nach selbständig neben der Bedingung steht.

Auch im amerikanischen Recht gibt es eine Tendenz, die Rechtsfolgen der Gegenseitigkeitsbindung von der Einkleidung in Bedingungen zu lösen. Im Restatement of Contracts beginnt sich das Prinzip des »agreed exchange« als eigenständige Grundlage dieser Rechtsfolgen abzuzeichnen[57]).

Ähnliches zeigt sich in der italienischen Zivilgesetzgebung. Während art. 1165 des alten Codice Civile entsprechend dem Vorbild des Code Napoléon die Vertragsauflösung wegen Nichterfüllung in die Rechtsform einer condizione risolutiva tacita kleidete, bestimmt der neue Codice Civile von 1939 schlicht: »Erfüllt in einem gegenseitigen Vertrag einer der Vertragspartner seine Verpflichtung nicht, so hat der andere das Recht, nach seiner Wahl Erfüllung oder Auflösung des Vertrages zu verlangen.«

Damit ist auch die Dogmatik aus der Konstruktion der stillschweigenden Bedingung entlassen[58]).

---

[57]) »The importance of the promises in a bilateral contract being for an agreed exchange is to produce a dependency of the duties of the respective parties. The result is in most respect the same as would be produced by inserting a requirement of the existence of appropriate conditions and, therefore, as a matter of terminology it might be said that such conditions exist.
There are however some consequences due to the promised exchange of performances which cannot without strain be described due to a requirement of the existence of constructive conditions.« (sect. 266 commentary b).

[58]) Vgl. Stolfi Il Nuovo Codice Civile Commentato IV 1, S. 277.
Auch die französische Lehre kritisiert die Einkleidung des art. 1184 in die Form der condition sous-entendue; vgl. dazu Capitant De la Cause no. 151.

Zweiter Teil

EINZELPROBLEME

Im folgenden soll untersucht werden, inwiefern aus der Struktur des gegenseitigen Vertrages Lösungen für die rechtlichen Probleme des Synallagmas zu gewinnen sind. Als Prinzip liegt dabei stets die Forderung nach Durchsetzung der causa-Bindung der Leistungspflichten zugrunde, die der Vertragsgerechtigkeit und dem erklärten Parteiwillen entspricht.

Da die causa das Doppelgesicht eines Zwecks trägt, der einerseits normativer Zweck, andererseits Parteizweck ist, bedeutet die Vertragsgerechtigkeit der causa-Bindung zugleich Systemgerechtigkeit und Interessengerechtigkeit. Wenn der Gesetzgeber mit seiner Zwecksetzung die realen Geschäftszwecke der Parteien zutreffend erfaßt hat, muß die systemgerechte Lösung jederzeit zugleich durch die Parteiinteressen gefordert sein. Das soll an Hand der Regelung der Teilunmöglichkeit in § 323 I 2. Hs. und der Differenztheorie zum Schadensersatz wegen Nichterfüllung in den §§ 325, 326 gezeigt werden.

D. Das Problem der Teilunmöglichkeit in § 323 I 2. Halbsatz

I. Die Teilleistung mit selbständiger Erfüllungsfunktion

Im Fall nachträglicher Teilunmöglichkeit der geschuldeten Leistung gelten nach dem System des BGB die Regeln über die Leistungsstörungen grundsätzlich nur für den unmöglich gewordenen Teil der Leistung[1]). Der Gläubiger kann jedoch unter Ablehnung der noch möglichen Restleistung seine Rechte (Schadensersatz wegen Nichterfüllung bzw. Rücktritt) für die ganze Leistung ausüben, wenn er an der Teilerfüllung kein Interesse hat und die Unmöglichkeit vom Schuldner zu vertreten ist, §§ 280 II, 325 I 2.

Ein solcher Vorbehalt zugunsten des Gläubigers fehlt in § 323 I 2. Hs. für den Fall, daß der Schuldner die Teilstörung nicht zu vertreten hat. Nach der durchaus herrschenden Lehre hat man darin die Entscheidung des Gesetzes zu sehen, daß dem Gläubiger in diesem Fall das Recht, die Teilleistung bei Interessenmangel abzulehnen, eben nicht gewährt sein soll. Dieses argumentum e contrario verbietet auch eine analoge Heranziehung des Gedankens der §§ 280 II, 325 I 2 im Rahmen nicht zu vertretender Teilunmöglichkeit. Danach muß der Gläubiger hier einen bloßen Teil der geschuldeten Leistung

---

[1]) Vgl. §§ 275, 280: »soweit«.

annehmen und vergüten. Es fragt sich zunächst, welcher Charakter diese Teilleistung hat.

1. Die Lösung der herrschenden Lehre

Kann nur noch ein Teil der versprochenen Leistung erbracht werden, so liegt nach den in der Rechtsprechung und Lehre entwickelten Grundsätzen gleichwohl vollständige Unmöglichkeit der Leistung im Sinne der §§ 275, 280, 323 ff. vor, wenn dem Gläubiger nur mit der vollen Leistung gedient sein kann und die Teilleistung demnach sein vertragsmäßiges Leistungsinteresse nicht einmal teilweise befriedigen kann[2]). Häufig wird auch darauf abgestellt, ob die mögliche Restleistung nicht wirtschaftlich etwas völlig anderes bedeute als die Gesamtleistung und daher nicht als Teil der geschuldeten und erwarteten Leistung angesehen werden könne[3]). Eine sachliche Abweichung dürfte darin wohl kaum liegen[4]). Entscheidend bleibt im Rahmen der §§ 280 II, 323 ff jedenfalls, ob die Restleistung nach dem Vertragszweck als Teilerfüllung angesehen werden kann, ob sie also das Gläubigerinteresse teilweise zu befriedigen vermag. Dieser Gesichtspunkt trägt dem wesentlichen Umstand Rechnung, daß es beim Problem der Teilunmöglichkeit darauf ankommt, ob das Schuldverhältnis so zerlegt werden kann, daß für den Teil noch immer dieselben Sinnstrukturen gelten, wie für das ganze[5]). Das Schuldverhältnis

---

[2]) Larenz, Schuldrecht I, § 20 Ib;
Esser, Schuldrecht (2. Aufl.), § 39, 6;
Blomeyer, Schuldrecht (3. Aufl.), § 5 II;
RGRK (Nastelski) 38 zu § 275;
Soergel-Schmidt 2 zu § 323;
Erman-Groepper (3. Aufl.) 5 zu § 275;
Staudinger-Werner (9. Aufl.) II 1 zu § 323, (11. Aufl.) 28 vor § 275;
Siber, Schuldrecht, S. 92;
Oertmann (5. Aufl.) 7c zu § 275;
RG 140, 383 Urt. v. 27. 5. 1933 I. ZS; RG WarnRspr 25 Nr. 21 Urt. v. 26. 9. 1924 VII. ZS; nach RG 129, 230 Urt. v. 17. 6. 1930 II. ZS liegt Teilunmöglichkeit vor, wenn die Restleistung schon eine »verhältnismäßige völlige Befriedigung« des Gläubigers bedeutet; vgl. ferner OLG Dresden SächsArchiv 13 (1903) 375 Urt. v. 23. 4. 1899: die Leistung ist vollständig unmöglich, wenn der übrig gebliebene Teil eine selbständige Benutzung zu dem im Vertrag vorgesehenen Zweck nicht gestattet.

[3]) Vgl. Palandt-Danckelmann 5 zu § 275;
RGRK (Nastelski) 38 zu § 275;
RG BayZRpfl 1923, 147 Urt. v. 1. 11. 1922 V. ZS;
ferner RG WarnRspr 39 Nr. 19 Urt. v. 8. 6. 1939 V. ZS.

[4]) Das gleiche gilt für das Kriterium in RG 170, 259 (Urt. v. 21. 12. 1942 V. ZS), wo die Aufrechterhaltung eines Teils des Vertrages abgelehnt wird, »weil dadurch der Inhalt des Vertrages völlig verändert werden würde.«
Sehr eng fordert allerdings RG 155, 313 (Urt. v. 18. 8. 1937 I. ZS), daß sich der Teil nur der Größe, nicht der Beschaffenheit nach von der Gesamtleistung unterscheide.

[5]) Demselben Ziel dient die Vorschaltung des hypothetischen Parteiwillens in § 139; es wird daher zu Recht auch im Rahmen des § 323 I auf diese Regelung hingewiesen. Vgl. Palandt-Danckelmann 5 zu § 275; RGRK (Nastelski) 40 zu § 275.

wird durch den Schuldzweck – die Befriedigung des Gläubigers wegen eines bestimmten Leistungsinteresses – zu einem organischen Ganzen gefügt. Ob es teilweise aufrechterhalten bleiben kann, ist danach zu entscheiden, ob dieser Zweck (ob das vertragsmäßige Interesse des Gläubigers) eine Teilung zuläßt[6]). Eine schematische Aufspaltung des Leistungsgegenstandes kann daher nicht in Betracht kommen.

2. Die sog. juristische Teilbarkeit

Keine Bedeutung für die Lösung des Problems der Teilunmöglichkeit haben dagegen die Überlegungen, ob die Leistung des Schuldners an sich teilbar oder unteilbar ist.

Nach einer verbreiteten Meinung sollen die Wirkungen vollständiger Unmöglichkeit trotz möglicher Restleistung immer dann eingreifen, wenn die Leistung des Schuldners juristisch unteilbar ist[7]). Auf die juristische Teilbarkeit der Leistung kann man nur abstellen, wenn man vorher den Inhalt dieses Begriffs bestimmt hat. Das kann auf zweierlei Weise geschehen: a) außerhalb des Zwecks der Regeln über die Teilunmöglichkeit oder b) gerade aus dem Sinn dieser Normen. Es wird sich zeigen, daß die angenommene Teilbarkeit weder in dem einen noch in dem anderen Falle hinreichend oder wesentlich für die Entscheidung ist, ob eine Teilung der Leistung nach § 323 I 2. Hs. möglich ist.

a) Bestimmt man die Teilbarkeit wie eine Eigenschaft, die einer Leistung an sich selbst zukommt, indem man auf irgendwelche Vorstellungen von Sacheinheiten und – gesamtheiten zurückgeht, so bleibt ungewiß, ob die begrifflichen Konsequenzen einer solchen Definition dem Sinn der gesetzlichen Regeln über die Teilunmöglichkeit in jeder Beziehung gerecht werden. Es ist unwahrscheinlich, daß man einen Begriff so überschauend definieren kann, daß durch ihn das den Rechtsnormen der §§ 280 II, 323 I 2. Hs., 325 I 2 zugrunde liegende Problem, ob eine Leistung geteilt werden *soll*, vollständig in die einfache Entscheidung, ob sie nach diesem Begriff geteilt werden *kann*, umgewandelt ist[8]).

---

[6]) Sehr klar stellt Heck, Schuldrecht, § 5, 6, darauf ab, ob die Zerlegung mit den Parteiinteressen vereinbar ist; vgl. Oertmann 7c zu § 323: »völlige Unmöglichkeit liegt aber vor, wo bei mechanischer Teilbarkeit des Ganzen die noch mögliche Leistung nach dem Vertragszweck nicht als Teilerfüllung angesehen werden kann.«

[7]) Vgl. Staudinger-Werner (9. Aufl.) 12c vor § 275; (10/11. Aufl.) 28 vor § 275; Erman-Groepper 5 zu § 275; Soergel-Schmidt 3 zu § 280; ferner Titze, Schuldverhältnisse (4. Aufl.), S. 17; Esser, Schuldrecht (1. Aufl. 1949), § 151, 1.

[8]) Diese Vorbehalte gelten auch gegen den Definitionsversuch Essers, Schuldrecht (1. Aufl.), § 151, 1, und gegen RG 155, 313 (Urt. v. 18. 8. 1937 I. ZS): teilbar ist eine Leistung, wenn »ein beliebiger Leistungsteil seinem Wesen und Wert nach verhältnismäßig (anteilig) der Gesamtleistung entspricht, d. h. sich nur der Größe nach, nicht der Beschaffenheit nach von ihr unterscheidet«.

Deutlich zeigt sich dies bei Groepper[9]), der zunächst in einigen Fällen die vollständige Unmöglichkeit aus der juristischen Unteilbarkeit der Leistung begründet[10]), unmittelbar darauf aber hervorhebt, daß auch Leistungen, die in diesem Sinne juristisch teilbar sind, gleichwohl dann vollständig unmöglich sind, wenn dem Gläubiger nach dem Vertragszweck nur mit der ganzen Leistung gedient ist. Damit räumt er ein, daß es auf die angebliche Eigenschaft der juristischen Teilbarkeit nicht entscheidend ankommt[11]).

b) Will man den Begriff der Teilbarkeit einer Leistung aus dem Sinn der Regeln über die Teilunmöglichkeit bestimmen, so kann es nur darauf ankommen, ob das Schuldverhältnis seinem Zweck nach eine Teilverwirklichung zuläßt. Als juristisch unteilbar wird man die Leistung genau dann bezeichnen, wenn ihre Teile das vertragliche Interesse des Gläubigers nicht einmal teilweise zu befriedigen vermögen, dem Gläubiger also nach dem Vertragszweck nur mit der ganzen Leistung gedient sein kann[12]).

Wenn aber das Gläubigerinteresse durch einen Teil der Schuldnerleistung nicht einmal teilweise befriedigt werden kann, so ergibt sich daraus schon unmittelbar, daß für diese Leistung nur vollständige Unmöglichkeit in Frage kommen kann. Es ist überflüssig, hieraus zunächst die juristische Unteilbarkeit der Leistung zu folgern, um aus dieser dann begrifflich die vollständige Unmöglichkeit abzuleiten. Dieser Gedankengang begründet nichts und verdeckt den eigentlichen Gesichtspunkt der Entscheidung. Man kann aus der Einordnung der Leistungen als juristisch teilbar oder unteilbar keine Rechtsfolgen gewinnen, die sich nicht schon direkt aus den Momenten ableiten ließen, die diese Einordnung erst möglich machen.

Von juristischer Teilbarkeit kann im Rahmen der Regeln über die Teilunmöglichkeit sinnvoll nur gesprochen werden, wenn man damit nicht eine Voraussetzung, sondern eine Folge der Entscheidung über die Teilung des Vertrages meint. Eine Leistung erweist sich eben genau dadurch als teilbar, daß auch bloße Teile von ihr den Zweck des Vertrages teilweise erfüllen können. Die Lösung des Problems der Teilunmöglichkeit ergibt so zwar einen spezifisch juristischen Teilleistungsbegriff, aber sie ergibt sich nicht *aus* einem solchen.

Wir können daher zusammenfassend die Frage, welcher Art die Teilleistung sei, die der Gläubiger bei bloßer Teilunmöglichkeit nach § 323 I 2. Hs. annehmen und vergüten muß, nur so beantworten: es ist eine Restleistung, durch die nach dem Sinn und Zweck des Vertrages das rechtliche Leistungs-

---

9) Erman-Groepper 5 zu § 275.

10) Er führt als Beispiele die Errichtung eines Hauses, die Lieferung eines Vierergespanns von Pferden an.

11) Allerdings kann in den angeführten Beispielen der Schluß von der juristischen Unteilbarkeit auf die vollständige Unmöglichkeit offensichtlich nicht fehlgehen. Das liegt aber nur daran, daß die Beispiele selbst an Fällen gebildet sind, in denen es auf der Hand liegt, daß der Vertragszweck eine Teilerfüllung nicht gestattet.

12) So verfahren etwa Staudinger-Werner (9. Aufl.) I 2c: eine Leistung ist juristisch dann unteilbar, wenn sie nach der Willensbestimmung der Parteien nur in ihrer Totalität für den Gläubiger Interesse hat. Vgl. auch Esser, Schuldrecht (2. Aufl.), § 39,6.

interesse des Gläubigers auch dann teilweise befriedigt wird, wenn der Gläubiger nur diesen Leistungsanteil erhält. Sie sei als »Teilleistung mit selbständiger Erfüllungsfunktion« bezeichnet.

II. Die schlichte Teilleistung des § 266

a) Die sog. »Teilleistung im Rechtssinne«

Die Teilleistung mit selbständiger Erfüllungsfunktion im Sinne der Regeln über die Teilunmöglichkeit ist nicht identisch mit der Teilleistung im Sinne des § 266[13]).

Zu Unrecht sieht man vielfach auch im § 266 ein Problem spezifisch juristischer Teilbarkeit der Leistung[14]). Die Teilleistung in § 266 setzt nur irgendeine Teilbarkeit der Leistung überhaupt voraus; sie ist »schlichte« Teilleistung. Nach § 266 soll der Gläubiger vor einer Leistung von Teilen des Geschuldeten geschützt werden; nur die vollständige geschuldete Leistung soll er annehmen müssen. Dieser Gesetzeszweck macht eine rechtliche Spezifizierung des Begriffs der Teilleistung vollkommen überflüssig. Denn aus ihm folgt klar, daß der Gläubiger jede irgendwie unvollständige Leistung ablehnen darf, sei das Angebotene nun in einem spezifisch rechtlichen Sinne oder auch nur sonstwie ein Teil der Gesamtleistung[15]).

Im Ergebnis gilt das zwar auch dann, wenn man für die Teilleistung des § 266 eine bestimmte rechtliche Teilbarkeit der Leistung voraussetzt. Nur sind dann Leistungsteile, die nicht in diesem rechtlichen Sinne Teilleistungen sind, nicht nach § 266, sondern deshalb zurückzuweisen, weil das Angebotene rechtlich etwas anderes ist als die geschuldete Leistung[16]). Die Einführung eines juristischen Teilleistungsbegriffs in den § 266 führt also dazu, daß die Rechtsanwendung zusätzlich mit der Aufgabe belastet wird, unter den Teilen des Versprochenen zwischen Teilleistungen im Rechtssinne und »Andersleistung« zu unterscheiden. Da die Rechtsfolge für beide gleich ist und einheitlich aus § 266 entnommen werden kann, wenn man unter Teilleistung jeden schlichten Teil der Leistung versteht, ist diese Differenzierung für die

---

[13]) So aber Palandt-Danckelmann 2a zu § 266; Soergel-Schmidt 3 zu § 266; vgl. auch RGRK (Nastelski) 2 zu § 266.

[14]) Vgl. Staudinger-Werner (11. Aufl.) 2 zu § 266; RGRK (Nastelski) 2 zu § 266; (dieser zwingt im übrigen ganz verschiedene Gesetzeszwecke unter einen Begriff, indem er in § 420 – vgl. 4 zu § 420 – denselben Begriff von Teilbarkeit behauptet wie in § 266. Kritisch dazu grundsätzlich Coing, SJZ 1949, 532 ff.; auch Palandt-Danckelmann 2b zu § 266.

[15]) Vgl. Larenz I, § 17 I; ferner Blomeyer, Schuldrecht (3. Aufl.), der in § 5 I die »Leistung in Teilen« im Sinne von § 266 deutlich vom Problem der »Teilbarkeit der Leistung« (§ 5 II) abhebt; und Siber, Schuldrecht, S. 68: »Teilleistung, das ist unvollständiger Vollzug einer teilbaren oder auch unteilbaren Leistung«.

[16]) So RGRK (Nastelski) 2 zu § 266; Staudinger-Werner (11. Aufl.), 2 zu § 266; das Angebot, von dem versprochenen Maßanzug zunächst die Hose zu liefern, müßte nach dieser Auffassung nicht als unzulässige Teilleistung, sondern als aliud zurückgewiesen werden.

zweckgerechte Anwendung des § 266 überflüssig. Coing[17]) weist mit Recht darauf hin, daß diese Unterscheidung widersinnig wird, wenn man Teilleistungen betrachtet, die vertraglich zugelassen sind oder nicht abgelehnt werden. Entgegen § 266 zugelassene Teilleistungen müssen zwar begrifflich Teile der Gesamtleistung betreffen, sie können aber offenbar ebensowohl Teile im Rechtssinne als irgendwelche sonstigen Teile sein. – Der Gläubiger nimmt etwa die allein angebotene Maßanzugshose an. Es wäre wohl mehr als künstlich, wollte man hier sagen, der Gläubiger habe nicht einen Teil der geschuldeten Leistung, sondern etwas ganz anderes als das Geschuldete angenommen (an Erfüllungs Statt?).

b) Die Erfüllungsfunktion einer schlichten Teilleistung

Die unterschiedliche Funktion und zugleich der Zusammenhang der schlichten Teilleistung im Sinne von § 266 und der Teilleistung mit selbständiger Erfüllungsfunktion wird deutlich, wenn man die Rechtslage untersucht, die eintritt, falls der Gläubiger ein Teilangebot des Schuldners angenommen hat.

Mit der Teilleistung ist der Schuldner insoweit von seiner Leistungspflicht befreit, und der Gläubiger trägt als der Eigentümer nun die Gefahr für das Geleistete. Ist also etwa die Lieferung einer Spezialmaschine mit Sonderzubehör versprochen und geht das schon gelieferte Zubehör in der Hand des Käufers durch Zufall unter, so braucht der Verkäufer nur noch die dazugehörige Maschine zu liefern und kann die ganze Gegenleistung fordern. Dabei spielt es keine Rolle, ob der Gläubiger mit der Maschine jetzt überhaupt noch etwas anfangen kann. Da er die Gefahr für die Teilleistung trägt, liegt bei ihm auch das Risiko dafür, daß der ganze Vertragszweck durch Untergang des schon gelieferten Teils vereitelt wird[18]).

Hier zeigt sich ein spezifisches Teilungsrisiko, das der Gläubiger trägt, wenn er die Teilleistung des Schuldners annimmt. Es gehört zur ratio legis des § 266, daß der Gläubiger das Recht haben soll, diesem Risiko auszuweichen. Solange der Schuldner nicht die Leistung in allen Teilen erbringen kann, soll er auch die Gefahr für die ganze Leistung tragen. Er kann diese nicht durch laufende Teilleistungen sukzessive auf den Gläubiger abwälzen[19]).

Wird der Schuldner durch jede schlichte Teilleistung von seiner Leistungspflicht teilweise befreit, so hat diese doch offenbar auch Erfüllungsfunktion. Diese Erfüllungsfunktion kommt ihr jedoch nicht selbständig, d. i. ohne Rücksicht auf die noch ausstehende Restleistung zu. Wenn im betrachteten Beispielsfall dem Schuldner die Lieferung der Spezialmaschine durch Zufall unmöglich wird, so braucht der Gläubiger die schon erhaltene Teilleistung

---

[17]) SJZ 1949, 534.

[18]) Wäre das Zubehör beim Verkäufer untergegangen, so hätte der Käufer zweifellos weder die Maschine allein annehmen noch irgendeine Gegenleistung entrichten müssen.

[19]) Allzu einseitig sieht man im allgemeinen den Sinn des § 266 in der Abwehr von Belästigungen des Gläubigers durch Teilleistungen.
Vgl. etwa Heck, Schuldrecht, § 5, 6.

nicht mehr als Teilerfüllung gelten zu lassen. Hätte der Gläubiger das Zubehör noch nicht empfangen, so läge in diesem Fall vollständige Unmöglichkeit der Schuldnerleistung vor, da dem Gläubiger nach dem Vertragszweck nur mit der ganzen Leistung gedient sein kann. Abnahme und Vergütung des nun zwecklos gewordenen Zubehörs hätte der Schuldner nicht verlangen können. Mit der Annahme der Teilleistung hat der Gläubiger nun zwar das Risiko dafür übernommen, daß ihm die Restleistung des Schuldners wegen des zufälligen Untergangs des schon Geleisteten nichts mehr nützen kann; damit fällt es aber noch nicht in sein Risiko, wenn der ganze Vertragszweck dadurch vereitelt wird, daß nicht die schon empfangene Teilleistung, sondern die noch ausstehende Restleistung des Schuldners untergeht. Der Gläubiger hat die Teilleistung nicht ohne Rücksicht auf die Restleistung angenommen; er geht vielmehr ebenso wie der Schuldner davon aus, daß die Ergänzung der Leistung möglich ist und erfolgen wird.

Die Annahme der Teilleistung bewirkt keine Teilung des Schuldverhältnisses[20]). Der Schuldner trägt mit der Sachgefahr für die Restleistung auch das Risiko dafür, daß mit der Unmöglichkeit dieser Leistung zugleich die schon erbrachte Teilleistung zwecklos wird; es fällt in sein Risiko, daß die Unmöglichkeit der Restleistung sozusagen die Erfüllungsfunktion der Teilleistung überholt[21]). Eine schon erhaltene Teilleistung im Sinne von § 266 braucht der Gläubiger bei nachfolgender Unmöglichkeit nicht zu behalten und zu vergüten, falls sie nicht zugleich eine Teilleistung mit selbständiger Erfüllungsfunktion im Sinne der §§ 280 II, 323 ff. ist. Die Erfüllungsfunktion einer schlichten Teilleistung als solcher wird durch die nachfolgende Unmöglichkeit der Restlieferung aufgehoben, sie ist unselbständig.

Aus diesen Erwägungen ergibt sich mit Deutlichkeit, daß Teilleistung im Sinne des § 266 und teilweise noch mögliche Leistung im Sinne der §§ 280 II, 323 ff. verschiedene Begriffe mit getrenntem Anwendungsbereich sind.

III. Die Interessenlage des gegenseitigen Vertrages

Die Herauslösung der Teilleistung des § 266 aus allen juristisch-konstruktiven Teilleistungsbegriffen entspricht der Forderung Coings, der allgemein verlangt, daß der Begriff der Teilleistung von Konstruktionen entlastet und

---

[20]) Vgl. dazu Titze, Unmöglichkeit, S. 154/55, der zu Recht einen entsprechenden Vorbehalt des Gläubigers für überflüssig hält. Vgl. auch Palandt-Danckelmann 5 zu § 280.

[21]) Daß die schon erbrachte Teilleistung bei Unmöglichkeit der Restleistung nicht anders zu behandeln ist, als ein noch möglicher Teil der Leistung in der Hand des Schuldners, bestätigt § 280 II. Der Gläubiger kann die schon erhaltene Teilleistung ablehnen, d. h. hier zurückgeben und Schadensersatz wegen Nichterfüllung der ganzen Verbindlichkeit verlangen. Vgl. Oertmann 3 b zu § 280; Enn.-Lehmann § 49 Anm. 4; RGRK (Nastelski) 6 zu § 280; Planck-Siber 6d zu § 280; hier wird dem (trotz der Annahme) weitergeltenden Bezug der Teilleistung auf die ausstehende Restleistung gesetzlich Rechnung getragen. Das muß ebenso bei zufälliger Unmöglichkeit gelten, wo die Interessenlage insoweit die gleiche ist.

einfach als Leistung von (irgendwelchen) Teilen des Geschuldeten verstanden werde[22]).

Soweit dies auch für die teilweise noch mögliche Leistung im Sinne der Regeln über die Teilunmöglichkeit gelten soll, kann dem nicht ohne weiteres gefolgt werden. Coing begründet seine Forderung damit, daß nach dem Gesetz für die Frage, ob der Gläubiger die mögliche Restleistung annehmen müsse, auf das Interesse des Gläubigers abgestellt sei und daher ein juristischer Teilleistungsbegriff für die zweckgerechte Normanwendung überflüssig sei. Dieser Gedanke wäre in der Tat zwingend, wenn nicht der Vorbehalt des Gläubigerinteresses in § 323 I fehlen würde. Für den Gläubiger aus einem gegenseitigen Vertrage würde es aber eine unbillige Härte bedeuten, jeden zufällig übrigbleibenden Rest der Leistung des Schuldners annehmen und vergüten zu müssen. Der juristische Teilleistungsbegriff ist gerade entwickelt worden, um die Härten dieser Regelung auf ein für den Gläubiger erträgliches Maß zu beschränken[23]).

Im folgenden soll nun gezeigt werden, daß auch der von der h. L. entwickelte und bisher allein zugrunde gelegte juristische Teilleistungsbegriff die Problematik der Regelung des § 323 I 2. H. nicht befriedigend auflöst. Die Schwächen dieser Lösung werden sichtbar, sobald man sie auf ihre Übereinstimmung mit der Struktur und der Interessenlage des gegenseitigen Vertrages hin untersucht.

1. Die »Teilungsgefahr«

Der § 323 I 2. Hs. gehört in den Bereich der Gefahrtragungsregeln, da er die Folgen zufälliger Leistungsstörung betrifft. Seine Regelung belastet den Gläubiger im Fall zufälliger Teilunmöglichkeit der Schuldnerleistung mit einem bestimmten Risiko, einer »Teilungsgefahr«.

---

[22]) SJZ 1949, 534.

[23]) Vgl. Staudinger-Werner (9. Aufl.) II 1 zu § 323: »hierdurch wird es allein erträglich, wenn der Gläubiger die mögliche Teilleistung annehmen muß und kein Rücktrittsrecht hat.« Vgl. auch Rabel, Warenkauf I, S. 349 f.
Schon die Motive weisen in diese Richtung, um die Regelung überhaupt zu rechtfertigen: »wenn in concreto der an sich möglich gebliebene Teil der Leistung auch nicht mehr als Teil der geschuldeten Leistung angesehen werden kann, fällt der Vertrag und demgemäß das Recht auf die Gegenleistung ganz weg.« (Mugdan, Materialien zum BGB, Bd. II, S. 208).
Dagegen lehnt Schöller (Gruchot 45 [1901], S. 544 und dort Anm. 37) den juristischen Teilleistungsbegriff auch im Rahmen des § 323 ab; »bedeutet das, was geleistet worden ist oder noch geleistet werden kann, tatsächlich einen Bestandteil desjenigen zusammengesetzten Leistungsinhalts, welcher dem Schuldner vertragsmäßig obliegt, so ist unterschiedslos nur teilweise Nichterfüllung oder Unmöglichkeit vorhanden.« Die »anscheinende Härte« für den Gläubiger entspricht nach Schöller dem gesetzgeberischen Gedanken, die Gefahr bei Teilunmöglichkeit zwischen Gläubiger und Schuldner aufzuteilen.
Danach muß also im angeführten Beispiel der Gläubiger das noch vorhandene Sonderzubehör der untergegangenen Maschine kaufen; der Käufer eines gebrauchten Autos wird den allein übriggebliebenen Ersatzreifen abnehmen und vergüten müssen!

Dazu betrachte man zunächst folgende Beispiele:

a) Jemand kauft für ein größeres Bauvorhaben zwei zusammenhängende große Baugrundstücke zu einem Gesamtpreis, der sich aus den Einzelpreisen für jedes Grundstück berechnet. Nach Vertragsschluß wird eines dieser Grundstücke enteignet; das andere ist zu dem vorgesehenen Zweck nicht verwendbar. Kann der Verkäufer, der in die Baupläne des Käufers nicht eingeweiht war, Abnahme und Vergütung des einen Grundstücks fordern? Ähnlich liegt der Fall:

b) Zur Erweiterung seiner Produktion benötigt ein Fabrikant entweder zwei gebrauchte Sondermaschinen älteren Typs oder eine wesentlich teurere moderne Maschine. Als ihm ein Gebrauchtmaschinenhändler zufällig zwei Maschinen des älteren Typs anbieten kann, kauft er sie. Muß er jetzt die übrigbleibende Maschine abnehmen, wenn eine der beiden durch Zufall zerstört wird?

Die besondere Verwendbarkeit, die der Kaufgegenstand gerade in seiner Gesamtheit für den Käufer hat, ist hier im Vertrag selbst nicht zutage getreten. In beiden Fällen läßt die übriggebliebene Restleistung eine dem allein sichtbar gewordenen Vertragszweck (Bebauung, Fabrikationseinsatz) entsprechende Verwendung zu. Im Sinne der von der h. L. entwickelten Auslegung des § 323 I liegt bloße Teilunmöglichkeit vor. Dem Gläubiger ist nach dem Vertragszweck mit der Restleistung gedient, er muß sie annehmen und vergüten. Für den Käufer kann dies eine schwere Interessenschädigung bedeuten. Er muß Kapital aufwenden für eine Kaufsache, für die er keine Verwendung hat. Ihr Erwerb ist eine wirtschaftliche Fehlinvestition, da die Vertragspläne des Gläubigers mit ihrer Hilfe auch nicht einmal teilweise verwirklicht werden können. Der Gläubiger muß die Teilleistung wieder verkaufen, bzw. wenn ihm dies nicht gelingt – wie in der Regel im Fall b) – auf seine ursprünglichen Pläne ganz verzichten, falls seine Kapitalkraft erschöpft ist[24]).

Hier zeigt sich ein besonderes Zufallsrisiko des Gläubigers im gegenseitigen Vertrag. Neben der Leistungsgefahr, d. i. dem Risiko, die versprochene Leistung infolge eines Zufalls, der den Schuldner trifft, nicht zu erhalten, liegt bei ihm eine »Teilungsgefahr«, das Risiko, bei zufälliger Zerstörung eines Teils der Schuldnerleistung noch einen Teil seiner Gegenleistung in einem reduzierten Austausch erbringen zu müssen, obwohl seine ursprünglichen Vertragspläne durch diesen Zufall nicht nur teilweise, sondern vollständig vereitelt sind. Dieses Risiko betrifft nur die ferneren Vertragszwecke des Gläubigers – seine latenten Interessen. Soweit sich diese Zwecke nämlich im Vertragsinhalt selbst niedergeschlagen haben, werden sie durch den juristischen Teilleistungsbegriff berücksichtigt.

Eine Vereitelung seiner Vertragsabsichten hat der Gläubiger nun in verschiedener Hinsicht allein zu tragen. Einmal unter dem Gesichtspunkt des

---

[24]) Dagegen wird es häufig den Schuldner weniger belasten, wenn er die Teilleistung behalten muß. Ist er professioneller Verkäufer, so wird er keine Schwierigkeiten haben, sie auf dem Markt zu entsprechendem Preis abzusetzen. Die Verschiebung der Ware in die Hand des Käufers, wo sie keinen Nutzen stiftet und schwer verkäuflich ist, bedeutet in diesem Falle volkswirtschaftlich eine Wertvernichtung.

Kalkulationsrisikos. Es kann den Schuldner grundsätzlich nichts angehen, ob die Pläne des Gläubigers über die Verwendung der geschuldeten Leistung sinnvoll und realisierbar sind. Ferner trägt der Gläubiger in Form der Leistungsgefahr das Risiko, daß seine Vertragspläne deshalb verfehlt werden, weil die Leistung des Schuldners (ganz oder teilweise) ausbleibt. Die Teilungsgefahr ist aber weder ein Moment des Planungsrisikos, – denn die Erbringbarkeit der geschuldeten Leistung wird von der Planung des Gläubigers nicht umfaßt sondern vorausgesetzt; noch ist sie ein Moment der Leistungsgefahr, – denn sie bedeutet, daß der Gläubiger darüber hinaus einen für ihn funktionslosen Teil der geschuldeten Leistung annehmen und vergüten muß.

2. Die vertraglich geschützten Interessen des Gläubigers

Es ist nun zu fragen, ob es aus der Interessenlage des gegenseitigen Vertrages gerechtfertigt werden kann, dem Gläubiger diese Teilungsgefahr aufzuerlegen, oder ob nicht vielmehr umgekehrt das Interesse des Gläubigers, den Austausch mit reduzierten Leistungen zu vermeiden, rechtlichen Schutz verdient.

Die maßgebliche Interessenlage des gegenseitigen Vertrages wird durch die wechselseitige causa-Beziehung der Leistungspflichten beschrieben. Jede Leistung ist um der Gegenleistung willen, als ihrem rechtlichen Zweck, versprochen. Was aus diesem Prinzip folgt, müssen sich die Parteien jederzeit entgegenhalten lassen als eine ihrem Willen entsprechende und daher gerechte Entscheidung.

Aus dieser Struktur folgt eine »Unteilbarkeit« der causa. Die versprochene Gegenleistung als solche, mithin auch als ganze, ist durch den Vertrag zum rechtlichen Grund des eigenen Leistungsversprechens erhoben worden. Daher liegt in der Entscheidung der Parteien, den gegenseitigen Vertrag mit bestimmten Leistungen abzuschließen, nicht auch zugleich die Entscheidung, eventuell darin sinnvoll zu unterscheidende Teilverträge einzugehen[25]). Wer 10 Ztr. Roggen für insgesamt DM 500,00 kauft, hat damit nicht zugleich zu erkennen gegeben, daß er auch 5 Ztr. zu DM 250,00 oder 1 Ztr. zu DM 50,00 kaufen würde[26]).

Es wäre ein Irrtum anzunehmen, man könne das von den Parteien

---

[25]) Etwas anderes gilt dort, wo sich hinter dem einheitlichen Vertragsschluß in Wahrheit mehrere Verträge verbergen, die nur zufällig zusammengefaßt sind; z. B. jemand kauft in einem Warenhaus zusammen eine Schlafzimmereinrichtung und einen Kühlschrank.

[26]) Vgl. Merz, Die Revision der Verträge durch den Richter, S. 463 a.
Das schließt nicht aus, daß der Käufer daran festgehalten wird, die restlichen 5 Ztr. abzunehmen, falls 5 Ztr. nach Aussonderung aber vor Gefahrübergang zufällig untergehen. Dies ist hier deshalb gerechtfertigt, weil der Gläubiger sich den Rest der Leistung ohne Schwierigkeit woanders beschaffen kann und der reduzierte Austausch daher ersichtlich seinen (vertragskonformen) Interessen nicht zuwiderlaufen kann; vgl. dazu unten zu Anm. 68, 69.
Die Aufteilung des Schuldverhältnisses wird also hier aus der Interessenabwägung im Einzelfall gerechtfertigt, aus der ursprünglichen Vertragsentscheidung folgt sie nicht.

zwischen den versprochenen Leistungen gesetzte causa-Gleichgewicht aufspalten, so daß – ebenso wie die Verpflichtung zur ganzen Leistung den Rechtsgrund für das Versprechen der ganzen Gegenleistung abgibt – die Verpflichtung zur halben Leistung rechtlicher Grund der Verpflichtung zur halben Gegenleistung sei und so fort. Als causa der Gegenverpflichtung ist jede Leistungspflicht unzerlegbar. Wird sie auch nur teilweise vereitelt, so zerbricht der Rechtfertigungszusammenhang der gegenseitigen Leistungspflichten. Ein Austausch von reduzierten Leistungen bleibt, auch wenn er objektiv dem Sinn des ursprünglichen Vertrages entspricht, doch immer etwas anderes als der gewollte Austausch; gemessen an der ursprünglichen Vertragsentscheidung, muß der Gläubiger seine Leistung causa-los erbringen. Ein Teil eines Kaufvertrages kann daher nicht ohne weiteres wieder selbst als ein Kaufvertrag betrachtet werden; die Verbindlichkeit zur Erfüllung des Teils läßt sich aus der Verbindlichkeit des Vertrages nicht ableiten.

Der Schuldner kann demgemäß nach dem Vertrag auch nicht damit rechnen, eine übriggebliebene Teilleistung wirtschaftlich an den Gläubiger abzusetzen. Ein solches Vertrauen wird durch das Vertragsversprechen des Gläubigers nicht gerechtfertigt. Umgekehrt kann sich aber der Gläubiger bei seinen Dispositionen auf den ganzen gewollten und versprochenen Austausch einrichten, denn er hat im Vertrag nur zum Ausdruck gebracht, daß er seine eigene Leistung gegen die ganze Schuldnerleistung einsetzen will, und nur an diesem Tatbestand, den der Schuldner akzeptiert hat, kann der Gläubiger festgehalten werden. Der Vertrag schützt also seinem Sinn nach das Interesse des Gläubigers, nur die volle Leistung des Schuldners vergüten zu müssen; er schützt dagegen nicht die Erwartung des Schuldners, auch eine bloße Teilleistung an den Gläubiger absetzen zu können. Die Teilungsgefahr muß beim Schuldner liegen[27]).

Die Regelung des § 323 I 2. Hs. enthält auch für bloße Teile des Vertrages einen allgemeinen Erfüllungszwang, der aus dem Sinn des Vertrages nicht gerechtfertigt werden kann. Sie führt zu einer Umgestaltung des abgeschlossenen Vertrages in ein zwar innerhalb der ursprünglichen Vereinbarung sinnvolles, aber nicht gewolltes Schuldverhältnis. Das mag dem Zweck dienen, einen einmal begründeten gegenseitigen Vertrag soweit wie möglich als Instrument wirtschaftlichen Austausches zu erhalten; dies wäre jedoch nur gerechtfertigt, wenn dabei die vertraglichen Interessen der Parteien berücksichtigt werden. Unter diesem Gesichtspunkt ist die Regelung des § 323 I 2. Hs. verfehlt, da sie schematisch das Interesse des Schuldners,

---

[27]) Ebenso argumentiert Capitant De la Cause (3me éd. 1927) no. 140 (S. 308): »En effet, une exécution seulement partielle de l'obligation peut ne pas correspondre à ce que voulait le créancier; elle peut ne présenter pour lui aucune utilité. Quand il est ainsi, il convient de lui permettre de demander la résolution du contrat, à condition qu'il prouve qu'il n'avait pas contracté, s'il avait prévu ne recevoir qu'une prestation partielle.«
Capitant wirft der deutschen Regelung in § 323 I 2. Hs. vor, daß sie dem Willen der Parteien und dem Zweck des Vertrages nicht genügend Rechnung trägt; S. 308, Anm. I. Vgl. ferner die Kritik von Kisch, Unmöglichkeit, S. 170, Anm. 5; Kress, Schuldrecht I, S. 409/10; vor allem aber Protokolle, Bd. I., S. 649.

den Rest seiner Leistung im Austausch abzusetzen, über das Interesse des Gläubigers stellt, die für ihn sinnlose Teilleistung abzulehnen. Das Gegenteil wäre nach dem Vertragssinn gerechtfertigt.

3. Teilungsgefahr und Vergütungsgefahr

Die Regelung des § 323 I 2. Hs. läßt sich nicht in ein System mit den sonstigen Gefahrtragungsregeln des Gesetzes bringen. Mit der Teilungsgefahr wird dem Gläubiger vom Vertragsschluß an ein Moment der Vergütungsgefahr aufgebürdet.

Die als Vergütungsgefahr, bzw. als Teilungsgefahr bezeichneten Risiken werden durch einen Zufall ausgelöst, der den Rechtskreis des Schuldners trifft und ihm die Leistung des Geschuldeten unmöglich macht; sie betreffen das Schicksal der Gläubigerverpflichtung, die der gestörten Schuldnerleistung gegenübersteht. Liegt die Vergütungsgefahr beim Gläubiger, so bedeutet sie das Risiko, die vertragliche Gegenleistung aufwenden zu müssen, ohne die Schuldnerleistung zu erhalten. Mit Teilungsgefahr ist auf Seiten des Gläubigers das Risiko bezeichnet, eine entsprechende Vergütung für eine Leistung des Schuldners aufwenden zu müssen, die nur ein Teil des ursprünglich Geschuldeten ist und daher für den Gläubiger keine Funktion hat.

Hier wird der Zusammenhang der beiden Risiken sichtbar: muß der Gläubiger einen funktionslosen Rest der Schuldnerleistung annehmen und vergüten, so bedeutet das, gemessen am Vertragszweck, für ihn das gleiche, als sei infolge der zufälligen Störung die ganze Schuldnerleistung ausgeblieben, er aber immer noch zu einer Vergütung verpflichtet. Die Teilungsgefahr erweist sich als ein Moment der Vergütungsgefahr. Dieser Zusammenhang zeigt sich ebenso deutlich, wenn man diese Risiken von der Schuldnerseite her betrachtet: dann ist Vergütungsgefahr das Risiko, den Anspruch auf die Gegenleistung des Gläubigers zu verlieren, weil die eigene Verpflichtung nicht mehr erfüllt werden kann; Teilungsgefahr bedeutet das Risiko, den ganzen Anspruch auf die Gegenleistung des Gläubigers auch dann zu verlieren, wenn zwar noch ein Teil des Geschuldeten erbracht werden kann, diese Restleistung aber für den Gläubiger funktionslos ist[28]).

Ist somit die Teilungsgefahr systematisch der Vergütungsgefahr zuzuordnen, so muß sie dem Schuldner zugewiesen werden. Das ist eine Konsequenz der Entscheidung des § 323 I 1. Hs, der dem Schuldner die Gefahren eines Zufalls auferlegt, der ihn getroffen hat.

---

[28]) Schon nach der Auslegung, die die herrschende Lehre dem § 323 I 2. Hs. gibt, trägt der Schuldner die Gefahr, eine allein übriggebliebene Restleistung ohne selbständige Erfüllungsfunktion vom Gläubiger nicht vergütet zu erhalten. Dieses Risiko gehört deutlich zur Vergütungsgefahr, die der Schuldner trägt.

4. Die Verletzung der Schuldnerinteressen

Die Aufrechterhaltung des Vertrages bei Teilunmöglichkeit der geschuldeten Leistung liegt auch keineswegs immer im Interesse des Schuldners. Dies zeigt sich bei einem Austausch mit unteilbarer Gegenleistung.

Hat der Schuldner etwa die Lieferung von zwei Sondermaschinen gegen ein Grundstück versprochen, so kommt bei Untergang der einen Maschine eine Minderung der Gegenleistung nicht in Betracht, da diese unteilbar ist. Der § 473 bestimmt für diesen Fall, daß der Schuldner die Minderung in Geld auszugleichen habe. Der Schuldner muß also plötzlich die Gegenleistung teilweise erkaufen, obwohl eine Verpflichtung zur Geldleistung dem ursprünglichen Vertrag ganz fremd ist. Er konnte darauf vertrauen, die Gegenleistung einzutauschen; nach §§ 323 I 2. Hs, 473 wird er zu einer Leistung gezwungen, die er nicht versprochen hat.

Das widerspricht auch dem Grundsatz, daß der Gläubiger die Leistungsgefahr zu tragen habe. Die Leistungsgefahr im gegenseitigen Vertrage enthält neben dem Risiko, die Schuldnerleistung infolge eines Zufalls nicht zu erhalten, auch das Risiko, damit zugleich die Absatzmöglichkeit für die eigene Leistung einzubüßen; der Gläubiger kann seine eigene Gegenleistung nicht in dem erwarteten Austausch verwerten, ihm entgeht also das »Geschäft«. Dieses Risiko wird dem Gläubiger nach §§ 323 I 2. Hs, 473 bei Teilunmöglichkeit abgenommen, wenn seine eigene Leistung unteilbar ist. Er erhält in jedem Falle den vollen wirtschaftlichen Gegenwert. Der Absatz seiner Leistung wird ihm vom Schuldner garantiert.

Umgekehrt wird der Schuldner dadurch entgegen dem Grundsatz des § 275 mit der Verpflichtung belastet, den untergegangenen Teil seiner Leistung dem wirtschaftlichen Wert nach noch einmal zu erbringen[29]).

IV. Die interessengerechte Lösung des Problems der Teilunmöglichkeit im gegenseitigen Vertrag

1. Der Entscheidungsvorbehalt des betroffenen Gläubigers

Der Rückgang auf das Wesen des gegenseitigen Vertrages hat die Regelung des § 323 I 2. Hs als strukturfremd und interessenwidrig erwiesen. Sie enthält für den gegenseitigen Vertrag ein Teilungsschema, dessen bedenkliche Folgen durch die Theorie der juristischen Teilleistung nicht aufgefangen werden können.

---

[29]) Vgl. auch die Kritik an der Lösung des § 473 bei Kisch, Unmöglichkeit, S. 178/79. Das RG (BayZRpfl. 1923, 147 Urt. v. 1. 11. 1922 V. ZS) bemerkt beiläufig, daß es Fälle geben könne, in denen der Wegfall eines Teils der Leistung die Erfüllung des übrigen Teils so erschwert, daß dem Vertragsschuldner auch diese nicht mehr zugemutet werden kann. Mit diesem Gesichtspunkt könnte dem Schuldner in schweren Fällen geholfen werden. Vertragsgerecht wäre ein entsprechendes Wahlrecht des Schuldners.

Es entsteht daher jetzt die Frage, wie die interessengerechte Lösung des Problems nicht zu vertretender Teilunmöglichkeit im gegenseitigen Vertrag auszusehen habe.

a) Die strukturelle Unteilbarkeit der Gläubigerleistung

Zu erwägen wäre, ob nicht die Struktur des gegenseitigen Vertrages überhaupt eine Teilung der vereinbarten Leistungen verbietet.

Diese Folgerung liegt gerade dann nahe, wenn man mit der Theorie von der juristischen Teilleistung über die Teilbarkeit einer Leistung nach dem Sinn und Zweck des Vertrages entscheidet. Da die causa-Beziehung jeder Leistungspflicht nur für die Gegenleistung als ganze gilt, führt eine radikale Anwendung dieser Theorie dazu, daß sich für synallagmatisch verknüpfte Leistungen überhaupt keine Teilleistungen mit selbständiger Erfüllungsfunktion unterscheiden lassen.

In der Tat wird man zugeben müssen, daß die Gegenseitigkeit des Vertrages strukturell gleichbedeutend ist mit der Unteilbarkeit der versprochenen Leistung. Aber Struktur des gegenseitigen Vertrages und synallagmatische Rechtstechnik müssen getrennt werden; es steht keineswegs fest, daß man dieser Struktur hier nur (oder auch nur am besten) durch eine Technik gerecht werden kann, die jede Teilung der Leistungen ausschließt. Ein solcher Weg verbietet sich vielmehr sowohl aus gesetzlichen als auch aus praktischen Gründen:

a) Das BGB geht in den §§ 323 I, 325 I 2, 326 I 2, von der Möglichkeit aus, einen gegenseitigen Vertrag bloß teilweise aufrechtzuerhalten, und die Dogmatik hat ihre Begriffe so einzurichten, daß dem Gesetz ein Anwendungsbereich bleibt[30]).

b) Von der Interessenlage her betrachtet, kann es für den Gläubiger berechtigte Gründe geben, an dem möglichen Teil des Vertrages festzuhalten. Wollte er mit der Leistung des Schuldners ein eigenes dringendes Bedürfnis befriedigen, so wird er in der Regel froh sein, die noch mögliche Restleistung zu erhalten. Das automatische Erlöschen aller Erfüllungsansprüche würde diesem Interesse den Schutz entziehen. Die Unteilbarkeit der Leistungen als rechtstechnisches Prinzip würde hier den Weg zu einer differenzierten Lösung versperren[31]).

---

[30]) Auch im Rahmen des § 139 ist der gegenseitige Vertrag prinzipiell teilbar.
Hier ist allerdings bisweilen eine einheitliche Gegenleistung als unteilbar behandelt worden. Jedoch nicht wegen des synallagmatischen Bezugs auf die ganze Leistung des Schuldners, sondern weil sich kein Schlüssel ergab, wie die Leistung des Gläubigers auf die Teile der Schuldnerleistung zu verteilen war. Vgl. dazu BGH Urt. v. 9. 1. 1957 V. ZS (MDR 1957, 466 mit Anmerkung von Esser) und ferner Sandrock, AcP 159, 490.

[31]) Diesen praktischen Bedenken könnte man dogmatisch allerdings dadurch Rechnung tragen, daß man die Unteilbarkeit der Leistung nur relativ zugunsten des Gläubigers wirken läßt.
Der Sache nach ist die Figur einer solchen »relativen Unteilbarkeit« längst anerkannt. Nach der Theorie der juristischen Teilleistung sind Leistungen unteilbar, wenn sie keine Teile mit selbständiger Erfüllungsfunktion enthalten. Nach allgemeiner Ansicht kann jedoch der Gläubiger gleichwohl eine Restleistung, die keine

b) Die Rechtstechnik der Vertragsteilung

Wie kann aber die Aufrechterhaltung eines bloßen Teils des gegenseitigen Vertrages mit den vertraglichen Interessen der Parteien in Übereinstimmung gebracht werden? Wann soll eine Teilordnung des ursprünglich Vereinbarten gelten? Da der Vertrag von den Parteien als Mittel individueller Interessenbefriedigung autonom eingesetzt wird, kann es einen objektiven Maßstab außerhalb des Vertrages nicht geben[32]). Aber auch aus dem Vertragsinhalt selbst läßt sich nicht ohne weiteres eine Entscheidung darüber gewinnen, welche Teile des Vertrages aufrechterhalten bleiben können. Denn vertraglich geschützt sind auch die latenten, nicht im Vertragsinhalt zum Ausdruck gekommenen Vertragsinteressen des Gläubigers. Will man sichergehen, daß die Teilung des Vertrages den geschützten Interessen der Parteien entspricht, so muß man es ihrer Entscheidung überlassen, ob ein Teil des gegenseitigen Vertrages weitergelten soll. Ein solcher Entscheidungsvorbehalt ist insbesondere für den Gläubiger von Bedeutung, da die Durchsetzung eines bloßen Teils des Vertrages in der Regel seine Interessen verletzt, während dem Schuldner in der Mehrzahl der Fälle gerade daran gelegen sein wird, seine Restleistung an den Gläubiger abzusetzen[33]).

Die interessengerechte Lösung des Teilungsproblems enthält das Gesetz in den §§ 280 II, 325 I 2 für den Fall, daß der Schuldner die Teilunmöglichkeit seiner Leistung zu vertreten hat; der Gläubiger kann die Restleistung ablehnen, wenn er an ihr kein Interesse hat[34]). Bei nicht zu vertretender Teilunmöglichkeit soll dagegen nach allgemeiner Ansicht diese Lösung durch den § 323 I 2. Hs ausgeschlossen sein.

Dies gilt jedoch nicht als ein Prinzip aller gesetzlichen Regeln für die

---

selbständige Erfüllungsfunktion hat, als Teilerfüllung des Vertrages fordern. Vgl. RGRK (Wilde) 39 zu § 275, Erman-Groepper 5 zu § 275. Es steht also dem Gläubiger frei, ob er sich auf die vollständige Unmöglichkeit der Schuldnerleistung berufen will.

Hier zeigt sich, daß man im Interesse einer gerechten Lösung die begriffliche Konsequenz der Theorie von der juristischen Teilleistung (diese wäre die Rechtsfolge des § 275) verlassen muß und daß die Entscheidung doch aus einer Wertung der Interessenlage zu begründen ist. Diese Theorie enthält nicht einmal, soweit sie überhaupt gelten soll, eine hinreichende begriffliche Fixierung des Problems, wie die Interessen der Parteien bei einer Teilung des Vertrages auszugleichen seien.

[32]) Auch die Rechtsprechung zu § 323 I 2. Hs. entscheidet keineswegs danach, ob der möglich gebliebene Teil des Vertrages in einem objektiven Sinne sozial oder wirtschaftlich erhaltenswert ist, sondern ob er, gemessen am Sinn und Zweck des jeweiligen Vertrages, sinnvoll ist.

[33]) Wieweit dem Schuldner ein entsprechendes Entscheidungsrecht zustehen muß, wird unten D IV 4 (zu Anm. 77 ff.) ausgeführt.

[34]) Diese Lösung fordert Capitant, De la Cause no. 140, ohne Rücksicht auf das Verschulden. Noch weitergehend, erläßt art. 580 C.c.argent. dem Gläubiger auch den Nachweis, daß er an der Teilleistung kein Interesse hat. »Wird die Sache ohne das Verschulden des Schuldners verschlechtert, so geht die Verschlechterung zu seinen Lasten, und der Gläubiger kann entweder den Vertrag aufheben oder die Sache so wie sie ist, annehmen unter entsprechender Minderung des Preises.« Nach art. 611 hat der Gläubiger das entsprechende Recht, wenn bei einer obligacion de cantidad der schon individualisierte Leistungsgegenstand teilweise untergeht.

Leistungsstörungen, wie sich am Beispiel des Mietvertrages zeigen läßt. Wären in dem oben genannten Fall die zwei Spezialmaschinen nicht verkauft, sondern vermietet worden, so brauchte sich der Mieter, falls eine der Maschinen zufällig untergegangen ist, nicht mit der anderen zufriedenzugeben. Er könnte gemäß § 542 das Mietverhältnis fristlos kündigen. Das Risiko der Vermietung einer bloßen Teilleistung (Teilungsgefahr) liegt also hier eindeutig auf Seiten des Schuldners[35]).

Es ist umstritten, ob nicht auch die nachträgliche Unmöglichkeit, die Leistung in der versprochenen Qualität zu erbringen, eigentlich in den Tatbestand der Teilunmöglichkeit gehört und nur durch die Vorschriften über die Sachmängelhaftung einem Sonderrecht unterworfen ist[36]). Erkennt man das an, so gilt die Wandlungsbefugnis der §§ 459, 634 auch für gewisse Fälle nachträglicher Teilunmöglichkeit. Da sie nicht voraussetzt, daß der Schuldner den Sachmangel zu vertreten hat, bietet sie ein weiteres gesetzliches Beispiel dafür, daß dem Gläubiger entgegen § 323 I 2. Hs. das Recht gewährt wird, eine noch mögliche Teilerfüllung des Vertrages ohne Rücksicht auf das Verschulden des Schuldners zurückzuweisen[37]).

Eine Verschärfung des § 323 I 2. Hs. enthält dagegen das Seehandelsrecht. Muß der Verfrachter die Reise ohne sein Verschulden abbrechen, so muß der Befrachter eine Distanzfracht auch dann zahlen, wenn die Teilbeförderung ersichtlich für ihn vollkommen wertlos ist, – etwa weil das Schiff inzwischen mit dem Gut an den Ausgangshafen zurückgekehrt ist[38]).

Es fragt sich nun, ob man abgesehen vom Mietvertrag de lege lata auch für die übrigen gegenseitigen Verträge zu einer interessengerechten Lösung des Problems nicht zu vertretender Teilunmöglichkeit kommen kann. Kann man, darauf spitzt sich diese Frage zu, das in §§ 280 II, 325 I 2 enthaltene Ablehnungsrecht des Gläubigers im Rahmen des § 323 I 2. Hs. analog heranziehen?[39])

---

[35]) Es ist bezeichnend, daß die Motive (Mugdan Materialien zum BGB, Bd. II, S. 233) gerade darauf verweisen, daß der Mieter nach den allgemeinen Vorschriften bei nachträglicher unverschuldeter Teilunmöglichkeit der Gebrauchsgewährung kein Rücktrittsrecht hätte. Für den Mietvertrag empfand man diese Beschränkung des Gläubigers als unangemessen.
Die Erweiterung der Gläubigerrechte über § 323 I 2. Hs. hinaus folgt jedoch nicht aus der besonderen Natur des Mietvertrages als Dauerschuldverhältnis. Der zeitliche Charakter der Miete macht nur eine Regelung darüber notwendig, ob der Mieter einen entsprechenden Mietzins auch dann zahlen muß, wenn die Fortsetzung des Mietverhältnisses vor Ablauf der vereinbarten Vertragsdauer zufällig unmöglich wird. Diese Frage ist in § 542 dahingehend entschieden, daß dem Mieter nur ein für die Zukunft wirkendes Kündigungsrecht, nicht aber ein Rücktrittsrecht eingeräumt ist. Der Gläubiger trägt also das Risiko einer Teilung der Vertragsdauer.

[36]) Vgl. z. B. dafür: Palandt-Danckelmann 5 zu § 275, dagegen: Larenz, Bd. I, § 20 Ib (am Ende).

[37]) Der Begriff der »qualitativen Teilunmöglichkeit« hat nur da Bedeutung, wo die Sachmängelhaftung systematisch unter die Ansprüche wegen Nichterfüllung zu rechnen ist, also die Lieferung einer mangelfreien Sache geschuldet ist. Das gilt für den Werkvertrag und den Gattungskauf, nicht aber für den Spezieskauf. str.
Vgl. Larenz, Bd. II, § 37 IIe.

[38]) Vgl. HGB §§ 630, 631, 634 IV; die Berechtigung dieser Regel ist sehr umstritten.

2. Das Problem der analogen Anwendung der §§ 325 I 2, 280 II

a) Die Ähnlichkeit der zu regelnden Sachverhalte

Voraussetzung analoger Rechtsanwendung ist die Ähnlichkeit der zu regelnden Sachverhalte. Diese ist für die §§ 325 I und 323 I erfüllt, soweit das Recht des Gläubigers in Betracht kommt, sich bei Teilunmöglichkeit der Schuldnerleistung von seiner ganzen Leistungspflicht zu befreien.

Zwar gelten die Rechtsfolgen des § 325 nur, wenn die Unmöglichkeit der Leistungen vom Schuldner zu vertreten ist; es ist jedoch nicht das Moment des Verschuldens, auf das die Befugnis des Gläubigers, eine bloße Teilerfüllung abzulehnen, zu gründen ist: Die Analyse der Interessenlage bei Teilung des gegenseitigen Vertrages hat gezeigt, daß schon die objektive Teilvereitelung der Leistung aus Gründen, die den Gefahrenbereich des Schuldners betreffen (Zufall), das Ablehnungsrecht des Gläubigers rechtfertigt. Dieser Rechtfertigung durch die Interessenlage wird nichts hinzugefügt, wenn der Schuldner die Teilvereitelung zu vertreten hat. Die spezifische Folge des Verschuldens ist die Verpflichtung zum Schadensersatz. Der zutreffende systematische Ansatzpunkt für die Erstreckung der Unmöglichkeitsfolgen auf den ganzen Vertrag ist die Sachgefahr. Das Befreiungsrecht des Gläubigers in § 325 I 2 ist nicht Sanktion für die Vertragswidrigkeit des Schuldners, es ist Ausfluß der Risikoverteilung im gegenseitigen Vertrag[40]).

Allerdings ist zuzugeben, daß die Regelung der Teilunmöglichkeit in § 325 insoweit aus der Anknüpfung an das Verschulden des Schuldners verstanden werden muß, als nämlich dabei einseitig nur auf das vertragliche Interesse des Gläubigers abgestellt wird. Diese Einseitigkeit liegt nicht schon darin, daß dem Gläubiger ein so allgemeines Ablehnungsrecht überhaupt gegeben wird, – denn dieses Recht kann den vertraglichen Schuldnerinteressen in keinem Falle zuwiderlaufen. Vielmehr liegt sie allein darin, daß dieses Recht offenbar nur dem Gläubiger, nicht aber in entsprechender Weise auch dem Schuldner gewährt wird. Daß aber der Schuldner stets nach der Wahl des

---

[39]) Abzulehnen ist der Versuch Kischs (Unmöglichkeit, S. 170, Anm. 5) im Rahmen des § 323 I die Vorschriften über die Wandlung beim Kauf entsprechend anzuwenden.
Die Verweisung des § 323 auf die Minderungsvorschriften der §§ 472 f. betrifft nur den Berechnungsmodus – das ursprünglich festgesetzte Wertverhältnis von Leistung und Gegenleistung soll erhalten bleiben – sie läßt dagegen nicht den Schluß zu, daß die Teilunmöglichkeit nach dem Gesetz wie ein Sachmangel der Leistung behandelt werden soll. Es fehlt an der durchgängigen Ähnlichkeit der in § 323 I 2. Hs. einerseits und in den §§ 459 ff. andererseits geregelten Tatbestände. Die Sachmängelhaftung setzt einen Fehler der geschuldeten Leistung, also doch diese Leistung selbst voraus; im Regelfall der Teilunmöglichkeit ist die Leistung nicht fehlerhaft, sondern sie fehlt teilweise.

[40]) Nicht für das Recht zum Rücktritt, sondern nur für die scharfe Haftung des § 346 ist das Verschulden der wesentliche Ansatzpunkt. Tritt der Gläubiger wegen eines Umstandes zurück, den der Schuldner nicht zu vertreten hat, so haftet letzterer wegen der Rückgabe der etwa schon empfangenen Gegenleistung nur nach Bereicherungsrecht, vgl. § 327, 2.

Gläubigers zur Erfüllung des Restvertrages verpflichtet sein soll, ist in dieser Allgemeinheit nur zu rechtfertigen, wenn er die Teilunmöglichkeit seiner Leistung zu vertreten hat[41]).

Versteht man die Regelung des § 325 I 2 aus dem Zusammenhang von Sachverhalt und Rechtsfolge so, wie er sich von der vertraglichen Interessenlage aus darstellt, so kann man nicht das vorausgesetzte Verschulden des Schuldners als den entscheidenden Anknüpfungspunkt für die Gewährung des Rücktrittsrechts ansehen. Dieses Recht ist vielmehr als eine synallagmatische Reaktion auf die Störung des causa-Gefüges des Vertrages zu verstehen, die schon durch die Teilunmöglichkeit der Schuldnerleistung als solche ausgelöst wird.

Eben dieser Sachverhalt liegt aber auch der Regelung des § 323 I 2. Hs. zugrunde, so daß die für eine Analogie geforderte Ähnlichkeit der Sachverhalte in den §§ 323 I und 325 I 2, soweit es das Ablehnungsrecht des Gläubigers betrifft, hier zu bejahen ist.

Gleichwohl wäre diese Analogie unzulässig, wenn man mit der h. L. aus der Regelung des § 325 I 2 (in Verbindung mit § 326 I 2 und § 280 II) per argumentum e contrario für den § 323 I 2. Hs. zu schließen hätte, daß der Gläubiger nur dann das Recht haben soll, die Teilerfüllung des Vertrages abzulehnen, wenn der Schuldner die Leistungsstörung zu vertreten hat, nicht dagegen, wenn er sie nicht zu vertreten hat. In diesem Fall enthielte das Schweigen des Gesetzes eine positive Entscheidung: daß ein entsprechendes Ablehnungsrecht für den Gläubiger in § 323 nicht erwähnt ist, bedeutet, daß es ihm verweigert wird. Wenn eine solche Regelung der Interessenlage des Vertrages nicht gerecht wird, so enthielte das Gesetz zwar einen Fehler, aber damit noch keine Lücke, und eine ergänzende Rechtsfindung im Wege der Analogie wäre ausgeschlossen[42]).

Die Geltung dieses Umkehrschlusses ist im folgenden zu untersuchen.

b) Das argumentum e contrario für § 323 I 2. Hs.

Es besteht Einigkeit darüber, daß der Begründungswert des sog. Umkehrschlusses nicht auf der Anwendung logischer Verfahren beruht. Seine eigentliche Leistung ist der Nachweis, daß eine Rechtsfolge für einen bestimmten Tatbestand (hier: vom Schuldner zu vertretende Teilunmöglichkeit) ausschließlich gilt und daher an einen bestimmten anderen Tatbestand (zufällige Teilunmöglichkeit) deshalb nicht geknüpft ist, weil sie von ihm nicht gelten soll[43]). Ob dies für das Verhältnis von § 325 I zu § 323 I gilt, kann nur durch eine Auslegung des Schweigens des Gesetzes in § 323 I 2. Hs. entschieden werden.

---

41) Zum Problem der Gleichheit der Rechtsbehelfe von Gläubiger und Schuldner im Fall nicht zu vertretender Teilunmöglichkeit vgl. unten D IV 4 (zu Anm. 77 ff.).

42) Vgl. Nipperdey, Allgemeiner Teil, Bd. I 1, § 58 II 4, Anm. 29; Larenz, Methodenlehre, S. 258 f. Es bleibt in diesem Fall nur der ungleich schwerere Weg zu einer Korrektur der gesetzlichen Wertung.

43) Vgl. Pisko, Handelsgesetze als Quelle des Bürgerlichen Rechts (1935), S. 15.

Das Schweigen des Gesetzes ist ein prinzipiell vieldeutiger »Ausdruck«, der Auslegung verlangt; es läßt an sich ein argumentum e contrario ebenso zu wie die Annahme einer Gesetzeslücke. Über diese Alternative hat die Auslegung zu entscheiden.

Da wohl keinem der von der juristischen Hermeneutik angebotenen Auslegungsgesichtspunkte ein unbedingter Vorrang zukommt[44]), werden diese Kriterien (historische, systematische, teleologisch wertende)[45]) zunächst nebeneinander zur Aufhellung des § 323 I 2. Hs. in seiner Beziehung zu § 325 I 2 herangezogen. Eine gewisse Überschneidung der einzelnen Gesichtspunkte muß dabei in Kauf genommen werden. Die dabei erzielten Ergebnisse sind dann gegeneinander abzuwägen.

a) Historische Auslegung

Aus den Materialien des BGB wird das in Frage stehende argumentum e contrario wesentlich gestützt. Die Kommission hatte über einen Antrag zu entscheiden, der für den Gläubiger das Recht forderte, bei Teilunmöglichkeit ohne Rücksicht auf das Verschulden des Schuldners vom ganzen Vertrage zurückzutreten, wenn er an der Teilerfüllung kein Interesse hat[46]). Dieser Antrag wurde abgelehnt. Wie in den Motiven mitgeteilt ist, wurde gegen ein so umfassendes Rücktrittsrecht eingewandt, daß es den Gläubiger einseitig bevorzuge und daher allenfalls beiden Parteien gewährt werden könne. »Ob man aber beiden Teilen oder nur dem Gläubiger das Rücktrittsrecht beilegte, immer handelte es sich um ein anomales Institut, das erhebliche Komplikationen des Gesetzes im Gefolge hätte. In Ermangelung zwingender Gründe sieht man deshalb prinzipiell von einem solchen Rücktrittsrecht besser ab.«[47])

So wenig solche »Gründe« auch sachlich zu überzeugen vermögen, so deutlich zeigen sie doch andererseits, daß die historischen Gesetzesverfasser die Problematik gekannt haben und durch Nichtgewährung eines Rücktrittsrechts in § 323 I 2. Hs. positiv entscheiden wollten.

Historische Gesichtspunkte außerhalb der Gesetzesmaterialien geben keinen Aufschluß über die rechtspolitische Zwecksetzung des § 323 I 2. Hs. Unergiebig bleibt insbesondere die Entwicklungsgeschichte der Norm im Vergleich mit dem Rechtszustand vor dem BGB[48]).

Das gemeine Recht kannte (ebenso wie das Preußische Allgemeine Landrecht) keine allgemeine Regel über die Rechte des Gläubigers bei zufälliger Teilunmöglichkeit der geschuldeten Leistung[49]). Es unterschied vielmehr

---

[44]) Vgl. Enn.-Nipperdey, Bd. I 1, § 56 IV;
Coing, Die juristischen Auslegungsmethoden und die Lehren der allgemeinen Hermeneutik (1959), S. 22.

[45]) Vgl. die Zusammenstellung bei Larenz, Methodenlehre, S. 241 ff. und Nipperdey, aaO, § 56.

[46]) Vgl. Protokolle, Bd. I, S. 649.

[47]) Mugdan, Materialien zum BGB, Bd. II, S. 207 f.

[48]) Aus dieser, nicht aber aus den Materialien ist nach Bartholomeyzcik (Die Kunst der Gesetzesauslegung 1951, S. 53 f.) das eigentliche historische Argument für die Auslegung zu gewinnen.

zwischen den verschiedenen Vertragstypen, je nachdem ob sie der Gefahrtragungsregelung des Kaufs folgten oder nicht. Beim Kauf und den Vertragstypen, für welche die Gefahrtragungsregelung des Kaufs galt, konnte der Schuldner in jedem Fall die volle Gegenleistung verlangen, da die zufällige Unmöglichkeit seiner Leistung der Erfüllung gleichgestellt war[50]). Bei der Sachenmiete soll der Gläubiger nach Mommsen ein weitgehendes Rücktrittsrecht (ähnlich § 542 BGB) gehabt haben, weil häufig die Gewährung eines bloßen Teilgebrauchs der Sache den Zwecken des Gläubigers nicht dienen kann[51]). Beim Werkvertrag wurde die Herstellung des opus in der Regel als unteilbar angesehen und dem Schuldner daher, wenn die Vollendung unmöglich geworden war, kein Anspruch auf eine Teilvergütung gewährt[52]).

Ein allgemeines Prinzip der Entscheidung, ob der Gläubiger bei Teilunmöglichkeit vom ganzen Vertrage zurücktreten kann, glaubte Windscheid geben zu können. Er forderte, »daß auf die contemplatio dieser Partei gesehen werden muß, ob sie auch um diesen Teil contrahiert haben würde«[53]).

Das BGB hat die kaufrechtliche Lösung des gemeinen Rechts eindeutig abgelehnt, vgl. § 323 I. Die Regelung für den Mietvertrag mit ihrem weitreichenden Rücktrittsrecht ist dagegen durch § 542 als richtig anerkannt worden. Diese Bestätigung der mietrechtlichen Lösung des gemeinen Rechts spricht eher gegen ein argumentum e contrario in § 323 I 2. Hs. In Wahrheit wird sich jedoch daraus für das Verständnis dieser Norm nichts mit Sicherheit entnehmen lassen. Die Regel des § 323 I 2. Hs. ist in ihrer Allgemeinheit ohne historisches Vorbild, als dessen Fortsetzung oder Gegenstück sie verstanden werden könnte.

β) Systematische Auslegung

Systematische Argumente zugunsten eines Umkehrschlusses in § 323 I lassen sich nicht finden.

Wie die Gesamtheit der Normen über die Leistungsstörungen zeigt, ist das Gesetz bei den einzelnen Vertragstypen nicht durchgehend dem Prinzip gefolgt, daß der Gläubiger eine möglich gebliebene Teilerfüllung nur ablehnen darf, wenn der Schuldner die Unmöglichkeit zu vertreten hat. Der § 542 gibt vielmehr dem Mieter in diesem Fall ein Kündigungsrecht für den ganzen Vertrag ohne Rücksicht auf das Verschulden des Vermieters. Folgt man der Theorie von der »qualitativen Teilunmöglichkeit«, so enthalten ferner die §§ 459, 643 mit dem Wandlungsanspruch einen Rechtsbehelf, mit dem sich der Gläubiger in gewissen besonderen Fällen der Teilunmöglichkeit vom ganzen Vertrag lösen kann, ohne daß es auf das Vertretenmüssen des Schuldners ankäme.

---

[49]) Nach preußischem Privatrecht wird die Teilunmöglichkeit regelmäßig der vollständigen Unmöglichkeit gleichgestellt (vgl. Förster-Eccius, Bd. I, S. 533), sie führt also wie diese zur Aufhebung des Vertrages (vgl. ALR I 5 § 364).

[50]) Mommsen, Beiträge I, S. 330f. Der Geltungsbereich der Regel periculum est emptoris war umstritten, vgl. Vangerow, Pandekten, Bd. III (1876), § 591.

[51]) Vgl. Beiträge I, S. 344 und 182.

[52]) Mommsen, Beiträge I, S. 370.

[53]) Pandekten (4. Aufl.) 1876, § 321, Anm. 16.

Gegen den Umkehrschluß der h. L. spricht der systematische Zusammenhang der im § 323 I 2. Hs. geregelten Teilungsgefahr mit der Vergütungsgefahr. Nach der eindeutigen Entscheidung des Gesetzes liegt die Vergütungsgefahr beim Schuldner, vgl. § 323 I 1. Hs. Das Gesetz hat sich damit rechtspolitisch deutlich von der vielkritisierten gemeinrechtlichen Kaufregelung – periculum est emptoris – abgesetzt. In der Konsequenz dieser Wertung liegt es, daß der Schuldner auch die Teilungsgefahr trägt, welche ein Moment der Vergütungsgefahr ist. Insgesamt wird man aber einräumen müssen, daß der normative Zweck des § 323 I 2. Hs. aus dem äußeren Aufbau und dem systematischen Zusammenhang der Normen über die Leistungsstörungen nicht mit bindender Eindeutigkeit zu entnehmen ist. Die Auslegung nach logischsystematischen Gesichtspunkten kann die Mehrdeutigkeit der Gesetzesfassung nicht ausräumen.

γ) Teleologisch-wertende Auslegung

Die Auslegung unter teleologisch-wertenden Aspekten hat über die Unklarheit des Gesetzes in erster Linie so zu entscheiden, daß sie ein angemessenes, sachgerechtes Ergebnis erziehlt. Das Sachproblem gerecht zu lösen, ist der »vernünftige Zweck« des Gesetzes, von dem man ausgehen muß, wenn eine rechtspolitische Zwecksetzung aus der Norm selbst oder dem Normzusammenhang nicht unzweideutig erhellt[54]). »Da ist zu fragen, welchen Zweck eine Regelung vernünftigerweise haben kann, und es sind dabei die objektiven Zwecke des Rechts (die Gerechtigkeit, Rechtssicherheit, sozialer Ausgleich, Rechtsfrieden) und die ›Natur der Sache‹ in Betracht zu ziehen«[55]).

Der vernünftige Zweck des Gesetzes spricht gegen das argumentum e contrario in § 323 I 2. Hs. und für die Annahme einer Lücke. Das gilt in zweifacher Hinsicht:

1. Die Beschränkung des Gläubigers in § 323 I 2. Hs. auf die Minderung seiner eigenen Gegenleistung hat sich als interessenwidrig und nicht vertragsgerecht erwiesen. Den Interessen der Parteien, wie sie aus dem Vertrauenstatbestand des Vertragsschlusses geschützt sein müssen, entspricht es, dem Schuldner die spezifische Gefahr einer zufälligen Teilung seiner Leistung aufzuerlegen; bei ihm muß also das Risiko liegen, eine Restleistung, die für den Gläubiger ohne Interesse ist, nicht mehr wirtschaftlich im ursprünglichen vertraglichen Austausch verwerten zu können.

Es gibt keine objektiven Gesichtspunkte, die hier gegen eine volle Berücksichtigung der vertraglichen Interessenlage sprechen. Die Übertragung der Teilungsgefahr auf den Schuldner verwirklicht gerade die objektiven Rechtswerte des Vertragsrechts. Indem man mit dieser Lösung die Durchsetzung des vertraglichen Parteiwillens und den Schutz des daraus begründeten Vertrauens gewährleistet, trägt man dem allgemeinen Rechtsprinzip der Privatautonomie,

---

[54]) Auf die Bedeutung des Ergebnisses für die Auslegung wird allgemein hingewiesen: vgl. Enn.-Nipperdey, aaO. § 51 III 2, 56 III; Engisch, Einführung, S. 77; Lehmann, Allgemeiner Teil (12. Aufl.), § 8 II; Coing, Auslegungsmethoden, S. 23.

[55]) Larenz, Methodenlehre, S. 250.

das unserem Vertragsrecht zugrundeliegt, ebenso Rechnung wie der Forderung von Treu und Glauben, die hier ihren Kernbereich hat.

2. Unterstützend kann aus der Systematik des Rechts des gegenseitigen Vertrages ein Argument für den vernünftigen Zweck des § 323 I 2. Hs. gewonnen werden.

Es erscheint als eine sinnvolle Annahme, daß das Gesetz in den §§ 320 ff. ein mit sich selbst übereinstimmendes System von synallagmatischen Rechtsfolgen normieren will, deren Prinzip es ist, – wie sich aus den grundlegenden Entscheidungen der §§ 320, 323 I 1. Hs., 325 ergibt, – die Konsequenzen aus der Gegenseitigkeit des Vertrages zu ziehen. In dieses System läßt sich der § 323 I 2. Hs. als ein Teil des konditionellen Synallagmas nur bruchlos einfügen, wenn man ihn nicht als abschließende Regelung versteht. Nur wenn der § 323 I 2. Hs. durch einen Ablehnungsvorbehalt des Gläubigers (entsprechend § 325 I 2) ergänzt werden darf, trägt er der wechselseitigen Rechtsgrundabhängigkeit der betroffenen Leistungspflichten voll Rechnung.

Sowohl die Wertung der Interessenlage als auch die Forderung, daß das Gesetz im Recht des gegenseitigen Vertrages ein System synallagmatischer Normen enthalte, verlangen somit die Annahme einer Lücke in § 323 I 2. Hs.

5) Die Rangfolge der Auslegungskriterien

Das Ergebnis der Auslegung unter den verschiedenen Gesichtspunkten ist uneinheitlich. Während die Materialien das argumentum e contrario für § 323 I 2. Hs. rechtfertigen, verlangt die wertende Auslegung die Annahme einer Lücke. Es ist also jetzt die Frage nach dem Rang dieser Auslegungskriterien zu stellen. Erlaubt die verfassungsrechtliche Bindung des Richters an das Gesetz eine Auslegung gegen die historischen Normvorstellungen der Gesetzesverfasser zugunsten des sachlich-richtigen Sinns der Norm?

Diese Frage ist zu bejahen. Entscheidend dafür ist einerseits die offene Fassung des Gesetzes, andererseits die Relativierung, welche das historische Moment als Erkenntnismittel für den Gesetzeszweck durch die sog. objektive Auslegungsmethode gefunden hat.

Die wesentliche Offenheit des Gesetzes besteht nicht in der Vieldeutigkeit seines Ausdrucks (Schweigen), sondern darin, daß es nicht aus sich selbst erkennen läßt, welchem rechtspolitischen Zweck die Regelung des § 323 I 2. Hs. dienen soll. Der zweifelsfreie, erkennbare gesetzgeberische Zweck einer Norm darf durch keine Auslegung verschoben werden[56]). Die Vorstellungen der Gesetzesverfasser vom Zweck ihrer Regelung haben aber im Gesetzestext keinen zweifelsfrei erkennbaren Ausdruck gefunden. Sie erscheinen als eine mögliche Deutung des Gesetzes (im Sinne der »Andeutungstheorie«), nicht aber als die einzig mögliche.

Die Entstehungsgeschichte einer Norm kann zwar eine wesentliche Erkenntnisquelle für ihre rechtspolitische Zwecksetzung sein[57]), sie kann aber für die

---

[56]) Vgl. Bartholomeyzcik, Gesetzesauslegung, S. 59; Nipperdey, aaO. § 56 II, Anm. 10; Larenz, Methodenlehre, S. 239.

[57]) Vgl. Bartholomeyzcik, aaO, S. 52 f.; Larenz, Methodenlehre, S. 247;

Auslegung dann nicht ausschlaggebend sein, wenn Gründe der sachlichen Angemessenheit für einen von der Vorstellung der Verfasser abweichenden Sinn des Gesetzes sprechen.

Das läßt sich nur auf dem Boden der sog. objektiven Auslegungstheorie begründen[58]). Erkenntnisziel der Auslegung ist nach dieser Theorie nicht der historisch wirkliche Wille des Gesetzgebers, sondern der immanente normative Sinn des Gesetzes. Kennzeichnend für diese Methode ist das Zurücktreten der Normvorstellungen der Gesetzesverfasser hinter den objektivierten Gesetzessinn. Klassisch geworden sind die Formulierungen Radbruchs: »der lediglich im Gesetz selbst redende Wille des Staates ist für seine Erzeuger ein genauso fremder Wille wie für seine späteren Ausleger, und sie können für ihren Glauben, im Gesetz einen bestimmten Gedankengang zum Ausdruck gebracht zu haben, keinen unbedingten Vorzug verlangen vor der Annahme späterer Ausleger, die in ihm einen anderen Sinn ausgedrückt finden. Nur der Inhalt des Gesetzes selbst entscheidet«[59]).

Das mit dem Gesetz vereinbare Normverständnis der Verfasser ist nicht mehr die authentische Auslegung des Gesetzessinns, es ist nur ein »Auslegungsversuch« (Radbruch), der nicht verbindlich ist, wenn andere Gesichtspunkte ihm widersprechen[60]). Die entscheidenden Auslegungskriterien sind danach die logisch- systematischen und die teleologisch-wertenden.

Die eigentliche Tragweite der objektiven Auslegungstheorie wird in der Regel darin gesehen, daß sie – im Rahmen des möglichen Wortsinns – dem Wandel der sozialen Verhältnisse durch eine gewandelte Auffassung des normativen Zwecks einer Regelung Rechnung tragen kann. Indem sie auf einen normativen Gesetzessinn abstellt, wie er nach heutiger Wertung in einer Norm ausgedrückt ist, kann diese Theorie in gewissen Grenzen die Richtigkeit einer Regelung durch die Zeit bewahren[61]). Sie hat jedoch auch da ursprüngliche Bedeutung, wo eine gesetzliche Wertung durch den sozialen Wandel nicht

---

Siebert, Methode der Gesetzesauslegung, S. 31 ff.
(Von der Problematik der Materialien ist hier abgesehen; vgl. dazu Nipperdey, aaO. § 55; Engisch, Einführung, S. 95 – Paktentheorie –).

[58]) Vgl. zum juristischen Methodenstreit Larenz, Methodenlehre, S. 237ff.; Nipperdey, aaO. § 54 (mit Nachweisen); Engisch, Einführung, S. 88 f. (der die objektive Theorie als durchaus herrschend bezeichnet).

[59]) Einführung in die Rechtswissenschaft (11. Aufl. von Zweigert 1964) S. 251. Normative Kraft kommt nur dem Gesetz selbst als dem »objektivierten allgemeinen Rechtswillen« zu (Larenz, aaO, S. 239). Es kommt auf die innere Zweckmäßigkeit, die objektive Sachbedeutung des Gesetzes an (Coing, aaO, S. 20).

[60]) Vgl. Larenz, aaO, S. 248 ff., 258; Germann, Grundlagen der Rechtswissenschaft (1950), S. 31.
Für die subjektive Theorie wird der Sinn des Gesetzes in § 323 I 2. Hs. durch Heranziehung der Materialien eindeutig und bindend geklärt. Der vor allem in den Protokollen deutliche Wille der Verfasser hat im Gesetz selbst einen, wenngleich unvollkommenen, Ausdruck gefunden und gilt daher als der normative Wille des Gesetzgebers; vgl. Nipperdey, aaO, § 54 II.

[61]) Vgl. Larenz, aaO, S. 239 f., 259; Germann, aaO, S. 31; Zweigert, Studium generale 1954, 382.

berührt werden kann (was für das Problem der zufälligen Teilunmöglichkeit in § 323 I 2. Hs. gilt). Gegenüber den Vorstellungen der Normverfasser kommt dem Gesetz von Anfang an »Eigen-Sinnigkeit« zu, die sich treffend ausdrückt in Formeln wie: »das Gesetz kann klüger sein, als die, die es schufen« (Wach). Das Gesetz ist immer schon aus der unbedingten Verbindlichkeit der historischen Beurteilung durch seine Verfasser entlassen und kann gegen diese ausgelegt werden[62]). Anlaß und Rechtfertigung für eine solche Preisgabe der historischen Treue besteht nur, wenn die Gesichtspunkte der Gesetzessystematik und der Sachgerechtigkeit eine abweichende Auslegung des offenen Wortlauts der Norm fordern. So kann im Rahmen der objektiven Auslegungsmethode die systematische und sachliche Richtigkeit des Ergebnisses nicht nur bei Zweifeln über die Normvorstellungen der historischen Gesetzesverfasser, sondern auch gegen deren klar erkennbare Deutung für die Erkenntnis des normativen Gesetzessinns ausschlaggebend werden[63]).

Als Ergebnis dieser Erwägungen muß man dazu kommen, in § 323 I 2. Hs. keine abschließende Regelung der Rechtsbehelfe des Gläubigers zu sehen. Dies macht den Weg frei zur Annahme einer Lücke, die durch analoge Heranziehung des § 325 I 2 auch für zufällige Teilunmöglichkeit der Schuldnerleistung ausgefüllt werden kann. Das argumentum e contrario aus § 325 I 2 ist abzulehnen[64]).

3. Die Vorzüge der analogen Anwendung des § 325 I 2

a) Die Erhöhung der Praktikabilität der Regeln über Teilunmöglichkeit

Die Vorzüge, welche die analoge Anwendung der Technik des Ablehnungsvorbehalts aus § 325 I 2 im Rahmen des § 323 I 2. Hs. bietet, können folgendermaßen zusammengefaßt werden:

1. Diese Analogie liefert die interessengerechte Lösung des Problems zufälli-

---

[62]) Die Möglichkeit einer duplex interpretatio, die Nipperdey (aaO, § 55, Anm. 3) für denselben Text in verschiedenen Stadien der Gesetzgebung einräumt, besteht prinzipiell auch noch für das Gesetz selbst im Verhältnis zur endgültigen Deutung der Normverfasser.

[63]) Nipperdey (aaO. § 54 II 1a) scheint diese Objektivierung des Gesetzessinns weniger zu bekämpfen als die sog. »aktuale« Methode, die sich auf eine fiktive Zwecksetzung des heutigen Normgebers bezieht.

[64]) Nach Canaris, Die Feststellung von Lücken im Gesetz, S. 45, muß das argumentum e contrario als Unähnlichkeitsschluß aus dem Gleichheitssatz gerechtfertigt sein: »die zu vergleichenden Tatbestände stimmen in dem für die fragliche Rechtsfolge maßgebenden Punkte nicht überein und müssen daher verschieden behandelt werden«.
Diese normativ-teleologische Beweisführung versagt aber gerade im Verhältnis von § 323 I 2. Hs. zu § 325 I 2. Es ist gezeigt worden, daß die das Ablehnungsrecht des Gläubigers rechtfertigenden Voraussetzungen in beiden Tatbeständen gleichermaßen verwirklicht sind. Daher treffen auch Piskos Bedenken gegen ein argumentum e contrario auf diesen Fall zu (vgl. Handelsgesetze usw., S. 16, Anm. 15, S. 18).

ger Teilunmöglichkeit der geschuldeten Leistung aus der Vertragsentscheidung der Parteien.

2. Sie sichert zugleich die Systemgerechtigkeit des § 323 I 2. Hs. als einer synallagmatischen Rechtsfolge, die aus dem Grund des Synallagmas – der causa-Struktur des gegenseitigen Vertrages – ableitbar ist.

3. Darüber hinaus erhöht sie die Praktikabilität aller Normen über Teilunmöglichkeit und Teilleistung. Denn die Konstruktion eines besonderen Rechtsbegriffs der juristischen Teilbarkeit, also der Begriff einer Teilleistung mit selbständiger Erfüllungsfunktion, wird überflüssig. Diese Konstruktion diente wesentlich dazu, die Härten auszugleichen, die sich für den Gläubiger daraus ergaben, daß der § 323 I 2. Hs. als abschließende Regelung verstanden wurde. Kann nun der § 325 I 2 analog herangezogen werden, so muß man der Forderung Coings entsprechen und unter der teilweise noch möglichen Leistung im Sinne der §§ 323, 325, 280 II nichts anderes verstehen als die übriggebliebene Restleistung[65]). Die Frage, ob der Gläubiger die Restleistung annehmen muß, wird in allen Fällen hinreichend danach entschieden, ob er ein vertragsmäßiges Interesse an ihr hat. Diese Lösung erfordert keine begrifflichen Konstruktionen[66]).

Insbesondere läßt sich mit ihr auch zwanglos begründen, daß der Vertrag im Interesse des Gläubigers selbst dann teilweise aufrechterhalten bleiben kann, wenn die übriggebliebene Restleistung nach dem (objektivierten) Vertragszweck nicht als Teilerfüllung angesehen werden kann. Zu diesem Ergebnis konnte man bei konsequenter Anwendung der Theorie von der juristischen Teilleistung nicht gelangen, da nach dieser die Wirkungen vollständiger Unmöglichkeit eintreten sollen und der Schuldner also nach § 275 von seiner ganzen Leistungspflicht befreit wäre[67]).

b) Die normative Begrenzung des Gläubigerrechts

Mit der Einführung eines Wahlrechts für den Gläubiger in § 323 I 2. Hs. wird dem Parteiwillen die Entscheidung über die Aufrechterhaltung eines Teils des gegenseitigen Vertrages überlassen und somit die automatische Reduzierung des Austausches nach objektiven Gesichtspunkten aufgegeben. Das bedeutet jedoch keineswegs, daß mit dieser Lösung an die Stelle objektiver Wertung das freie Belieben des Gläubigers tritt. Das Interesse, die Restleistung nicht annehmen zu müssen, hat der Gläubiger zu beweisen, und es unterliegt einer objektiven Würdigung durch den Richter[68]). Dieser hat insbesondere darüber zu entscheiden, ob das »Gegeninteresse« des Gläubigers

---

65) Vgl. SJZ 49, 534.

66) Der Begriff der teilweise noch möglichen Leistung ist dann auch identisch mit dem Begriff der Teilleistung im Sinne des § 266.

67) Daß nach allgemeiner Ansicht (vgl. RGRK [Wilde] 39 zu § 275, Erman-Groepper 5 zu § 275) der Gläubiger gleichwohl die Restleistung verlangen kann, ist interessengerecht, zeigt aber, daß diese Theorie begrifflich nicht durchzuhalten ist. Es führt dazu, die juristische Unteilbarkeit der geschuldeten Leistung bloß relativ zugunsten des Gläubigers gelten zu lassen.

68) Vgl. Coing SJZ 1949, 533.

mit seiner ursprünglichen Vertragszustimmung vereinbar ist. Nicht vertragskonform und daher unbeachtlich wäre es, wenn der Gläubiger das Fehlen seines Interesses an der Teilleistung damit begründen wollte, daß überhaupt der ganze Austausch für ihn unvorteilhaft sei. Sein Interesse muß gerade infolge der Teilung des Vertrages weggefallen sein.

Die normative Durchdringung des Gläubigerinteresses ist der richtige Ansatzpunkt für die Einführung objektiver Wertungen in die Entscheidung über die Aufrechterhaltung des Teilvertrages. Sind auch die latenten Vertragsinteressen des Gläubigers, auf deren Durchsetzung er vertrauen durfte, grundsätzlich zu berücksichtigen, so schließt das doch nicht aus, daß dem Gläubiger die Berufung auf diese verwehrt wird, wenn sie ihm bei »verständiger Würdigung« seiner Interessenlage keinen Anlaß geben, die Teilerfüllung abzulehnen[69]).

Zu vermeiden aber ist in jedem Falle eine automatische Teilung des gegenseitigen Vertrages, bei der diese Interessen überhaupt nicht in den Blick kommen.

c) Exkurs: Beispiele für die mangelnde Anpassungsfähigkeit von automatischen Rechtsfolgen

Die starre Automatik von Rechtsfolgen führt auch in anderen Fällen zu unbefriedigenden Ergebnissen.

1. So ist nach § 139 bei Teilnichtigkeit einer der beiderseitigen Leistungspflichten ohne weiteres der ganze gegenseitige Vertrag hinfällig, wenn er ohne den nichtigen Teil nicht abgeschlossen worden wäre.

Nach RG 91, 360 (Urt. v. 18. 12. 1917 II ZS) hat diejenige Partei, zu deren Vorteil der nichtige Teil des Vertrages vereinbart war, keine Möglichkeit, den Rest des Vertrages unter Verzicht auf den nichtigen Teil aufrechtzuerhalten. Aus der Interessenlage des Vertrages ist aber kein Grund ersichtlich, warum dem Gläubiger nicht gestattet sein soll, auch in diesem Fall die Restleistung des Schuldners gegen seine ganze Gegenleistung zu verlangen. Die Interessen des Schuldners werden dadurch voll erfüllt, er erhält alles, was ihm zusteht[70]).

Die Rechtstechnik des § 139 verhindert eine differenzierte Berücksichtigung der vertraglichen Interessen[71]).

---

[69]) Vgl. das Beispiel oben Anm. 26.

[70]) Vgl. den Fall von Heck, Schuldrecht, S. 128.

[71]) Heck will daher den § 139 für den gegenseitigen Vertrag hier ausschließen (aaO, S. 127 f.). Vgl. auch Blomeyer, Studien zur Bedingungslehre I (1938), S. 112, der auf die Lösung des französischen Kaufrechts hinweist: nach art. 1601 C.c. hat der Käufer ein Wahlrecht, vom Vertrag abzugehen oder diesen unter Minderung des Kaufpreises aufrechtzuerhalten.
Nach deutschem Recht kann die Berufung auf die sofort eintretende Gesamtnichtigkeit nach § 139 in der Regel auch nicht mit Hilfe des Arglisteinwandes zurückgewiesen werden. Dieser Einwand wird nur dann gewährt, wenn die Nichtigkeit einer im ausschließlichen Interesse der einen Partei liegenden Modalität (etwa Haftungsausschluß) von der anderen Partei zum Anlaß genommen wird, sich von ihren eigenen Verpflichtungen zu lösen.

2. Nach § 275 ist der Schuldner nicht berechtigt, dem Gläubiger, falls der geschuldete Leistungsgegenstand zerstört worden ist, einen anderen völlig gleichartigen zu liefern.

Das liegt jedoch häufig in seinem Interesse, da es ihm die wirtschaftlichen Vorteile des Vertrages sichert. Andererseits kann dies etwa bei einem Gattungskauf oder bei einem Kauf einer Speziessache, die als Repräsentant einer Gattung geschuldet wird, den vertraglichen Interessen des Gläubigers gar nicht widersprechen. Der Schuldner müßte nach der Interessenlage des Vertrages das Recht haben, hier zwischen Befreiung von der Verbindlichkeit und Leistung des Ersatzgegenstandes zu wählen. Der sofortige endgültige Eintritt der Rechtsfolge des § 275 verkehrt in diesem Falle die ratio dieser Norm, die eigentlich im Schutz der Schuldnerinteressen liegt[72]).

Es kann Fälle geben, in denen es geradezu als rechtsmißbräuchlich erscheint, wenn der Gläubiger sich unter Berufung auf die §§ 275, 323 I weigert, einen angebotenen Ersatzgegenstand anzunehmen. Man nehme etwa an, bei einer Gattungsschuld werde der konkretisierte Leistungsgegenstand vor Gefahrübergang zerstört (etwa bei einer Holschuld nach der Aussonderung und Mitteilung an den Gläubiger); oder die Leistung einer zwar individuell bestimmten, aber nur als Repräsentant einer Gattung geschuldeten Sache werde unmöglich. Welches Interesse kann der Gläubiger überhaupt haben, die sofort angebotene Ersatzleistung nicht anzunehmen?

Das BGB hat an die Möglichkeit, daß der Schuldner einen gleichwertigen Ersatzgegenstand leisten kann und will, offensichtlich nicht gedacht. Wir haben hier eine »Anschauungslücke« des Gesetzes, und es wäre denkbar, daß man durch eine restriktive Auslegung des § 275 den Weg für ein solches Ersetzungsrecht des Schuldners ebnen kann[73]).

Für Gattungsschuldverhältnisse hat das Reichsgericht dies im Ergebnis dadurch erreicht, daß es Ausnahmen vom Prinzip der Konzentration des Schuldverhältnisses zugelassen hat. So soll der Schuldner, wenn der Gläubiger die angebotene Leistung nicht annimmt, nach § 242 berechtigt sein, trotz der inzwischen eingetretenen Konzentration des Schuldverhältnisses noch andere gleichwertige Gegenstände zu leisten, wenn der Gläubiger »keinerlei Interesse daran hat, gerade diejenige Ware zu bekommen, auf welche sich das Schuldverhältnis beschränkt hat«[74]). Unter diesen Voraussetzungen kann also der Schuldner dem Gläubiger im Fall zufälliger Unmöglichkeit der geschuldeten Leistung einen Ersatzgegenstand aufdrängen, und er kann insbesondere auf diese Weise dem Schadensersatzanspruch des Gläubigers entgehen, wenn er

---

[72]) Vgl. dazu RG WarnRspr. 1914 Nr. 72 (Urt. v. 4. 11. 1913 III. ZS): in diesem Fall konnte ein bestimmtes Luftschiff nicht vertragsgerecht zur Verfügung gestellt werden, weil es verunglückt war. Der Senat entschied die im Leitsatz gestellte Frage, ob statt des beschädigten Luftschiffs ein anderes geliefert werden könne, negativ. Er stellte fest, daß das Vertragsverhältnis zwischen den Parteien schon mit Eintritt der Unmöglichkeit der ursprünglich vereinbarten Leistung ohne weiteres erloschen sei (S. 100).

[73]) Heck, aaO, § 32, Nr. 6, will die Automatik des § 275 wenigstens für den Fall des Unvermögens durch ein Einrederecht des Schuldners ersetzen.

[74]) RG 91, 122 Urt. v. 6. 11. 1917 II. ZS.

die Unmöglichkeit zu vertreten hat[75]). Das gleiche muß nach § 242 gelten, wenn eine Speziessache als Repräsentant einer Gattung geschuldet ist; die Interessenlage ist hier dieselbe[76]). Dem Gläubiger muß es obliegen, die Ersetzungsbefugnis des Schuldners durch den Nachweis auszuschließen, daß er gerade an dem bestimmten Leistungsgegenstand ein vertragliches Interesse hat.

4. Das Problem der Gleichheit der Rechtsbehelfe für Gläubiger und Schuldner

Abschließend ist die Frage zu untersuchen, ob man nicht im Rahmen des § 323 I 2. Hs. ebenso wie dem Gläubiger auch dem Schuldner das Recht gewähren muß, von dem Restvertrag zurückzutreten, wenn er an der Teilerfüllung kein Interesse hat[77]).

Das Gesetz behandelt die beiden Parteien insofern gleich, als es für keine ein derartiges Rücktrittsrecht vorsieht. Rabel begrüßt dies, da es sich bei der Teilunmöglichkeit um Ereignisse handle, für die der Schuldner ebensowenig verantwortlich sei wie der Gläubiger und deshalb kein innerer Grund bestehe, den Gläubiger vor dem Schuldner zu begünstigen[78]). Der Hinweis auf die Zufälligkeit der Leistungsstörung kann aber allein noch nicht beweisen, daß hier die Gleichheit des Gesetzes nur durch die Gewährung derselben Rechtsbehelfe für Gläubiger und Schuldner verwirklicht werden kann. Es könnte im Gegenteil gerade die Tatsache, daß der Zufall die Leistung des Schuldners und nicht die des Gläubigers getroffen hat, hier eine differenzierte Behandlung rechtfertigen.

Sowohl der Gläubiger, der die Teilerfüllung des Vertrages fordert, als auch der Schuldner, der wegen subjektiven Interessenmangels zurücktreten möchte, können sich auf den Sinn des abgeschlossenen Vertrages stützen. Fordert der Gläubiger die Teilleistung des Schuldners, so macht er seinen vertraglichen Erfüllungsanspruch geltend. Aus der causa-Struktur des gegenseitigen Vertrages ergibt sich primär kein Grund, warum der Schuldner zu dieser Leistung nicht verpflichtet sein soll. Die Gegenverpflichtung des

---

[75]) Vgl. Esser, Schuldrecht (2. Aufl.), § 41 5c.

[76]) In Fällen dieser Art kann der Gläubiger als Schadensersatz im Wege der Naturalrestitution Lieferung einer Ersatzsache fordern; vgl. Blomeyer, Schuldrecht (3. Aufl. 1964), § 33 I 2. Rabel (Warenkauf I, S. 448) fordert entsprechend für den Schuldner das Recht, eine gleiche Sache nachzuschieben, das Recht also, dem Gläubiger die Naturalrestitution aufzudrängen.

[77]) Vgl. das Beispiel von Mommsen, Beiträge I, S. 162, Anm. 11a: »so ist es z.B. möglich, daß der Verkäufer, welcher des Kaufpreises zur Abtragung einer Schuld bedurfte, wenn er gewußt hätte, daß die Sache nur teilweise vorhanden sei, diesen Teil behalten und lieber eine andere Sache verkauft hätte, da der reduzierte Kaufpreis zur Abtragung der Schuld nicht hinreicht, die Erlangung desselben ihn also nicht von der Notwendigkeit befreit, noch eine fernere Veräußerung vorzunehmen.«

[78]) Warenkauf I, S. 352; vgl. die ähnlichen Erwägungen der Motive Mugdan, Materialien zum BGB, Bd. II, S. 207/208.

Gläubigers ist durch den Zufall nicht berührt worden; daher ist auch die Verpflichtung des Schuldners durch die Teilunmöglichkeit seiner eigenen Leistung nicht eo ipso causa-los geworden.

Notwendig kommt es aber zu einer Störung der causa der Schuldnerverpflichtung, wenn der Gläubiger neben dem Erfüllungsanspruch noch synallagmatische Rechte ausübt. Dies muß er an sich können, da mit der Teilunmöglichkeit der Leistung des Schuldners auch die causa seiner eigenen Verpflichtung nicht mehr intakt ist. Da ein solches synallagmatisches Interesse mit dem Anspruch auf Teilerfüllung nur so verbunden werden kann, daß die Leistung des Gläubigers gemindert wird, führt dies also dazu, daß der Schuldner im Ergebnis doch nicht das erhält, was er nach Vertragsschluß erwarten durfte und um dessentwillen er seine eigene Verpflichtung überhaupt begründet hat[79]).

Das nach dem Vertrag geschützte Interesse des Gläubigers, aus der Erschütterung der causa seiner Leistungspflicht synallagmatische Rechte herzuleiten, ist mit dem gleichen Interesse des Schuldners nicht vereinbar. Für die Entscheidung dieses Konflikts ist es wesentlich, daß er letztlich auf einen Zufall zurückgeht, der die Leistung des Schuldners getroffen hat. Erst die Teilunmöglichkeit der Schuldnerleistung hat das synallagmatische Interesse des Gläubigers ausgelöst. Kann dieses Interesse nicht verwirklicht werden, ohne notwendig zu ebensolchen Interessen des Schuldners in Widerspruch zu geraten, so ist es gerechtfertigt, die Interessen des Schuldners zurücktreten zu lassen; denn der Zufall ist in seine Risikosphäre eingeschlagen und es liegt daher näher, ihn die Folgen tragen zu lassen[80]).

Aus diesen Erwägungen ist dem Schuldner grundsätzlich das Recht zu versagen, die Teilerfüllung des Vertrages abzulehnen, wenn er an ihr kein Interesse hat[81]).

Etwas anderes muß jedoch gelten, wenn die Leistung des Gläubigers nicht gemindert werden kann, weil sie einheitlich und unteilbar ist. Nach § 473 soll in diesem Fall der Schuldner den Betrag der Minderung in Geld an den Gläubiger leisten, und dafür die ganze Gegenleistung empfangen. Es ist oben schon dargelegt worden[82]), daß diese Rechtsfolge der Interessenlage des gegen-

---

[79]) Der Schuldner kann nicht seinerseits wieder synallagmatische Rechte gegen den Gläubiger geltend machen. Nach der Technik des Gesetzes stehen solche Rechte immer nur dem Gläubiger der gestörten Leistung zu. Vgl. Heck, Schuldrecht, S. 127: das Synallagma dient nur dem Schutz der Gegeninteressen.

[80]) Siehe dafür schon Protokolle, Bd. I, S. 649.

[81]) Auch das anglo-amerikanische Recht, das dem Gläubiger in der Regel die Wahl zwischen Teilerfüllung und Aufhebung des Vertrages läßt, kennt ein entsprechendes Recht für den Schuldner nicht; vgl. dazu Rabel, aaO I, S. 351 f. Das gleiche gilt nach skandinavischem Kaufrecht, Almén I, S. 311 ff.
Im übrigen sind die Interessen des Schuldners bei der Berechnung der Minderung zu berücksichtigen. Hier kann auch Rabels Beispiel (aaO I, S. 352) – der Schuldner hat wegen zu hoher Transportkosten an der Teilerfüllung kein Interesse – befriedigend gelöst werden. Frachtkosten sind ein erkennbares Kalkulationsmoment des Verkäufers; die nicht-verhältnismäßige Steigerung dieser Kosten bei kleineren Mengen kann bei der Berechnung des Wertes der Teilleistung gegenüber der Gesamtleistung durchaus berücksichtigt werden.

seitigen Vertrages nicht gerecht wird. Sie kann auch nicht dadurch gerechtfertigt werden, daß die zufällige Unmöglichkeit gerade die Leistung des Schuldners getroffen hat. Der Gläubiger trägt mit der Gefahr, infolge eines Zufalls die Leistung des Schuldners nicht bekommen zu können (Leistungsgefahr), zugleich auch das Risiko, seine eigene Leistung nicht im Austausch absetzen zu können. Dieser Teil seiner Leistungsgefahr wird ohne Grund auf den Schuldner abgewälzt, wenn dieser als Ergebnis des § 473 dem Gläubiger im Fall zufälliger Teilunmöglichkeit sozusagen garantieren muß, daß er doch einen vollen wirtschaftlichen Gegenwert durch den Absatz seiner Leistung erhält.

Das Ergebnis verstößt zugleich auch gegen das Prinzip des § 275, da der Schuldner den untergegangenen Teil seiner Leistung dem wirtschaftlichen Wert nach noch einmal erbringen muß; diese Folge greift sonst nur bei Verschulden ein.

Man wird daher dem Schuldner das Recht geben müssen, die Auffüllung seiner eigenen Leistung in Geld abzulehnen, wenn er daran kein Interesse hat. Die in den Protokollen für die Versagung eines solchen Rechts angeführten Gründe mögen allenfalls für den besonderen Fall der Sachmängelhaftung beachtlich sein[83]), für die Anwendung der §§ 472 f. in § 323 I 2. Hs. kann diese Beschränkung nicht gelten. Der Gläubiger kann das Rücktrittsrecht des Schuldners dadurch ausräumen, daß er seine ganze Gegenleistung gegen die noch mögliche Teilleistung des Schuldners anbietet[84]).

---

[82]) D III 4 (zu Anm. 29).

[83]) Protokolle, Bd. I, S. 696; vgl. auch Kisch, Unmöglichkeit, S. 178 f.

[84]) Diese Lösung enthält auch das amerikanische Recht für indivisible contracts, für den Fall also, daß sich der Preis der Teilleistung nicht ermitteln läßt; vgl. sect. 8 (2) Uniform Sales Act; Rabel, aaO. I, S. 351.

E. Der Schadenersatz wegen Nichterfüllung nach der Differenztheorie

I. Das Prinzip der Differenztheorie

Die Gestalt, in der die Differenztheorie heute gilt, ist maßgeblich durch die Rechtsprechung des Reichsgerichts entwickelt worden. Ihr Prinzip ist danach folgendes:

Macht der ersatzberechtigte Gläubiger Schadensersatz wegen Nichterfüllung geltend, so löst sich der ganze gegenseitige Vertrag in einen einseitigen Schadensersatzanspruch des Gläubigers auf[1]). Der gegenseitige Vertrag gerät in eine besondere Abwicklungsphase. Seine ursprüngliche Austauschstruktur fällt zusammen. Die äquivalenten (gegenseitigen) Leistungspflichten sind insgesamt erloschen; auch der Gläubiger ist also nicht mehr zu seiner vertraglichen Leistung verpflichtet[2]). Die Schadensersatzregelung hat Liquidationsfunktion, sie bedeutet nicht eine Fortsetzung des gegenseitigen Vertrages mit der Ersatzleistung des Schuldners an Stelle der vereitelten Vertragsleistung. Das Schuldverhältnis wandelt sich inhaltlich in ein einseitiges um, aus dem nur noch ein Anspruch des Gläubigers entspringt: auf Schadensersatz wegen Nichterfüllung des ganzen Vertrages[3]).

Der Gläubiger kann seinen Schaden nach seiner Wahl auf zwei Wegen geltend machen:

Er kann entweder seine eigene Gegenleistung nun zurückhalten und den sog. Differenzschaden verlangen. Dieser besteht, falls ein weiterer Folgeschaden für den Gläubiger nicht eingetreten ist, in dem Vermögensgewinn, den er aus der Erfüllung des Vertrages insgesamt gezogen hätte (häufig in der Differenz zwischen dem Wert der vereitelten Leistung des Schuldners und dem Wert seiner eigenen Gegenleistung).

Der Differenzanspruch ist seinem Kern nach ein Anspruch wegen entgangenen Gewinns. Die ursprünglichen vertraglichen Leistungen sind hier nur noch unselbständige Rechnungsfaktoren für die Ermittlung der Schadenshöhe[4]).

Dem Gläubiger steht es aber frei, seine noch mögliche vertragliche Leistung

---

[1]) Grundlegend RG 50, 255 ff. (267) Urt. v. 11. 4. 1902 II. ZS; ferner RG 66, 67 Urt. v. 26. 4. 1907 II. ZS; RG 61, 353 Urt. v. 13. 10. 1905 II. ZS; RG JW 1931, 1184 Urt. v. 15. 1. 1931 VI. ZS; RG 152, 112 Urt. v. 28. 8. 1936 VII. ZS.

[2]) Vgl. RG 141, 261 Urt. v. 22. 5. 1933 VI. ZS; BGH 20, 338 Urt. v. 9. 5. 1956 V. ZS.

[3]) Vgl. RG 50, 269; RG 66, 67; ferner RG 58, 177 Urt. v. 27. 5. 1904 VII. ZS.

[4]) RG 141, 262 Urt. v. 22. 5. 1933 VI. ZS; RG 149, 136 Urt. v. 30. 10. 1935 V. ZS; RG 152, 112 Urt. v. 28. 8. 1936 VII. ZS; vgl. auch BGH LM Nr. 3 zu § 326 (Ea) Urt. v. 25. 9. 1958 VII. ZS.

freiwillig zu erbringen und als Schaden das volle Erfüllungsinteresse zu verlangen, das auch den Wert der unmöglich gewordenen Leistung des Schuldners umfaßt[5]).

Dieses Wahlrecht steht dem Gläubiger nur zu, solange er seine vertragliche Leistung noch nicht erbracht hat. Das Prinzip der Differenztheorie gilt nicht, wenn er schon erfüllt hat. Er kann also insbesondere in diesem Falle nicht im Wege des Schadensersatzes seine Leistung zurückverlangen und dann den Differenzanspruch geltend machen. Er ist darauf angewiesen, das Leistungsinteresse geltend zu machen[6]).

II. Das Verhältnis der Differenztheorie zum Gesetz

Die Frage, ob die Differenztheorie eine Grundlage im Gesetz hat, war zu Beginn ihrer Entwicklung heftig umstritten[7]). Heute wird eine Entscheidung in dem einen oder anderen Sinne die praktische Geltung dieser Regeln nicht mehr berühren können. Es soll deshalb auf diese Diskussion nur so weit eingegangen werden, als es für das Verständnis dieser Theorie von Bedeutung ist.

Man wird zu dem Ergebnis kommen müssen, daß die Differenztheorie keine Grundlage im Gesetz hat[8]). Schon der Wortlaut des § 325 liefert ein Argument. In Absatz I Satz 2 ist auf § 280 II verwiesen, wo mit dem Ausdruck »Schadensersatz wegen Nichterfüllung der ganzen Verbindlichkeit« zweifellos nur das Leistungsinteresse gemeint sein kann. Dies ist als Indiz dafür zu werten, daß der Begriff »Schadensersatz wegen Nichterfüllung« in § 325 und in § 280 gleich, d. h. im Sinne des Leistungsinteresses zu verstehen ist[9]).

Wesentlich gegen die Gesetzmäßigkeit der Differenztheorie spricht, daß sie im Ergebnis mit dem Schadensersatz Rücktrittswirkungen verbindet[10]). Unbestritten hat jedoch der Gesetzgeber die Rechtsbehelfe des Gläubigers in den §§ 325, 326 so ausgestaltet, daß dieser sie nur alternativ nebeneinander, nicht aber zusammen ausüben kann[11]). Dieser Trennung der Rechtsbehelfe

---

[5]) So RG 96, 23/24 Urt. v. 14. 5. 1919 V. ZS für die entsprechende Frage bei der Wandlung; BGH 20, 343 Urt. v. 9. 5. 1956 V. ZS.

[6]) RG JW 1931, 1184 Urt. v. 15. 1. 1931 VI. ZS; RG JW 1932, 1205 f. Urt. v. 14. 12. 1931 VI. ZS; RG 144, 65 Urt. 28. 3. 1934 I. ZS.

[7]) Vgl. den Meinungsstand um 1902, dargestellt in RG 50, 263 f., sowie die Gutachten von Kipp und von Mayr und das Referat von Strohal in 27. DJT Bd. I, S. 249 ff., Bd. II, S. 167 ff., Bd. IV, S. 112 ff.

[8]) Vgl. aus der neueren Literatur: Larenz, Schuldrecht, Bd. I § 21 II b; Esser, Schuldrecht, § 65, 2c; siehe ferner auch Kress, Schuldrecht, Bd. I (1929), S. 420; Leonhard, Schuldrecht, Bd. I (1929), S. 483 f.

[9]) Vgl. Enn.-Lehmann, Schuldrecht, § 53 IV, S. 230; Esser, aaO, § 65, 2c; Leonhard, aaO, S. 483 f.

[10]) Vgl. Kisch Ihr JB 44 (1902), S. 116; Oertmann BGB 1b, δ) γγ zu § 325; (5. Aufl.), Stoll, AcP 131 (1929), S. 159; Rabel, Warenkauf, I, S. 432 f.; Larenz, aaO, Bd. I, § 21 II a (am Ende); Esser, aaO, § 65, II b.

[11]) Larenz, aaO, Bd. I, § 21 II a. BGH NJW 54, 145 Urt. v. 20. 10. 1953 I. ZS.

entspricht lückenlos nur die Surrogationstheorie. Soweit die Differenztheorie gilt, gewährt sie dem Gläubiger im wirtschaftlichen Ergebnis eben dasselbe, was er erhalten würde, wenn er Schadensersatz und Rücktritt zusammen geltend machen könnte. Er wird von seiner Leistungspflicht befreit und kann Schadensersatz verlangen.

Allerdings liegt nach der wohl noch herrschenden älteren Lehre ein Unterschied darin, daß der Gläubiger beim Rücktritt ex tunc, beim Schadensersatz aber nur ex nunc von seiner Leistungspflicht befreit wird. Allein dieser Unterschied betrifft lediglich die Konstruktion. Für den Gesetzgeber aber, der nicht Konstruktionen normieren will, sondern mit ihrer Hilfe praktische Lösungen zustande bringen will, kann die abweichende Konstruktion nicht der Grund gewesen sein, zwei getrennte unvereinbare Rechtsbehelfe zu gewähren. Für die Differenztheorie hat der Rücktritt neben dem Schadensersatz keine selbständige praktische Bedeutung mehr[12]).

Das ist bisweilen mit dem Hinweis bestritten worden, daß dem Gläubiger nur der Rücktritt helfen könne, wenn der Wert seiner eigenen Leistung höher sei als der Wert der vereitelten Leistung des Schuldners, sich also aus der Differenzrechnung ein Saldo zu Gunsten des Schuldners ergeben würde[13]). Dieser Hinweis geht jedoch fehl. Hat der Schuldner die Unmöglichkeit seiner Leistung zu vertreten, so ist der Schadensersatzanspruch des Gläubigers in jedem Fall dem Grunde nach gerechtfertigt. Allenfalls geht der Gläubiger leer aus, weil er keinen Schaden erlitten hat, sein Anspruch also der Höhe nach = 0 ist. Niemals aber hat der Gläubiger dem Schuldner irgendwelche Vorteile herauszugeben, die ihm aus der Nichterfüllung des Vertrages erwachsen sind[14]).

Schwierigkeiten entstehen für die Differenztheorie auch aus folgendem: Unterstellt man einmal, der Differenzanspruch sei in den §§ 325, 326 normiert, so fehlt doch eine gesetzliche Grundlage für das Recht des Gläubigers, statt der Differenz das volle Erfüllungsinteresse gegen seine eigene Leistung zu verlangen[15]). Es versteht sich keineswegs von selbst, daß der Schuldner sich die vom Gläubiger nicht mehr geschuldete Gegenleistung aufdrängen lassen muß[16]).

---

[12]) Das erkennt schon RG 50, 267 an.

[13]) Siehe Planck-Siber (4. Aufl. 1914) 1 a zu § 325, S. 379; und RGRK BGB (Wilde) 3 zu § 325.

[14]) Das stellt schon RG 58, 177 Urt. v. 27. 5. 1904 VII. ZS eindeutig fest. Zumindest mißverständlich ist es daher, wenn Erman-Groepper 5 zu § 325 behaupten: »Andererseits ist aber der an sich schadensersatzpflichtige Schuldner nicht gehindert, ein sich bei der Gegenüberstellung der als Rechnungsposten einzusetzenden beiderseitigen Leistungen zu seinen Gunsten etwa ergebendes Guthaben seinerseits zurückzuverlangen.« Dies kann, wie die herangezogenen RG-Urteile zeigen, nur im Fall einer Vorausleistung des Schuldners (z. B. Anzahlung) eintreten. Der Anspruch des Schuldners auf Rückzahlung des Geleisteten ist aus § 280 II begründet; vgl. RG 149, 137 Urt. v. 30. 10. 1935 V. ZS.

[15]) Dieses Argument ist oft geltend gemacht worden. Vgl. Oertmann 1b δ)$\alpha\alpha$ zu § 325; v. Mayr 27. DJT, Bd. II, S. 191; Kisch bezeichnet es als einen Verstoß gegen elementare Auslegungsregeln, den Begriff des Schadensersatzes in ein und derselben Norm in zweifachem Sinne auffassen zu wollen (IhrJB 44, S. 121).

Das zweifache Schadensersatzrecht des Gläubigers hat eine gesetzliche Grundlage etwa im österreichischen oder im französischen Recht. Das ABGB und der C. c. franc. unterscheiden zwischen dem Schadensersatz, den der Gläubiger zusammen mit der Auflösung des Vertrages geltend machen kann, und dem Schadensersatz, den er nur fordern kann, wenn er beim Vertrag stehen bleibt. Nach § 921 ABGB kann der Gläubiger zurücktreten und als Schadensersatz den Differenzanspruch geltend machen[17]). Nach § 920 ABGB kann der Gläubiger, statt zurückzutreten, das volle Erfüllungsinteresse gegen seine eigene Leistung verlangen.

Ganz ähnlich ist die Regelung des französischen Rechts: fordert der Gläubiger nach art. 1184 C. c. résolution avec dommages et intérêts, so erhält er den Differenzschaden[18]). Statt dessen kann er aber nach den allgemeinen Vorschriften (art. 1146 ff C. c.) auch das Leistungsinteresse verlangen, wobei er dann selbst aus dem Vertrag verpflichtet bleibt[19]).

Ganz analog hat Kipp 1904 in seinem Gutachten zum 27. Deutschen Juristentag versucht, die Differenztheorie gesetzlich zu begründen[20]).

Nach Kipp hat der Gläubiger gemäß § 325 einen Anspruch auf Schadensersatz wegen Nichterfüllung des ganzen Vertrages, der stets auf den Differenzschaden geht. Nach § 280 hat er dagegen einen Anspruch auf Schadensersatz wegen Nichterfüllung der Verbindlichkeit des Schuldners. Dieser Anspruch umfaßt das volle Leistungsinteresse, kann aber nach dem Sinn des gegenseitigen Vertrages nur gegen die eigene Gegenleistung geltend gemacht werden[21]).

Diese Konstruktion ist an sich folgerichtig. Wenn in den §§ 325, 326 der Differenzanspruch normiert wäre, könnte in der Schadensersatzregelung der §§ 325, 326 nicht eine Wiederholung der §§ 280, 286 II gesehen werden, die für den gegenseitigen Vertrag den Rückgang auf diese Vorschriften ausschließt (Gesetzeskonkurrenz)[22]). Der Schadensersatz aus § 325 würde den aus § 280 weder einschließen, denn er ist nicht auf dasselbe Interesse gerichtet, noch ausschließen, da das Gesetz nicht ergibt, daß der Gläubiger auf den Differenzanspruch beschränkt sein soll. Man hätte also im Differenzanspruch einen spezifisch auf den gegenseitigen Vertrag zugeschnittenen Rechtsbehelf des Gläubigers zu sehen, den er wahlweise neben dem Anspruch auf das Leistungsinteresse (§ 280) ausüben könnte[23]).

---

[16]) So Staudinger-Werner Vorbem. AAIII 1b vor §§ 323 ff.; dagegen Leonhard, aaO, Bd. I, S. 486.

[17]) Vgl. Klang-Pisko, Erl. zu § 921 ABGB, S. 507; Osterr. OGH JBl. 1958, 470 Urt. v. 27. 3. 1958.

[18]) Vgl. Mazeaud II no. 1094.

[19]) Vgl. Cass.Civ. 8. 7. 1936: Gaz.Pal. 1936, 2, 758 (zitiert nach Juris Classeur no. 29 zu art. 1184); vgl. ferner Planiol-Ripert par Esmain VI no. 431.

[20]) 27. DJT, Bd. I, S. 249 ff.; ebenso schon im Jahre 1900 Schöller Gruchot 44, 638 ff.

[21]) AaO, S. 273 ff., 278, 280.

[22]) Vgl. Soergel-Schmidt (9. Aufl.) 1 zu § 325; Fikentscher, Schuldrecht, § 44 III 3 (S. 196).

[23]) So schon Schöller Gruchot 44, 640 f.; vgl. auch Heck, Schuldrecht, § 43, 9: der Umtauschanspruch ergebe sich schon aus § 280 und hätte keiner Erwähnung bedurft.

Die Konstruktion Kipps hat sich jedoch nicht durchgesetzt. Ihre Voraussetzung, daß in § 325 der Differenzanspruch als Anspruch auf Schadensersatz wegen Nichterfüllung des ganzen Vertrages normiert sei, widerspricht, wie Kipp selbst feststellt (S. 258), dem Wortlaut des § 325 I 2. Danach wird bei teilweiser Unmöglichkeit der Gläubiger ausdrücklich auf den Schadensersatzanspruch wegen Nichterfüllung der Verbindlichkeit nach § 280 II verwiesen. In § 280 kann aber nur das Leistungsinteresse gemeint sein[24]). Kipp will diese Schwierigkeit durch eine Korrektur des Gesetzeswortlauts überwinden, deren Willkürlichkeit er selbst zugibt. Er verlangt, daß der § 325 I 2 durch die Alternative ergänzt werde, daß der Gläubiger statt des Leistungsinteresses auch den Differenzschaden geltend machen könne. Dazu sieht er sich gezwungen, um den Differenzanspruch überhaupt retten zu können (S. 287). Letztlich rechtfertigt auch Kipp seine Konstruktion nicht aus dem Gesetz, sondern beruft sich »auf den Druck der praktischen Bedürfnisse, ... die in der Judikatur in der fühlbarsten Weise um Anerkennung ringen« (S. 288).

III. Die Grundlage der Differenztheorie

1. Die Rechtsgrundabhängigkeit der Leistungspflichten

Das Ergebnis Kipps kennzeichnet das Dilemma, in dem sich die Begründung der Differenztheorie bewegte. Sie mußte den logisch-systematischen Argumenten ihrer Gegner letztlich mit Argumenten der sachlichen Richtigkeit begegnen. Entscheidend war, daß allein die Lösung des Schadensersatzes wegen Nichterfüllung nach der Differenztheorie der Interessenlage des gegenseitigen Vertrages entspricht[25]). Kernsatz dieser Begründung ist die Erkenntnis, daß es gegen den Sinn des gegenseitigen Vertrages verstößt, eine Partei auch dann an ihrer vertraglichen Leistungspflicht festzuhalten, wenn die vertragliche Leistungspflicht der anderen Partei vereitelt ist[26]).

Damit ist der Rechtsgrundzusammenhang der Leistungspflichten im gegenseitigen Vertrag angesprochen. Aus diesem ist die Interessenwidrigkeit der Surrogationstheorie und die Billigkeit der Differenztheorie abzuleiten[27]).

---

[24]) Vgl. schon die Kritik von Strohal, 27. DJT, Bd. IV, S. 122 ff., (124, 126).

[25]) Dieses Argument steht heute allein im Vordergrund, vgl. Larenz, aaO, I § 21 IIb); Esser, aaO, § 65, 2a); Soergel-Schmidt 34 zu § 326; Erman-Groepper 5 zu § 325; Heck, aaO, § 43, 9; Kress, aaO, Bd. I, S. 24.

[26]) Vgl. RG 50, 264 Urt. v. 11. 4. 1902 II. ZS; BGH 20, 243/4, Urt. v. 9. 5. 1956 V.ZS; Staudinger-Werner BGB Vorbem. AA III 1b) vor §§ 323 ff.

[27]) v. Tuhr (DJZ 1904, 761/2) war der Meinung, daß der Streit der Theorien mangels abschließender gesetzlicher Argumente nach Billigkeitserwägungen zu entscheiden sei.
Es ist aber gerade die Frage, was »Billigkeit« hier heißen kann. Billigkeit kann nur innerhalb eines rechtlichen Bezuges Regelungsmaßstab sein. Ohne eine solche Einschränkung ist sie gleichbedeutend mit dem Verzicht auf jede Regel, da die zu berücksichtigenden Umstände je nach Lage des Falls uferlos werden können. Die berühmte »Würdigung aller Umstände des Einzelfalls« betrifft eben nie wirklich

Im gegenseitigen Vertrag sind die Leistungspflichten der Parteien rechtlich in einen Zusammenhang des »do ut des« gestellt, durch den sie aufeinander als ihre rechtlichen Zwecke (innere causa) bezogen sind. Das Synallagma ist die Anerkennung und zugleich die Konsequenz dieser zugrundeliegenden Intentionalität.

Dieser vertragliche Begründungszusammenhang besteht aber nur für die ursprünglich vereinbarten Leistungspflichten. Die Schadensersatzleistung kann nicht die Funktion der vertraglichen Gegenleistung übernehmen. Denn nicht um den Wert der vertraglichen Leistung, sondern um diese selbst zu erhalten, hat sich jede Partei verpflichtet. Der innere Zusammenhang der Leistungspflichten beruht auf einem Güteraustausch, nicht auf einem Wertaustausch[28]). Wird die vertragliche Leistung einer Partei infolge einer Leistungsstörung hinfällig, so ist damit die Gegenverpflichtung der anderen causa-los; es entfällt ihre Rechtfertigung aus dem Sinngefüge der Vertragsentscheidung. Das Interesse des Gläubigers, nun auch von seiner eigenen, zwecklos gewordenen Gegenleistungspflicht befreit zu werden (synallagmatisches Interesse), ist aus dem Vertrag geschützt. Nicht dagegen deckt der Vertrag ein Interesse des Schuldners, die Gegenleistung des Gläubigers nun gegen Zahlung von Schadensersatz zu erhalten.

Man könnte einwenden, daß der Störung des causa-Gefüges des gegenseitigen Vertrages im Gesetz durch die Gewährung eines Rücktrittsrechts (§§ 325, 326) schon hinreichend Rechnung getragen sei[29]) und daß in der Wahl des Gläubigers, statt des Rücktritts Schadensersatz wegen Nichterfüllung geltend zu machen, eine Entscheidung liege, durch die – ebenso wie im Fall des § 323 II, wenn der Gläubiger das stellvertretende Kommodum fordert – die Ersatzleistung des Schuldners in die Funktion der vertraglichen Leistung gerückt werde und daher auch als causa das Fortbestehen der Gegenleistungspflicht des Gläubigers rechtfertige. Dieser Einwand verkennt indessen die vertragliche Interessenlage. Gerade die damit aufgebaute Alternative von Schadensersatzinteresse und synallagmatischem Interesse ist vertragswidrig. Der Gläubiger hat nach allgemeinen Grundsätzen des Vertragsrecht einen Anspruch auf Ersatz des Schadens, der ihm aus der vom Schuldner zu vertretenden Leistungsstörung erwachsen ist (vgl. §§ 280, 286 II). Dieses Schadensersatzinteresse steht gleichwertig und unabhängig neben dem synallagmati-

---

alle Umstände. (So hebt etwa Larenz nachdrücklich hervor, daß für die Frage, ob die Aufrechterhaltung eines Vertrages unter veränderten Umständen zumutbar sei, nur vertragliche Momente berücksichtigt werden dürfen. Geschäftsgrundlage 3. Aufl., S. 133.

Die Billigkeit einer Rechtsfolge im gegenseitigen Vertrag kann sich nur aus dem Vertrag selbst ergeben; sie ist nichts anderes als die »Vertragsgerechtigkeit«, die Angemessenheit an den Sinn und Zweck des Vertrages. Eine Regelung, die diesen Bedingungen entspricht, ist sachlich richtig und billig, auch wenn sie für eine Partei aus anderen Gründen eine unverhältnismäßige Belastung bedeuten sollte.

[28]) Darauf hat Schöller schon in Gruchot 44 (1900), S. 611, hingewiesen, vgl. auch Gruchot 45 (1901), S. 520; ebenso Siber, Schuldrecht, S. 196 und in Planck-Siber (4. Aufl.) 1a zu § 325: der Austausch gegen die Ersatzleistung ist nicht Vertragszweck.

[29]) So Kisch IhrJB 44 (1902), S. 103.

schen Interesse des Gläubigers, von seiner causa-los gewordenen Leistungspflicht freizukommen. Es ist wie dieses aus dem Vertrag geschützt und muß neben diesem durchgesetzt werden.
Es muß betont werden, daß der Schadensersatzanspruch nicht in die Reihe der synallagmatischen Rechtsbehelfe (wie z. B. Rücktritt oder Anspruch aus § 323 II) gehört; er hat mit dem konditionellen Synallagma nichts zu tun. Der Schadensersatzanspruch knüpft an das Verschulden des Schuldners an, das synallagmatische Recht an die Zerstörung des causa-Gefüges des Vertrages; beide überschneiden sich nicht[30]). Daher ist (anders als möglicherweise zwischen mehreren synallagmatischen Rechtsbehelfen) eine Alternative zwischen Schadensersatzanspruch und synallagmatischer Reaktion auf jeden Fall verfehlt. Eine solche Regelung führt notwendig zu einer interessenwidrigen Belastung des Gläubigers. Sie zwingt ihn, auf den Schadensersatz zu verzichten, falls er sein synallagmatisches Interesse durchsetzen will, oder umgekehrt, die Verkürzung seines Schadensersatzanspruchs durch den gleichzeitigen Verlust aller synallagmatischen Rechte hinzunehmen. Sie verhindert eine Auswirkung der Rechtsgrundabhängigkeit der Leistungspflichten in der Abwicklung des Schadensersatzes wegen Nichterfüllung und macht damit einen adäquaten Ausgleich für den Gläubiger unmöglich.

Unter diesen Umständen kann die Wahl des Schadensersatzes nicht als eine Entscheidung aufgefaßt werden, mit der wie durch eine neue Vertragsentscheidung die Ersatzleistung des Schuldners an Stelle seiner vertraglichen Leistung vom Gläubiger als causa der Gegenverpflichtung akzeptiert wird und die deshalb eine synallagmatische Reaktion überflüssig macht[31]).

2. Die Verbindung von Synallagma und Schadensersatz wegen Nichterfüllung

Die Ausschaltung des Synallagmas in der Abwicklung des Schadensersatzes wegen Nichterfüllung widerspricht der causa-Struktur des gegenseitigen Vertrages. Die vertragliche Interessenlage verlangt für den Gläubiger, falls der Schuldner die Unmöglichkeit seiner Leistung zu vertreten hat, die Verbindung von synallagmatischer Reaktion und Schadensausgleich. Ein Interesse des Schuldners, Schadensersatz nur im Austausch mit der Gegenleistung des Gläubigers leisten zu müssen, ist unbeachtlich. Er hat nicht nur seine vertragliche Leistung, sondern den ganzen ursprünglichen Austauschzweck vereitelt; das muß er gegen sich gelten lassen[32]). Die Leistung der Differenz-

---

[30]) Unbeschadet der Tatsache, daß es für die Höhe des geschuldeten Schadensersatzes bedeutsam ist, ob der Gläubiger zu seiner eigenen Leistung verpflichtet bleibt oder nicht.

[31]) Anders ist es, wenn der Gläubiger statt des Leistungsinteresses Rücktritt und Differenzschaden zusammen geltend machen kann, vgl. etwa § 921 ABGB. Hier ist die Wahl des Leistungsinteresses als Ersetzung der vertraglichen Schuldnerleistung anzusehen, die die causa-Struktur des gegenseitigen Vertrages wiederherstellt.

[32]) Die Trennung von Schadensersatz und Synallagma hat niemals Eingang in das

theorie besteht nun gerade darin, den Schutz der Schadensersatzinteressen des Gläubigers mit dem Schutz seiner synallagmatischen Interessen zu verbinden. Damit durchbricht sie für ihren Geltungsbereich die verfehlte gesetzliche Alternative von Schadensausgleich und synallagmatischer Reaktion.

Es ist abwegig, einen Verstoß gegen das Wesen des gegenseitigen Vertrages darin zu sehen, daß nach der Differenztheorie nur der Gläubiger aus dem Vertrag noch berechtigt ist und nur der Schuldner noch verpflichtet ist[33]). Die Gegenseitigkeit findet Ausdruck in dem urprünglichen causa-Zusammenhang der Leistungspflichten, nicht in der formalen Tatsache, daß beide Parteien verpflichtet sind[34]). Es verlangt gerade umgekehrt der Sinn der Gegenseitigkeit des Vertrages, daß in die Schadensersatzabwicklung eine synallagmatische Rechtsfolge eingefügt werde, daß also der Gläubiger befreit werde. Die Bindung an den Vertrag fordert die Auflösung des vertraglichen Austauschgefüges[35]). Die Differenztheorie enthält eine juristische Aktualisierung der causa-Struktur des gegenseitigen Vertrages im Bereich des Schadensersatzes wegen Nichterfüllung.

Die wechselseitige Rechtsgrundabhängigkeit der Leistungspflichten ist zwar eine rechtliche Struktur des gegenseitigen Vertrages und wird als eine solche durch die synallagmatischen Normen ausgewiesen, es gibt aber keinen allgemeinen Rechtssatz, der dieses Prinzip durchgehend rechtlich aktualisiert, d. h. mit Rechtsfolgen ausstattet. Versagt sich der Gesetzgeber in seiner Normierung den Konsequenzen dieses Prinzips, so bleibt die Struktur des gegenseitigen Vertrages insoweit juristisch latent. Die Schadensersatzregelung nach der Surrogationstheorie ist ein Beispiel dafür; ein anderes Beispiel ist die gemeinrechtliche Regelung der Gefahrtragung beim Kauf.

Rechtsbewußtsein des geschäftlichen Verkehrs gefunden; vgl. dazu schon Förtsch DJZ 1905, 19 und Rabel, aaO, I, S. 433. Immer wieder hat sich daher die Rechtsprechung mit Erklärungen auseinandersetzen müssen, in denen der Gläubiger Rücktritt erklärt und gleichzeitig Schadensersatz geltend macht, vgl. RG 126, 69 Urt. v. 26. 10. 1929 I. ZS; BGH WarnRspr 63 II Nr. 248 Urt. v. 27. 11. 1963 VIII. ZS. Vor dasselbe Problem ist wegen der dem BGB entsprechenden Regelung im Obligationenrecht das schweizerische Bundesgericht gestellt worden, vgl. BGE 54 II 311.

33) So Kisch IhrJB 44 (1902), S. 107, 116; ähnlich v. Mayr 27. DJT, Bd. 2, 184, 200.

34) Letzteres gibt es auch bei der Schenkung unter Auflage, ohne daß deshalb hier Gegenseitigkeit anzunehmen wäre.

35) Die Forderung »pacta sunt servanda« ist antinomisch: nur in primitiven Rechtsordnungen mit einem unbedingten Vorrang der Rechtssicherheit muß sie als strikte Einhaltung des Wortlauts des Vertrages verstanden werden. Sieht man jedoch in ihr die sich zeitlich durchhaltende Verbindlichkeit des Vertragssinnes, so kann man recht verstanden einen Vertrag auch dadurch aufrechterhalten, daß man einen Eingriff in seinen Wortlaut fordert oder von seiner Ausführung Abstand nimmt.
Nur bei vordergründiger Betrachtung trifft daher das Urteil Kischs zu (Unmöglichkeit, S. 135), das in § 325 gewährte Rücktrittsrecht sei eine Ausnahme von der bindenden Kraft des Vertrages. In Wahrheit ist das Lösungsrecht des Gläubigers gerade Ausdruck der Bindung an die Gegenseitigkeit des Vertrages.
Zu einer differenzierteren Bewältigung des Problems der Vertragstreue finden sich Ansätze bei Larenz (Geschäftsgrundlage, 3. Auflage, S. 165 f.); vgl. ferner Schmidt-Rimpler, Festschrift für Nipperdey (1955), S. 3 ff.

Die Entwicklung der Differenztheorie zeigt, daß sich eine solche Norm bisweilen gegenüber der rechtsbildenden Kraft der Struktur des gegenseitigen Vertrages nicht halten kann. Diese Struktur entfaltet gesetzesdurchbrechende Dynamik; allerdings nicht durch den Zwang systematischer Konsequenz, sondern durch den Druck realer Interessen, die sich in ihr manifestiert haben. Gerade eine solche Rechtsbildung zeigt, wie genau die wirklichen Vertragsinteressen der Parteien mit Hilfe der Struktur der wechselseitigen Rechtsgrundabhängigkeit der Leistungspflichten rechtlich beschrieben werden.

3. Der Anspruch auf das Leistungsinteresse

Auch das Wahlrecht des Gläubigers, statt des Differenzanspruchs das volle Erfüllungsinteresse gegen seine eigene vertragliche Leistung verlangen zu können, ist aus der Interessenlage des gegenseitigen Vertrages zu begründen.

Der Gläubiger kann trotz der Nichterfüllung der Schuldnerleistung ein Interesse daran haben, seine Gegenleistung zu erbringen, um den vielleicht eigens dazu angeschafften Leistungsgegenstand im wirtschaftlichen Austausch gewinnbringend abzusetzen. Mit Abschluß des Vertrages darf der Gläubiger darauf vertrauen, dieses Ziel zu erreichen. Das kann nun zwar auch geschehen, wenn der Gläubiger auf den Differenzanspruch beschränkt ist. Er kann seine Leistung im Wege des Deckungsverkaufs absetzen und den dadurch konkret bestimmten Differenzschaden verlangen[36]). Das Deckungsgeschäft ist aber für den Gläubiger – abgesehen davon, daß er sich um den Abschluß bemühen muß – mit Risiken verbunden. Er hat bei der Wahl des Geschäfts hinsichtlich der Zeit, des Ortes und der Art dem Schuldner gegenüber gewisse Sorgfaltspflichten zu erfüllen, deren Verletzung nach § 254 zu einer Minderung seines Schadensersatzes führen kann[37]). Ist daher der Schuldner solvent, liegt es für den Gläubiger näher, seine Leistung in dem schon einmal begründeten Absatzverhältnis an den Schuldner loszuwerden. Das kann den Interessen des Schuldners nicht zuwiderlaufen; er erhält, was er bei ungestörter Abwicklung des Vertrages bekommen hätte. Daß er diese Leistung nun in Geld aufwiegen muß, liegt im Bereich der Haftung für die von ihm zu vertretende Vereitelung seiner vertraglichen Leistung. Für den Gläubiger bedeutet diese Schadensberechnung nur die Erfüllung eines vertraglichen Interesses; er hat aus dem Vertrag nicht nur ein Recht darauf, seine Leistung loszuwerden, er hat ein Recht, sie an den Schuldner loszuwerden[38]).

Da diese Schadensberechnung im Rahmen der Differenztheorie liegt, gilt für sie die Verbindung mit einer synallagmatischen Reaktion. Der Austausch von Leistungsinteresse und vertraglicher Gläubigerleistung ist keine Fortsetzung des ursprünglichen Austauschverhältnisses. Der Gläubiger hat ein Recht darauf, seine eigene Leistung zu erbringen, um Schadensersatz in Höhe

---

[36]) Vgl. Staudinger-Werner B I 3 bb a) zu § 326 (S. 521 bis 523); Soergel-Schmidt 38 zu § 326.

[37]) Vgl. Staudinger-Werner, aaO.

[38]) Palandt-Danckelmann 3 zu § 325.

des vollen Erfüllungsinteresses zu erhalten; es ist jedoch nicht mehr zu seiner Leistung verpflichtet[39]).

IV. Die sog. »freie« Differenztheorie

1. Die Regelungen ausländischer Rechtsordnungen

Die Verbindung von Schadensersatz und Synallagma durch die Differenztheorie ist geltendes Recht infolge einer das Gesetz abändernden Rechtsfortbildung durch die Rechtsprechung[40]). Dadurch ist die deutsche Regelung des Schadensersatzes wegen Nichterfüllung weitgehend der der anderen europäischen Rechtsordnungen angeglichen worden. Diesen ist mit Ausnahme der schweizerischen die Verbindung von Vertragsauflösung und Schadensersatz wegen Nichterfüllung durchaus geläufig.

Vorbild für den romanischen Rechtskreis ist die Regelung des art. 1184 II C. c. franç. »la partie envers laquelle l'engagement n'a point été exécuté a le choix ou de forcer l'autre a l'exécution de la convention lorsqu'elle est possible, ou d'en demander la résolution avec dommages et intérêts«. Dieser Schadensersatzanspruch geht auf das positive Interesse[41]).

Nach art. 1516, 1302 des niederländischen Burgerlijk Wetbook kann der Käufer »vernietiging van den koop« mit »vergoeding van kosten, schaden en interessen« verlangen[42]).

Das österreichische ABGB von 1811 ließ ursprünglich eine Vertragsauflösung wegen Nichterfüllung überhaupt nicht allgemein zu. (§ 919 a. F.) Durch die dritte Teilnovelle zum bürgerlichen Recht[43]) wurde das Rücktrittsrecht wegen Nichterfüllung eingeführt und zugleich festgestellt, daß der Anspruch auf Schadensersatz durch den Rücktritt nicht berührt wird.

Selbst das griechische ZGB von 1946, das in der Regelung des gegenseitigen Vertrages dem BGB genau nachgebildet ist (vgl. §§ 320 ff. BGB und art. 380ff. ZGB), bestimmt ausdrücklich in art 387, daß der Gläubiger zusätzlich zur Vertragsauflösung Schadensersatz wegen Nichterfüllung verlangen kann.

Nach englischem Recht kann der Gläubiger bei schwerem Vertragsbruch des Schuldners wählen, ob er beim Vertrag stehen bleiben und selbst weiter verpflichtet sein will, oder ob er sein Gegenleistungsversprechen als durch den Vertragsbruch des Schuldners aufgelöst betrachten will (discharge by breach). In jedem Fall kann er vom Schuldner Schadensersatz verlangen; dieser

---

39) Vgl. BGH 20, 343 Urt. v. 9. 5. 1956 V. ZS.

40) Vgl. Larenz, Bd. I, § 21 IIb; schon im Jahre 1923 hat Adler ZHR 86, 32 den Kampf gegen die Differenztheorie aufgegeben und sie als das »ius quo utimur« hingenommen.

41) Vgl. Mazeaud II no. 1094; Ripert-Boulanger II no. 539; vgl. ferner art. 1453 C.c. ital; art. 1124 C.c. espan; für die übrigen lateinamerikanischen Länder die Nachweise bei Rabel, aaO, I, S. 253, Nr. 36, S. 431.

42) Für das skandinavische Kaufgesetz vgl. §§ 211, 223 Almèn I, S. 250, 314.

43) RGBl 1916, Nr. 69.

besteht im Differenzanspruch, wenn er die Befreiung von seiner Verbindlichkeit wählt[44]).

Auch der Haager Entwurf zur Vereinheitlichung des internationalen Kaufrechts von 1956 verbindet Vertragsauflösung und Schadensersatz, art. 27, 39, 89[45]).

Das schweizerische Obligationsrecht läßt nach Art. 109 nur die Verbindung von Rücktritt und Ersatz des Vertrauensschadens zu. Im übrigen gilt für den Schadensersatz wegen Nichterfüllung in den Art. 97, 107 OR nach wohl überwiegender Ansicht eine Differenztheorie, die der deutschen entspricht[46]).

2. Die Grenzen der deutschen Differenzlehre

Gerade der Vergleich mit den ausländischen Rechtsordnungen läßt aber auch deutlich die Halbheiten der deutschen Schadensersatzregelung hervortreten[47]).

Der Ausschluß der Differenztheorie für den Fall, daß der Gläubiger seinerseits den Vertrag schon erfüllt hat, – also das Verbot, die Rückforderung des Geleisteten mit dem Differenzanspruch zu verbinden – hat in anderen Rechten kein Gegenstück[48]). Man wird vergeblich nach inneren Gründen für diese Regelung suchen.

Bisweilen wird vorgebracht, der in der Differenztheorie liegende Gedanke einer schnellen endgültigen Liquidierung des ganzen Vertrages schließe eine

---

[44]) Vgl. Sales of Goods Act (1893) sect. 50 (3); Uniform Sales Act sect. 67 (3); Cheshire/Fifoot, The Law of Contract (5th ed.), S. 495 ff.

[45]) Vgl. Rabel, aaO, I Anhang, S. 359 ff.

[46]) Vgl. die Nachweise bei R. Barth, Schadensersatz bei nachträglicher Unmöglichkeit der Erfüllung, Züricher Beiträge zur Rechtswissenschaft, Heft 210, S. 198 ff.

[47]) Vgl. dazu Rabel, aaO, I, S. 429 ff.

[48]) Mit Ausnahme wohl des anglo-amerikanischen Rechts, in dem prinzipiell wie im deutschen Recht Rückforderung der Leistung und Schadensersatz wegen Nichterfüllung streng alternative Rechtsbehelfe sind (vgl. Rabel, S. 430). Für das englische Recht geben Cheshire-Fifoot, aaO, S. 495, dem Gläubiger, der zur Erfüllung des Vertrages Dienste erbracht hat, einen Ausgleichsanspruch in Höhe des Wertes dieser Vorleistung (quantum meruit) nur an Stelle, aber nicht zusammen mit dem Schadensersatzanspruch. In gewissem Widerspruch dazu soll aber nach Atiyah (The Sale of Goods 1957, S. 179) der Käufer das Recht haben, den gezahlten Kaufpreis (wegen failure of consideration) zurückzuverlangen und danach damage for non-delivery geltend zu machen.
Im amerikanischen Recht gilt eine Theorie der »Election of Remedies«, vgl. 78 C.J.S. »Sales« § 486: »The buyer cannot both affirm and rescind; he cannot treat the sale as void in order to recover the price and valid in order to recover damages since the remedies are inconsistent and mutually exclusive« (vgl. für den Verkäufer § 388). Vgl. Uniform Sales Act sect. 69 (2) für den breach of warrenty. Das Dogma von der Election of Remedies wird in Amerika stark kritisiert; vgl. Corbin, On Contracts (1964), § 1223 (S. 490); Williston On Sales (Rev. Ed. 1948) § 612a (nach ihm geben die Gerichte lediglich bisweilen neben der rescission einen Anspruch auf das negative Interesse). Es wird auch von Uniform Commercial Code (Official Text 1958) abgelehnt; vgl. für die Rechtsbehelfe des Verkäufers sect. 2–703, Comment, Purposes: 1 »this article rejects any doctrine of election of remedy as a fundamental policy and thus the remedies are essentially cummulative in nature«. Für die Remedies for Fraud wird dies in sect. 7–721 ausdrücklich festgestellt.

Rückforderung der Leistung im Wege des Schadensersatzes aus[49]). Die schnelle und prozeßökonomische Abwicklung des Vertrages ist jedoch eine Folge, nicht der Grund der Differenztheorie. Diese beruht auf dem Gedanken, daß Schadensersatz und Synallagma verbunden werden müssen, um die durch die Leistungsstörung ausgelösten vertraglichen Interessen des Gläubigers durchzusetzen. Dieser Gedanke verlangt aber gerade die Zulassung der Rückforderung einer Vorleistung in Verbindung mit dem Differenzanspruch.

Ebensowenig tragfähig ist die vom Reichsgericht (Urt. v. 15. 1. 1931 VIZS)[50]) gegebene Begründung: Das Gericht folgert aus dem Charakter des Differenzanspruchs als Geldanspruch, daß der Schadensersatz wegen Nichterfüllung einen Anspruch auf Rückgabe des schon Geleisteten nicht enthalten könne. Aus der Natur des Differenzanspruchs folgt dies jedoch nicht. Es ist nur schlüssig, wenn man schon voraussetzt, daß der Gläubiger beim Schadensersatz wegen Nichterfüllung nach der Differenztheorie überhaupt auf einen Geldanspruch beschränkt sein soll[51]). Der Differenzanspruch kann seinem Zweck nach allerdings nicht auf Naturalrestitution gehen. Das schließt aber nicht aus, daß der (ebenfalls nur liquidierende) Rückforderungsanspruch Teil des Schadensersatzanspruch des Gläubigers ist und dem Differenzanspruch zugrunde liegt[52]).

Auch bei einer Vorleistung des Gläubigers ist das Interesse des Schuldners, die Leistung nun gegen Zahlung von Schadenersatz behalten zu dürfen, nicht geschützt. Der Gläubiger hat mit Rücksicht auf die noch ausstehende (eventuell gestundete) Gegenleistung des Schuldners vorgeleistet. Mit der schuldhaften Vereitelung des ganzen Austauschzwecks hat der Schuldner der Vorleistung des Gläubigers (und der Stundung) die vertragliche Daseinsberechtigung entzogen.

Keinesfalls darf man also davon ausgehen, daß sich der Gläubiger mit der Vorleistung des Schutzes des Synallagmas begeben habe. In dieser Richtung geht die Wertung des Gesetzes in § 454. Hat der Verkäufer vorgeleistet und den Kaufpreis gestundet, so kann er nicht mehr gemäß §§ 325, 326 zurücktreten; er hat seine synallagmatischen Rechte aufgegeben. Diese Regelung ist jedoch anerkanntermaßen eng auszulegen[53]). Sie ist hier nur deshalb gerechtfertigt, weil die noch ausstehende Leistung des Schuldners in Geld zu erbringen ist und also zwar verzögert, aber nicht unmöglich werden kann. Eine gänzliche und endgültige Vereitelung des vertraglichen Austauschzwecks kann nicht eintreten. Soweit diese besonderen Umstände nicht vorliegen, kann die

---

49) Palandt-Danckelmann 3 zu § 325; RGRK BGB (Wilde) 7 zu § 325; ähnlich muß wohl auch Esser verstanden werden, der in diesem Fall die Lösung der Surrogationstheorie für praktisch hält, aaO, § 65, 2c; ebenso Rabel, aaO, I, S. 168.

50) JW 1931, 1184.

51) So allerdings auch Pieper JuS 62, 413 der im übrigen gerade dem Grundsatz der Naturalrestitution im Schadensersatz wegen Nichterfüllung wieder einen Anwendungsbereich schaffen will. (vgl. aaO, S. 409 ff., 459 ff.).

52) Das RG (aaO) beruft sich schließlich darauf, daß der § 249 neben dem Differenzanspruch nicht anwendbar sein könne, weil das einer Aufhebung des Vertrages gleichkommen würde.

53) Vgl. Palandt-Danckelmann 1 zu § 454.

Stundung der Gegenleistung nicht zu einer Beeinträchtigung der synallagmatischen Rechte des Vorleistenden führen[54]).

Hat man einmal die Verbindung von Schadensersatzsanktion und synallagmatischer Reaktion als richtig erkannt und durchgesetzt, so ist es inkonsequent und ein Bruch im System des Schadensersatzes wegen Nichterfüllung, wenn man dieses Prinzip bei Vorleistung des Gläubigers ausschaltet[55]).

Grund dieser Inkonsequenz ist die eigenartige Kehrtwendung der Differenztheorie zurück zum Gesetz. Dieses verbietet eindeutig die Verbindung von Schadensausgleich und Rücktritt. Ließe man die Rückforderung der Vorleistung im Wege des Schadensersatzes zu, so hätte man sämtliche Rücktrittswirkungen in die Schadensersatzabwicklung einbezogen und die Durchbrechung der gesetzlichen Alternativlösung durch die Differenztheorie wäre nicht mehr zu übersehen gewesen. An diesem Punkt rächt sich, daß sich die Differenztheorie stets als Auslegung und nicht als korrigierende Rechtsfortbildung begründet hat. Das verwehrte ihr, an ihrem sachlich begründeten Prinzip auch da festzuhalten, wo der Widerspruch zum Gesetz eindeutig wurde. Die Forderung Adlers nach einer »freien«, nämlich vom Gesetz freien Differenztheorie, die durchgehend auf dem Prinzip der Verbindung von Schadensersatz und Rücktritt aufgebaut ist, blieb unerfüllt[56]).

3. Das Verhältnis des Bereicherungsanspruchs zur Schadensersatzregelung

Es ist erwogen worden, ob die Differenztheorie nicht dazu führen muß, daß der ersatzberechtigte Gläubiger seine schon erbrachte vertragliche Leistung unabhängig von den ihm sonst eingeräumten Rechten nach Bereicherungsrecht zurückfordern kann[57]).

Die Voraussetzungen eines solchen Anspruchs scheinen gegeben. Nach h. L. wird auch der Gläubiger in § 326 I schon mit Ablauf der Nachfrist und vor Ausübung seines Wahlrechts ipso iure von seiner vertraglichen Erfüllungspflicht befreit. Darüber hinaus muß aber ein allgemeines Prinzip des konditionellen Synallagmas gelten, daß die Verpflichtung des Gläubigers ipso iure erlischt, wenn die vertragliche Leistung des Schuldners endgültig vereitelt ist[58]). Damit wird eine Vorleistung des Gläubigers rechtsgrundlos (§ 812 I 2

---

[54]) § 454 gilt daher nicht, soweit der Käufer außer der Zahlung noch andere Leistungen übernommen hat und diese nicht erfüllt; vgl. BGH LM Nr. 1 zu § 454 Urt. v. 13. 11. 1953 V. ZS.

[55]) Diese Inkonsequenz ist von den Gegnern der Differenztheorie oft gerügt worden. Vgl. Kisch IhrJB 44 (1902), S. 119; Adler ZHR 86 (1923), S. 32 f.; Oertmann JW 1931, 1184 (Anm.).

[56]) ZHR 86, 32 ff. (Heck, Schuldrecht, § 44, 2b, behauptet offenbar im Rahmen des § 326 eine Verbindung von Schadensersatz und Rückforderung der Leistung).

[57]) Diese Konsequenz sah schon Kisch IhrJB 44 (1902), S. 119 in der Differenztheorie (vgl. auch Stoll AcP 131 [1929] 164). Ritter ArchBürgR 32 (1908), S. 485 fordert diese Lösung ausdrücklich.

[58]) Für § 325 ist dies umstritten; vgl. dazu unten EV1 zu Anm. 68 ff.

1. Alternative), sobald die Erfüllung der Schuldnerleistung unmöglich wird oder gemäß § 326 I 2 ausgeschlossen ist.

Die Anwendung des § 812 im Rahmen der §§ 323 ff. ist jedoch aus Gründen der Systematik des Gesetzes ausgeschlossen. Die zur Abwicklung der vertraglichen Leistungen notwendigen Ansprüche werden im Recht des gegenseitigen Vertrages selbst gegeben. Dies zeigt sich einmal in § 323 III. Dieser enthält zwar eine Verweisung auf das Bereicherungsrecht, diese Verweisung betrifft aber nach allgemeiner Meinung nicht den Grund des Anspruchs (§ 812), sondern nur die Rechtsfolgen (insbesondere bezüglich des Umfangs der Herausgabepflicht § 818). Es zeigt sich ferner in § 327. Der Grund der hier geregelten Rückgewährungsansprüche liegt in den gesetzlichen Rücktrittsrechten der §§ 325, 326. Durch die Verweisung auf die Regeln des vertraglichen Rücktritts bzw. des Bereicherungsrechts wird nur die Abwicklungstechnik dieser Normen herangezogen.

Das Gesetz regelt also in den §§ 325 ff. nicht nur die unmittelbaren synallagmatischen Reaktionen, die die Rückwirkung der Vertragsstörung auf die Verpflichtung zur Gegenleistung betreffen, es regelt hier auch die Abwicklungen und Korrekturen von vertraglichen Wertverschiebungen, die aus diesen Reaktionen notwendig werden. Diese Regelung muß als abschließende verstanden werden; für die Einfügung eines zusätzlichen Bereicherungsanspruchs aus § 812 bleibt daher kein Raum[59]).

Die §§ 323 ff. regeln jedoch die Rückabwicklung vertraglicher Leistungen nur, soweit sie im Zeitpunkt des synallagmatischen Eingriffs (Befreiung des Gläubigers) schon erbracht waren. (In diesem Sinne muß § 323 III verstanden werden)[60]). Wenn daher der Gläubiger seine vertragliche Leistung erbringt, nachdem die Leistung des Schuldners unmöglich geworden ist, so steht einer unmittelbaren Anwendung des Bereicherungsrechts nichts im Wege. Er kann diese Leistung nach §§ 812 ff. mit der condictio indebiti zurückverlangen und, falls der Schuldner die Unmöglichkeit zu vertreten hat, dann Schadensersatz wegen Nichterfüllung in Form des Differenzanspruchs fordern[61]).

---

[59]) Daß ein solcher Anspruch die gesetzliche Alternative von Schadensersatz und Rückforderung des Geleisteten auflösen würde, ist nur ein weiteres Indiz für den abschließenden Charakter der gesetzlichen Regeln.
Will man einen Schritt über diese Alternativregelung hinaus tun, so wird man nicht das Bereicherungsrecht heranziehen, sondern die Rückforderung der Vorleistung als Teil des geschuldeten Schadensersatzes (nach Rücktrittsregeln, § 327) zulassen. – Das entspricht der ungekünstelten Auffassung Wildhagens in 27. DJT, Bd. IV, S. 145, der für den Fall, daß der Gläubiger noch nicht geleistet hat, den Anspruch auf Befreiung von der vertraglichen Verbindlichkeit als Faktor des Schadensersatzanspruchs ansehen will.

[60]) Nach Oertmann BGB (5. Aufl. 1928) 5 zu § 323 soll der § 323 III allerdings auch die Funktion der condictio indebiti übernehmen.

[61]) Welche Wertung zugunsten des Schuldners dem gesetzlichen Alternativprinzip, daß der Gläubiger zwischen dem Schadensersatz und der Rückforderung seiner Vorleistung zu wählen habe, auch zugrunde liegen mag, die ratio dieser Regelung kann jedenfalls nicht mehr gelten, wenn der Schuldner eine Vorleistung des Gläubigers empfängt, nachdem er seine eigene vertragliche Leistung schon unmöglich gemacht hat. (Dem Gläubiger muß es freistehen, seine vertragliche Lei-

Das gesetzliche Verbot, die Rückforderung des Geleisteten mit dem Schadensersatz wegen Nichterfüllung zu verbinden, gilt also nur innerhalb der Regelung der §§ 323 ff., d. h. soweit die Rückgewähransprüche im Recht des gegenseitigen Vertrages selbst geregelt sind. Ist ein solcher Anspruch außerhalb dieser Regeln begründet, darf er mit dem Anspruch auf Schadensersatz wegen Nichterfüllung verbunden werden.

4. Die Verbindung von Schadensersatz und Rückforderung einer Teilleistung des Gläubigers

Die Einschränkungen der Differenztheorie, die sich aus der Respektierung der gesetzlichen Alternativlösungen ergeben, gelten heute unangefochten. Es ist auch kaum damit zu rechnen, daß die Rechtsprechung sie je aufheben wird. Nachdem für die Mehrzahl aller Fälle durch die Einführung des mit der Befreiung des Gläubigers verbundenen Differenzanspruchs eine sachgerechte Lösung erreicht worden ist, fehlt der für eine Rechtsfortbildung notwendige Druck des umfassenden praktischen Bedürfnisses.

Wenigstens in einem Punkte aber wird man die Alternativlösung des Gesetzes noch durchbrechen müssen: Wird die Leistung des Schuldners unmöglich, nachdem der Gläubiger eine Teilleistung vorweg erbracht hat, so führt es zu unerträglichen Ergebnissen, wenn man die Schadensberechnung nach der Differenztheorie zuläßt, aber zugleich an der Unvereinbarkeit von Schadensersatz und Rückforderung des Geleisteten festhält[62]).

Danach hätte der Gläubiger dem Schuldner die schon erbrachte Teilleistung zu belassen und könnte als Schadensersatz das volle Erfüllungsinteresse fordern, wovon nur der Wert der nun nicht mehr geschuldeten Restleistung des Gläubigers abzusetzen wäre. Diese (beliebige) Teilung der Gläubigerleistung kann jedoch den Wert der jeweiligen Teilleistung erheblich verringern.

Man lege als Beispiel folgenden Fall zugrunde: Ein Briefmarkensammler entschließt sich, seine komplette Europasammlung gegen ein Grundstück einzutauschen. Nachdem er etliche Teilsammlungen geleistet hat, wird der Gegner vertragsbrüchig. Der Sammler verlangt Schadensersatz wegen Nichterfüllung, möchte aber auf jeden Fall die noch nicht übereigneten Briefmarken jetzt behalten. Das Erfüllungsinteresse müßte hier nach der Differenz zwischen dem Wert des Grundstücks und dem Wert der zurückbehaltenen Briefmarken berechnet werden. Da diese aber für sich weniger wertvoll sind als im Rahmen der kompletten Sammlung, erhöht sich der vom Schuldner zu leistende Schadensersatz um die Höhe dieses Wertverlustes.

Einerseits verfehlt eine solche Differenzrechnung das sachliche Ziel, aus dem sich die Differenztheorie legitimiert. Sie trägt dem vertraglichen Inter-

---

stung statt nach § 812 auch in diesem Fall im Wege des Rücktritts zurückzuverlangen. Die Haftung des Schuldners ist die gleiche, wie bei einer Kondiktion; vgl. § 347 und §§ 819, 291).

[62]) Vgl. zum folgenden Adler ZHR 86 (1923), S. 34 f., 82 ff., 89 f.

esse des Gläubigers auf eine Verbindung von Schadensausgleich und Synallagma nur unvollkommen Rechnung. Andererseits belastet sie aber den Schuldner mit der Haftung für den Wertverlust durch die Teilung der Gläubigerleistung. Das ist unzulässig, da diese Haftung seiner vertraglichen Schadensersatzpflicht ganz fremd ist und die Folgen der Leistungsstörung im Gesetz abschließend geregelt sind. Überdies bedeutet es einen wirtschaftlichen Widersinn, einen solchen Wertverlust überhaupt eintreten zu lassen, da die Leistung des Gläubigers auf der einen oder anderen Seite ungeteilt erhalten bleiben könnte. Eine solche Berechnungsregel kann daher nicht Bestandteil der Schadensersatzregelung sein.

Es gibt offenbar nur zwei mögliche Lösungen: entweder schließt man die Schadensberechnung nach der Differenztheorie schon aus, wenn der Gläubiger auch nur einen Teil seiner eigenen Leistung vorweg erbracht hat (dann kann er als Schadensersatz nur das volle Erfüllungsinteresse verlangen und muß seine vertragliche Leistung vervollständigen); oder man läßt umgekehrt die Schadensberechnung nach der Differenztheorie zu, muß sie aber dann mit dem Anspruch auf Rückgewähr der schon erbrachten Teilleistung verbinden. Die Vertragsgerechtigkeit der Differenztheorie und die Konsequenz einer Schadensersatzregelung, in die man die Differenztheorie einmal eingeführt hat, sprechen für die zweite Lösung. Dies wäre vom Standpunkt der herrschenden Lehre, die davon ausgeht, daß die Differenztheorie im Gesetz verankert ist, folgendermaßen zu begründen: wenn das von ihr anerkannte Prinzip, daß der Gläubiger in der Regelung des Schadensersatzes wegen Nichterfüllung von seiner eigenen Leistungspflicht befreit wird, und daher seine Vertragsleistung, soweit er sie noch nicht erbracht hat, zurückhalten darf, dem ebenfalls von ihr anerkannten Prinzip widerspricht, daß Schadensausgleich und Rückforderung des Geleisteten einander ausschließen, so ist eine Restriktion notwendig, die den Anwendungsbereich eines der beiden Prinzipien so einengt, daß der Widerspruch verschwindet. Sachliche Gründe fordern den Vorrang des Prinzips der Differenztheorie.

Für den Fall der Teilunmöglichkeit der Schuldnerleistung haben sich Staub-Koenige schon sehr früh für diesen Weg entschieden[63]). Macht der Gläubiger gemäß §§ 325 I 3, 280 II Schadensersatz wegen Nichterfüllung des ganzen Vertrages geltend, so soll die Anwendung der Rücktrittsregeln nach § 280 II nicht nur dazu führen, daß der Gläubiger eine schon erhaltene Teilleistung des Schuldners zurückgewähren muß, sondern sie soll auch ihm selbst einen Anspruch auf Rückgewähr des schon Geleisteten geben. Hierin soll eine gesetzliche Ausnahme vom Verbot der Häufung von Schadensersatz und Rückforderung des Geleisteten liegen.

Die Begründung dieser Rechtsfolge ist von Adler zu Recht kritisiert worden[64]). Der § 280 II (der in Verbindung mit dem Wortlaut des § 325 I 3 zudem deutlich für die Surrogationstheorie spricht) bezieht sich in seinem

---

[63]) Kommentar zum HGB (8. Aufl. 1907) Anhang nach § 374, Anm. 130; Würdinger wiederholt diese Lösung in der 2. Auflage des Reichsgerichtsrätekommentars zum HGB (1961) ohne neue Bearbeitung wörtlich (Anhang nach § 374, Anm. 130).

[64]) AaO, S. 83 f.

Zusammenhang nur auf die Regelung einseitiger Schuldverhältnisse. Er kann also nur das Schicksal einer Teilleistung des Schuldners regeln und nichts über die vielleicht schon erbrachte Gegenleistung des Gläubigers bestimmen. Diese Begründung verschleiert nur eine Rechtsfolge, die aus den Prinzipien der Differenztheorie frei entwickelt worden ist.

Der Sache nach ist die Rechtsfolge zu akzeptieren, allerdings auch für den Fall, daß nur der Gläubiger schon eine Teilleistung erbracht hat und die Leistung des Schuldners vollständig unmöglich wird.

Erkennt man an, daß der Gläubiger im Wege des Schadensersatzes eine schon erbrachte Teilleistung zurückfordern darf, so wäre die (eine Anwendung der Differenztheorie ausschließende) Alternative von Schadensausgleich und Synallagma auf die Fälle beschränkt, in denen der Gläubiger seine gesamte Vertragsleistung schon vorweg erbracht hat. Nur in diesem Fall wäre er auf das Leistungsinteresse verwiesen.

Vom Standpunkt einer sachgerechten Lösung des Schadensersatzes ist dies ein Kompromiß, der die Folgerungen der Differenztheorie gerade so weit treibt, daß für die gesetzliche Alternativlösung überhaupt ein Anwendungsbereich bleibt. An sich sprechen alle inneren Gründe dafür, daß der Gläubiger das Recht haben soll, in jedem Falle die schon erbrachte Leistung mit dem Schadensersatz zurückzufordern (Adlers »freie« Differenztheorie). Die systematische Uneinheitlichkeit und Inkonsequenz, die sich hier auftut, ist keine andere als diejenige, die überhaupt einer Differenztheorie anhaftet, die auf halbem Wege stehen geblieben ist.

Es wird wohl Aufgabe des Gesetzgebers bleiben, die verfehlte Alternative von Schadensausgleich und Synallagma endgültig zu beseitigen und ein der Struktur des gegenseitigen Vertrages entsprechendes System des Schadensersatzes wegen Nichterfüllung zu schaffen.

V. Die Rechtslage des gegenseitigen Vertrages bei der Abwicklung des Schadensersatzes wegen Nichterfüllung

Es ist hier insbesondere zu fragen, in welcher Weise die Rechtslage des gegenseitigen Vertrages durch die Leistungsstörung und durch die Geltendmachung von Schadensersatz verändert wird und wie das Verhältnis des Schadensersatzes zu den synallagmatischen Rechtsbehelfen systematisch zu denken ist.

Die dogmatische Konstruktion der §§ 325, 326 wäre unkompliziert, wenn das gesetzliche Surrogationsprinzip auch nach der Einführung des Differenzanspruchs Ausgangspunkt der Regelung geblieben wäre. In diesem Fall hätte man davon auszugehen, daß mit Eintritt der Unmöglichkeit (bzw. dem Ausschluß des Erfüllungsanspruchs gemäß § 326 I 3) das Leistungsinteresse unmittelbar an die Stelle der vertraglichen Schuldnerleistung tritt und dem Gläubiger eine dreifache Gestaltungsbefugnis zusteht, mit der er die gesetzliche Reaktion durch eine selbstgewählte ersetzen kann: das Rücktrittsrecht, den Anspruch auf das stellvertretende Kommodum gemäß §§ 325 I 3, 323 II und den außergesetzlichen Differenzanspruch.

Diesen Weg ist die herrschende Lehre nicht gegangen; sie verlangt vielmehr, daß die Regelung des Schadensersatzes durchgehend aus den Prinzipien der Differenztheorie begründet werde. Es besteht jedoch keine Klarheit darüber, wie die systematische Einordnung des Schadensersatzes wegen Nichterfüllung von diesem Ausgangspunkt her zu erfolgen habe. Es sollen hierzu drei einschlägige Thesen der herrschenden Lehre untersucht werden:

1. Mit Ablauf der Nachfrist in § 326 I 2 erlöschen die beiderseitigen vertraglichen Erfüllungsansprüche[65]).
2. Durch die Geltendmachung von Schadensersatz wegen Nichterfüllung wird der ganze gegenseitige Vertrag in einen einseitigen Schadensersatzanspruch des Gläubigers umgestaltet[66]).
3. Die Wahl von Schadensersatz wegen Nichterfüllung ist nur Rechtsgeltendmachung, sie verändert die vertragliche Rechtslage nicht[67]).

Es ist offenbar, daß sich die Thesen 2 und 3 nicht vereinbaren lassen. Entweder ist die Forderung von Schadensersatz eine Umgestaltung des gegenseitigen Vertrages in ein einseitiges Schuldverhältnis, oder aber sie ist bloße Ausübung eines schon bestehenden Anspruchs.

Aufklärung kann von der Beantwortung folgender Fragen erwartet werden:

Erlischt mit dem vertraglichen Erfüllungsanspruch des Gläubigers auch seine eigene Gegenleistungspflicht? (1.)

Schuldet der Schuldner vor der Ausübung des Gläubigerwahlrechts Schadensersatz wegen Nichterfüllung? (2.)

Ferner wird die Rechtslage des Vertrages erörtert, die eintritt, wenn der Gläubiger als Schadensersatz das Leistungsinteresse geltend macht. (3.)

1. Die Befreiung des Gläubigers durch die Unmöglichkeit der Schuldnerleistung (bzw. durch den Ausschluß des Erfüllungsanspruchs nach § 326 I 2)

Hat der Gläubiger dem Schuldner gemäß § 326 I 1 eine Frist gesetzt mit der Erklärung, daß er die Annahme der Leistung nach Ablauf der Frist ablehne, so entfällt nach h. L. mit Ablauf der Frist nicht nur der Erfüllungsanspruch des Gläubigers, sondern auch der des Schuldners. Der Gläubiger wird ipso iure von seiner Gegenleistungspflicht befreit.

Diese Rechtsfolge kann nur im Rahmen der Differenztheorie eingeführt werden; sie muß dem Gesetz fremd sein, wenn dieses der Surrogationstheorie folgt. Zu ihrer Begründung wird allgemein auf die wechselseitige Abhängigkeit der Leistungspflichten im gegenseitigen Vertrag verwiesen.

---

[65]) RG 107, 347 f. Urt. v. 14. 7. 1923 V. ZS; BGH 20, 338 Urt. v. 9. 5. 1956 V. ZS; Staudinger-Werner B I 3a zu § 326; Soergel-Schmidt 20 zu § 326; Larenz, aaO, Bd. I, § 22 IIb; Palandt-Danckelmann 7 zu § 326.

[66]) RG 50, 267 Urt. v. 11. 4. 1902 II. ZS; RG 58, 177 Urt. v. 27. 5. 1904 VII. ZS; RG 61, 351/2 Urt. v. 13. 10. 1905 II. ZS; RG JW 31, 1184 Urt. v. 15. 11. 1931 VI. ZS.

[67]) RG 109, 186 Urt. v. 14. 11. 1924 III. ZS; Enn.-Lehmann § 53 III 2; Palandt-Danckelmann 7b zu § 326.

Der Erfüllungsanspruch des Schuldners soll »kraft des Synallagmas« mit dem des Gläubigers erlöschen[68]).

Gilt diese Begründung im Rahmen von § 326, so muß sie aber ebenso für § 325 gelten, denn die Rechtslage ist hier insofern die gleiche. Ist die vertragliche Leistung des Schuldners unmöglich geworden, so ist der Erfüllungsanspruch des Gläubigers vereitelt, und er muß aus den genannten Gründen auch von seiner Leistungspflicht befreit sein[69]). Zwar entfällt in § 326 der Erfüllungsanspruch des Gläubigers infolge einer Gestaltungserklärung (Ablehnung). Die Befreiung des Gläubigers wird jedoch nur darauf gestützt, daß sein Erfüllungsanspruch überhaupt vereitelt ist, nicht darauf, daß dies die Folge einer Rechtsgestaltung ist.
Ob aber eine solche synallagmatische Rechtsfolge in den §§ 325, 326 überhaupt gerechtfertigt werden kann, ist durch die Berufung auf die wechselseitige Rechtsgrundabhängigkeit der Leistungspflichten allein noch nicht hinreichend gezeigt.

Wird der Erfüllungsanspruch des Gläubigers vereitelt, so folgt allerdings aus der Struktur des gegenseitigen Vertrages die Notwendigkeit einer synallagmatischen Reaktion, die den Gläubiger von seiner vertraglichen Leistungspflicht entbindet. Wie aber diese Reaktion rechtstechnisch auszusehen habe, darüber folgt aus dem Sinn des gegenseitigen Vertrages nichts. Die causa-Beziehung verlangt keine automatische, bedingungsgleich wirkende rechtstechnische Abhängigkeit der Leistungspflichten voneinander; sie wird ebensogut durch ein Lösungsrecht des betroffenen Gläubigers durchgesetzt. Wenn also der Störung des causa-Gefüges und dem dadurch ausgelösten synallagmatischen Interesse des Gläubigers schon durch das gesetzliche Rücktrittsrecht und durch die Befreiung von der eigenen Leistungspflicht, auch wenn sie nach der Differenztheorie erst mit der Geltendmachung des Schadensersatzes eintritt, Rechnung getragen wird, so bedarf es einer weiteren Begründung dafür, daß diese Reaktion nicht ausreicht.

Hierfür lassen sich zunächst praktische Gründe geltend machen. Bleibt der Gläubiger nach § 325 zur Gegenleistung verpflichtet, so kann er grundsätzlich noch zur Leistung verurteilt werden. Insbesondere kann Versäumnisurteil

---

[68]) So Erman-Groepper 9a) zu § 326; nach RG 107, 347 tritt diese Wirkung kraft rechtlicher Notwendigkeit ein, da der Gläubiger nur zu erfüllen brauche, wenn der Schuldner fristgerecht erfülle.

[69]) So Schöller Gruchot 45 (1901) 524 f.; Staffel AcP 92 (1902) 471; Leonhard, Bd. I, S. 482, 489; vgl. auch Staudinger-Werner, Vorbem. AAIII 1b vor §§ 323 ff.: der andere Teil könne die Gegenleistung nicht fordern, weil er zu der ihm selbst obliegenden Leistung außerstande sei; ähnlich RGRK (Wilde) 6 zu § 325.
Von einer Befreiung des Gläubigers ipso iure gehen ferner aus: Erman-Groepper 3 zu § 325: dem Gläubiger, der seine eigene Leistung schuldhaft unmöglich gemacht hat, stehen, wenn jetzt der Schuldner seine Leistung vereitelt, die Rechte aus § 325 nicht zu, da sein Erfüllungsanspruch schon vorher untergegangen war, argumentum § 323 I (ebenso Bemerkung 13 zu § 325); ebenso Rabel, aaO, Bd. I, S. 423: aus § 323 I (325 I 3) ergibt sich für den Gläubiger das Recht, sich auf den ipso iure eingetretenen Wegfall seiner eigenen Verpflichtung zu berufen. A. A. Larenz I § 21 II a; Siber, Schuldrecht, S. 197; Titze, Schuldrecht (4. Aufl. 1932), S. 111 f.

gegen ihn selbst dann ergehen, wenn der Vortrag des Schuldners ergibt, daß dieser seine eigene Leistung schuldhaft unmöglich gemacht hat[70]). Hierin liegt ein Widersinn, da der Schuldner ein Versäumnisurteil nicht erwirken kann, wenn er die Unmöglichkeit seiner Leistung nicht zu vertreten hat[71]). Nach dem Sinn des Gesetzes kann aber die Rechtsstellung des Gläubigers bei vom Schuldner zu vertretender Unmöglichkeit in keiner Beziehung schwächer sein als bei zufälliger Leistungsvereitelung[72]).

Auch im streitigen Verfahren kann es den Gläubiger belasten, wenn seine Gegenleistungspflicht nach § 325 bestehen bleibt. Da er die Einrede des nichterfüllten Vertrages nicht mehr erheben kann, wenn die Unmöglichkeit der Schuldnerleistung feststeht, kann er einer Verurteilung nur dadurch entgehen, daß er sofort Schadensersatz wegen Nichterfüllung oder Rücktritt geltend macht und dadurch seine Leistungspflicht zum Erlöschen bringt[73]). Das kann zu einer zweckwidrigen Beeinträchtigung der gesetzlichen Rechtsbehelfe des Gläubigers führen, wenn dieser erst im Prozeß von der Leistungsstörung erfahren hat. Der Gläubiger wird unter Zeitdruck gesetzt. Die Gewährung eines Wahlrechts in den §§ 325, 326 fordert aber sinngemäß Zeit, damit der Gläubiger sich über die Auswirkungen der Leistungsstörung klar werden und seinen Interessen entsprechend reagieren kann.

Man wird wohl kaum vom Gläubiger verlangen wollen, daß er sich ruhig (notfalls rechtskräftig) zur Leistung verurteilen läßt, um danach seine verschiedenen Rechtsbehelfe sinnentsprechend, d. h. nach genauer Prüfung seiner Interessen auszuüben[74]). Ebensowenig kann dem Gläubiger damit geholfen werden, daß er sozusagen vorbeugend erst einmal Schadensersatz wegen Nichterfüllung geltend macht und dadurch seine eigene Leistungspflicht zum Erlöschen bringt. Zwar hat er nach h. L. immer noch die Möglichkeit, einen anderen Rechtsbehelf zu wählen (sog. ius variandi), aber der Schuldner kann ihn sofort auf diese Wahl festlegen, wenn er eine aufrechenbare Gegenforderung hat. Damit kann er die Ersatzpflicht, soweit die Forderungen sich decken, erfüllen. Dadurch ist das Wahlrecht des Gläubigers verbraucht.

Überdies wäre dem Gläubiger wohl nur schwer verständlich zu machen, warum eine solche vorbeugende Rechtsausübung hier überhaupt notwendig

---

[70]) Mit der aus § 344 ZPO folgenden Kostenpflicht. Ersatz dieser Kosten könnte der Gläubiger im übrigen nicht im Wege des Schadensersatzes verlangen, denn sie sind adäquate Folge der Säumnis, nicht der Leistungsstörung; ebensowenig ist ein Anspruch aus positiver Forderungsverletzung begründet: die gerichtliche Verfolgung des bestehenden Leistungsanspruchs ist nicht rechtswidrig.

[71]) Darauf haben bereits Schöller und Staffel hingewiesen, vgl. Anmerkung 69).

[72]) Vgl. Leonhard Bd. I, S. 482. Allerdings ist der Erst-recht-Schluß von § 323 I auf § 325 für sich ohne Beweiskraft. Denn an sich läßt die Variabilität der synallagmatischen Rechtstechnik durchaus zu, daß die Störung des causa-Gefüges des Vertrages hier anders als dort beantwortet wird. Die Notwendigkeit dieses Schlusses bedarf also der Begründung.

[73]) Ist ein stellvertretendes Kommodum vorhanden, so kann der Gläubiger einer Verurteilung auch dadurch entgehen, daß er dieses gemäß §§ 325 I 3, 323 II gegen seine entsprechende Gegenleistung verlangt und die Einrede des nichterfüllten Vertrages erhebt.

[74]) Ganz abgesehen von den Kosten des Verfahrens.

sein soll. Der Gläubiger erwartet vielmehr, daß er nicht mehr (auch nicht durch Versäumnisurteil) zur Leistung verurteilt werden kann, wenn die vertragliche Leistung des Schuldners vereitelt ist. Diese Erwartung ist gerechtfertigt. Man erfüllt sie am einfachsten und am verständlichsten durch eine synallagmatische Befreiung des Gläubigers mit Eintritt der Unmöglichkeit der Schuldnerleistung[75]).

Die angeführten praktischen Gesichtspunkte werden allerdings nur selten (und nur im Rahmen von § 325) zum Tragen kommen. Daneben hat jedoch die Auffassung, daß die Gläubigerverpflichtung erlischt, wenn die Schuldnerverpflichtung vereitelt ist, den Vorzug dogmatischer Einfachheit. Diese synallagmatische Rechtsfolge vermeidet, soweit es die Erfüllungspflicht des Gläubigers angeht, die Annahme eines dogmatisch ungeklärten Schwebezustands des Schuldverhältnisses[76]).

Man fragt sich auch, welche Funktion das vorläufige Fortbestehen der Leistungspflicht etwa im § 326 haben soll, wo doch schon feststeht, daß sie erlöschen wird, gleichgültig ob der Gläubiger Rücktritt oder Schadensersatz wählt. Allerdings gilt dies nicht für § 325, da der Gläubiger hier das stellvertretende Kommodum gemäß § 323 II verlangen kann und insoweit seine Gegenleistungspflicht endgültig bestehen bleibt. Diese Möglichkeit spricht aber auch nicht gegen die Annahme einer sofortigen Befreiung des Gläubigers. Auch nach § 323 I ist der Gläubiger unmittelbar von seiner Leistungspflicht befreit und gleichwohl doch verpflichtet, falls er das stellvertretende Kommodum wählt[77]).

Mit der Anerkennung einer bedingungsgleich wirkenden synallagmatischen Abhängigkeit der vertraglichen Leistungspflichten nicht nur (mit der herrschenden Lehre) in § 326, sondern auch in § 325 erhält man ein einheitliches Prinzip des konditionellen Synallagmas. Der Grundsatz des § 323 I gilt allgemein: wenn immer die vertragliche Leistungspflicht einer Partei vereitelt oder ausgeschlossen wird, ist die andere Partei von der Verpflichtung zur Gegenleistung befreit.

Es läßt allerdings nicht verkennen, daß man damit die vom BGB in der Regelung des funktionellen Synallagmas (§ 320) und des Schadensersatzes wegen Nichterfüllung nach der Surrogationstheorie festgelegte formale Selbständigkeit der gegenseitigen Leistungspflichten – derzufolge der Durchgriff auf ihre innere Rechtsgrundabhängigkeit eine Erklärung des Berechtigten erfordert – im Rahmen der §§ 325, 326 auflöst. Das Gesetz führt jedoch selbst, wie § 323 I zeigt, die rechtstechnische Verselbständigung der Leistungs-

---

[75]) Diesen Wegfall seiner Leistungspflicht kann der Gläubiger auch dem Zessionar des Schuldners entgegenhalten, ohne vorher seine Rechte dem Schuldner gegenüber ausgeübt zu haben. Vgl. zu diesem Problem Braga MDR 1959, 441.

[76]) Vgl. bei Larenz Bd. I, § 21 IIa.

[77]) Obwohl das Gesetz sagt, daß der Gläubiger verpflichtet »bleibt«, muß man wohl von einer auflösend bedingten Befreiung des Gläubigers ausgehen (str.). Denn solange sich der Gläubiger noch nicht entschieden hat, soll zweifellos ein Leistungsurteil gegen ihn auch dann nicht ergehen können, wenn ein entsprechendes Kommodum vorhanden ist.
Vgl. zur Konstruktion Oertmann (5. Aufl. 1928) 6 zu § 323, der einen Schwebezustand des Schuldverhältnisses annimmt.

pflichten nicht konsequent durch[78]). Mit der vollständigen Ausschaltung des Surrogationsgedankens aus der Schadensersatzregelung (sofern der Gläubiger nicht vorgeleistet hat) wird auch in den §§ 325, 326 der Weg frei für ein Verständnis der Wirkungsweise des Synallagmas, das dem Prinzip des § 323 I folgt.

2. Die unmittelbare Schadensersatzschuld des Schuldners

Es stellt sich nunmehr die Frage, welche Rechtslage nach Erlöschen der Erfüllungsansprüche eintritt; insbesondere, ob der Schuldner unmittelbar Schadensersatz schuldet und worauf dieser geht.

Nach wohl herrschender Lehre entsteht der Anspruch des Gläubigers auf Schadensersatz wegen Nichterfüllung mit Eintritt der Unmöglichkeit nach § 325 (bzw. mit Fristablauf in § 326). Dieser Anspruch ist schon begründet, wenn der Gläubiger nach dem Sprachgebrauch der §§ 325, 326 Schadensersatz fordern k a n n, nicht erst, wenn er ihn wirklich fordert. Das Schadensersatzverlangen bringt also den Anspruch nicht hervor, sondern macht ihn nur geltend; es ist bloße Rechtsausübung[79]).

Es gilt nach dieser Auffassung also für den gegenseitigen Vertrag das gleiche Prinzip wie für das einseitige Schuldverhältnis nach § 280: mit der Leistungsstörung wandelt sich das Schuldverhältnis inhaltlich in eine Schadensersatzschuld um[80]). Allerdings tritt entsprechend den Prinzipien der Differenztheorie die Schadensersatzschuld nicht an die Stelle der ursprünglichen Leistungspflicht, sondern an die Stelle des Gefüges von Leistungs- und Gegenleistungspflicht (der Schadensersatzanspruch dient der Liquidation nicht der Durchführung des Vertrages)[81]).

---

[78]) Selbst im funktionellen Synallagma wirkt die Gegenseitigkeit ohne Geltendmachung, z. B. in der Frage des Verzugseintritts (vgl. dazu oben CI 3c) zu Anm. 39 ff.

[79]) *Vgl. zu § 326:*
RG 98, 214 Urt. v. 25. 9. 1917 II. ZS; mit Fristablauf wandelt sich der Erfüllungsanspruch in einen Schadensersatzanspruch um; RG 85, 282 f. Urt. v. 23. 9. 1914 V. ZS; RG 109, 186 Urt. v. 14. 11. 1924 III. ZS; Staudinger-Werner B I 3a bb) zu § 326; Soergel-Schmidt 44 zu § 326; Palandt-Danckelmann 7b und 11 zu § 326; ferner Enn.-Lehmann § 53 III 2.
Vgl. zu § 325:
RG 91, 32 Urt. v. 22. 6. 1917 II. ZS: der Erfüllungsanspruch wandelt sich in einen Schadensersatzanspruch um, sobald die Leistung unmöglich wird; RG 91, 102 Urt. v. 30. 10. 1917 II. ZS; Planck-Siber (4. Aufl. [1914] 2e zu § 325) nehmen an, daß der Gläubiger schon vor der Ausübung seiner Rechte bezüglich des Schadensersatzanspruches in Annahmeverzug gesetzt werden könne.
Der Eintritt der Unmöglichkeit ist der für die abstrakte Schadensberechnung in § 325 maßgebliche Zeitpunkt, da der Schadensersatzanspruch in diesem Moment entsteht: vgl. Erman-Groepper 6a zu § 325; RGRK (Wilde) 9 zu § 325; Larenz, Bd. I, § 21 IId (der aber andererseits eine Schwebelage des Schuldverhältnisses bis zur Ausübung des Gläubigerwahlrechts annimmt, § 21 IIa).
Vom Standpunkt der Surrogationstheorie aus ist es selbstverständlich, daß der Schadensersatzanspruch mit Eintritt der Unmöglichkeit an die Stelle des vertraglichen Leistungsanspruchs rückt; vgl. Oertmann (5. Aufl.) 2c zu § 325.

[80]) Vgl. Larenz Bd. I § 21 I; Palandt-Danckelmann 1 zu § 280.

Eine einheitliche Konstruktion der Rechtslage, die auf Grund zu vertretender Unmöglichkeit eintritt, für das einseitige Schuldverhältnis und den gegenseitigen Vertrag ist grundsätzlich zu begrüßen, da sie die gesetzliche Technik durchsichtiger macht und so ihr Verständnis vereinfacht. Von ihr wird man nur dann abweichen – und etwa eine besondere Schwebelage des Vertrages bis zur Ausübung der Gläubigerrechte annehmen[82]) oder in der Geltendmachung von Schadensersatz eine rechtsgestaltende Schuldkonkretisierung sehen[83]) – wenn Gründe der Gesetzestechnik in den §§ 325, 326 oder der Interessenlage des Vertrages dies fordern.

a) Der Inhalt des geschuldeten Schadensersatzes

Da der Schadensersatz wegen Nichterfüllung nach der Differenztheorie in verschiedener Weise geltend gemacht werden kann (als Differenzanspruch oder als Anspruch auf das volle Erfüllungsinteresse gegen die vertragliche Gegenleistung), ist zunächst zu fragen, ob man überhaupt vor Ausübung des Gläubigerwahlrechts bestimmen kann, was denn (abgesehen von der Höhe) als Schadensersatz geschuldet sei.

Hier ist zu unterscheiden:

1. Hat der Gläubiger seine eigene Leistung schon voll erbracht, so besteht der geschuldete Schadensersatz im vollen Erfüllungsinteresse, denn nach herrschender Lehre kann der Gläubiger nur dieses geltend machen. Das Prinzip der Differenztheorie gilt nicht. Der Vertrag ist von Seiten des Gläubigers erfüllt; der Schuldner schuldet Schadensersatz wegen Nichterfüllung *seiner Verbindlichkeit*.
2. Hat der Gläubiger selbst noch nicht geleistet, so schuldet der Schuldner als primären Schadensersatz die Differenz. Der Differenzanspruch ist der eigentliche Anspruch auf Schadensersatz wegen Nichterfüllung des *ganzen Vertrages*.

Daß der Schadensersatzanspruch des Gläubigers in diesem Fall nicht unbeschränkt auf das Leistungsinteresse gehen kann, liegt auf der Hand. Es würde zu einer vertraglich nicht gerechtfertigten Bereicherung führen, wenn der Gläubiger, der mit Eintritt der Unmöglichkeit von seiner Gegenleistungspflicht befreit ist, einen unbeschränkten Anspruch auf das volle Erfüllungsinteresse hätte. Da der Gläubiger nach dem Vertrag den Anspruch auf die Schuldnerleistung nur gegen das Versprechen der eigenen Leistung haben soll, so kann ihm in der Berechnung des Schadensersatzes wegen Nichterfül-

---

[81]) Man darf in dieser Wirkung keine Novation (Schuldersetzung) sehen (so anscheinend Esser, Schuldrecht, § 65, 2b). Nach der Differenztheorie führt der Vertragsbruch nicht zu einer Auflösung des gegenseitigen Vertrages und zur Neubegründung eines auf Schadensersatz gerichteten Schuldverhältnisses, sondern nur zu einer spezifischen inhaltlichen Umgestaltung des gegenseitigen Vertrages (vgl. RG JW 31, 1183 Urt. v. 15. 1. 1931). Das Schadensersatzverhältnis ist eine Abwicklungsphase des ursprünglichen, auf die primären Leistungspflichten gerichteten gegenseitigen Vertrages.

[82]) So Larenz, aaO, Bd. I, § 21 IIa.

[83]) Braga MDR 1959, 440.

lung der Anspruch auf das volle Erfüllungsinteresse auch nicht unbeschränkt, sondern nur gegen seine (nicht mehr geschuldete) vertragliche Gegenleistung zustehen[84]). Die Äquivalenzstruktur der gegenseitigen Leistungspflichten (ihre Rechtsgrundabhängigkeit) wirkt in die Bestimmung des vertraglichen Schadensersatzes hinein. Der Vorrang des Differenzanspruchs vor dem Anspruch auf das Leistungsinteresse ergibt sich aus der Liquidationsfunktion unserer Schadensersatzregelung. Dieser liegt durchgehend das Prinzip der Differenztheorie, die Verbindung von Schadensausgleich und Synallagma zugrunde. Die Schadensersatzabwicklung hat danach, wenn der Vertrag noch von keiner Seite erfüllt ist, in erster Linie die Aufgabe, dem Gläubiger seinen Schaden so zu ersetzen, daß er dabei zugleich den Aufwand seiner vertraglichen Leistung erspart. Sie muß Schadensersatz wegen Nichterfüllung des ganzen Vertrages gewähren, nicht nur die ausgefallene Schuldnerleistung ersetzen. Dem entspricht die Schadensberechnung in Form des Differenzanspruchs.

Der geschuldete Schadensersatz besteht also primär in der Differenz und erst, wenn der Gläubiger das Leistungsinteresse geltend macht, wird diese Schuld inhaltlich umgestellt (Wechsel der Berechnungsart)[85]).

3. Hat der Gläubiger seine eigene Leistung teilweise schon erbracht, so muß er nach der Differenztheorie seine Teilleistung zurückverlangen können und Schadensersatz wegen Nichterfüllung des ganzen Vertrages in Form des Differenzanspruchs geltend machen können[86]).

Als Schadensersatz schuldet daher der Schuldner auch in diesem Fall die Differenz, daneben die Rückerstattung der erhaltenen Teilleistung[87]).

b) Das Verhältnis des Schadensersatzanspruchs zu den übrigen Rechtsbehelfen des Gläubigers

Wie aber hat man sich das Verhältnis der verschiedenen dem Gläubiger gewährten Rechtsbehelfe zu denken, wenn der Schuldner unmittelbar zum Schadensersatz verpflichtet ist?

Da alle vertraglichen Erfüllungsansprüche schon mit der Leistungsstörung ipso iure erlöschen, ist das Rücktrittsrecht für die Befreiung des Gläubigers

---

[84]) Zur Konstruktion dieses Anspruchs auf »Schadensersatz gegen die vertragliche Gegenleistung« näher unten zu Anm. 112 ff.

[85]) Daher schuldet der Schuldner die Differenz, wenn der Gläubiger bloß Schadensersatz verlangt, ohne die Berechnungsart zu präzisieren, und er kann nicht von sich aus das volle Erfüllungsinteresse leisten, um dadurch einen (Ausgleichs-)Anspruch auf die vertragliche Gegenleistung des Gläubigers zu erwerben. Vgl. dazu unten.

[86]) Vgl. oben E IV 4 zu Anm. 62 f.

[87]) Ist die Leistung des Schuldners bloß teilweise unmöglich, so gelten diese Rechtsfolgen nur für den vereitelten Teil: die gegenseitigen Leistungspflichten erlöschen nur zum Teil, und je nachdem, ob der Gläubiger schon geleistet hat oder nicht, schuldet der Schuldner das Erfüllungsinteresse oder die Differenz für den unmöglich gewordenen Teil seiner Leistung als Schadensersatz.
Diese Rechtslage wird verändert, wenn der Gläubiger durch Gestaltung gemäß §§ 325 I 2, 280 II, 346 seine Rechte auf den ganzen Vertrag erstreckt.

von seiner primären Leistungspflicht ohne Bedeutung[88]). Die Rücktrittswirkung beschränkt sich darauf, bezüglich der schon erbrachten vertraglichen Leistungen Rückgewährpflichten auszulösen[89]).

Da die Regelung des BGB eine Häufung von Schadensersatz wegen Nichterfüllung und Rücktritt nicht zuläßt, muß man davon ausgehen, daß der Rücktritt den Schadensersatzanspruch des Gläubigers aufhebt[90]). Dies ist auch sachlich durchaus zwingend, soweit dieser Anspruch auf das Leistungsinteresse geht. Es wäre vertragswidrig, wollte der Gläubiger seine Leistung zurückverlangen und gleichzeitig den vollen Wert der Schuldnerleistung fordern. Dagegen besteht, wie gezeigt, an sich kein sachlicher Grund dafür, daß der Rücktritt auch den Differenzanspruch ausschließen soll.

Fordert der Gläubiger das stellvertretende Kommodum gemäß §§ 325 I 3, 323 II gegen seine entsprechende Gegenleistung[91]), so stellt er damit das schon zusammengefallene Verpflichtungsgefüge des gegenseitigen Vertrages insoweit wieder her. Der Schadensersatzanspruch des Gläubigers wird aufgehoben; das stellvertretende Kommodum tritt an die Stelle der vereitelten Schuldnerleistung, und der Gläubiger ist wieder zu seiner (eventuell geminderten) vertraglichen Gegenleistung verpflichtet[92]).

---

88) Vgl. RG 107, 347 f. Urt. v. 14. 7. 1923 V. ZS.

89) In keinem Fall können die Rückgewährpflichten eine bereits erbrachte Schadensersatzleistung des Schuldners betreffen. Auch die Annahme einer unmittelbaren Schadensersatzschuld führt nicht zu dieser unsinnigen Folgerung (das scheint Braga MDR 1959, 440 zu unterstellen). Sobald Schadensersatz geleistet ist, ist das Rücktrittsrecht des Gläubigers ausgeschlossen. Der Gläubiger kann allerdings noch zurücktreten, wenn der Schuldner unaufgefordert Schadensersatz geleistet hat (etwa durch Überweisung). Mit dem Rücktritt entfällt dann der rechtliche Grund der Schadensersatzleistung, und der Schuldner kann sie nach § 812 kondizieren. Dieser Anspruch hat keinen Zusammenhang mit seiner Rückgewährpflicht aus §§ 327, 346; § 348 gilt also nicht.

90) Nach der älteren Lehre folgt das schon aus der Natur des Rücktritts; vgl. RG 109, 186 Urt. v. 14. 11. 1924 III. ZS; Enn.-Lehmann § 53 III 2.

91) Also nicht im Rahmen seines Schadensersatzanspruchs unter Anrechnung auf das volle Erfüllungsinteresse.

92) Der Umfang der Verweisung des § 325 I 3 ist im übrigen nicht klar. Nach allgemeiner Auffassung bezieht sich die Verweisung auf den ganzen § 323 (vgl. Erman-Groepper 11 zu § 325; RGRK (Wilde) 14 zu § 325). Eine Verweisung auf § 323 I hätte nur dann selbständigen Sinn, wenn man in der Berufung darauf eine Rechtsgestaltung zu sehen hätte, durch die die bis dahin in der Schwebe befindliche Gegenleistungspflicht des Gläubigers erlischt (so Larenz, Bd. I, § 21 II a; Siber, Schuldrecht, S. 197). Sie ist aber sinnlos, wenn der Gläubiger schon mit Eintritt der Unmöglichkeit befreit wird. Es versteht sich von selbst, daß er sich auf diese Rechtswirkung berufen darf; das Recht dazu braucht ihm nicht eigens eingeräumt zu werden. Die bloße Berufung auf die eingetretene Rechtslage gehört nicht in eine Reihe mit den dem Gläubiger zur Wahl gestellten Rechtsbehelfen (Schadensersatz, Anspruch auf das Kommodum gemäß § 323 II, Rücktrittsrecht); anders jedoch Leonhard (Bd. I, S. 489, 492), der auch von einer Befreiung des Gläubigers ipso iure ausgeht. Keinesfalls kann die Berufung auf den Wegfall der eigenen Leistungspflicht die übrigen Rechtsbehelfe des Gläubigers ausschließen. (So auch Leonhard, Bd. I, S. 491).

Eine Verweisung auf § 323 III ist im Zusammenhang mit § 323 II notwendig. Hat der Gläubiger das stellvertretende Kommodum nach § 323 II gewählt, so muß er, falls er seine eigene Leistung schon erbracht hat, den etwaigen nicht mehr

Die dem Gläubiger gewährten Rechtsbehelfe des Rücktritts und der Forderung des stellvertretenden Kommodums nach § 323 II stellen sich also, wenn man von einer primären Schadensersatzschuld des Schuldners ausgeht, als Gestaltungsrechte dar, die der Gläubiger anstatt des Schadensersatzanspruchs geltend machen kann.

An dieser Auffassung kritisiert Braga[93]), daß sie dem Wortlaut des Gesetzes widerspreche. Das Entweder-Oder-Verhältnis, das nach dem Gesetz zweifellos für die verschiedenen Rechtsbehelfe des Gläubigers gelte, müsse so verstanden werden, daß dem Gläubiger diese Rechte an Stelle des vereitelten Erfüllungsanspruchs zur Wahl gegeben werden. Eine Konstruktion, nach der der Rücktritt an Stelle des schon bestehenden Schadensersatzanspruchs des Gläubigers geltend zu machen ist, sei daher unzulässig. Diese Kritik ist jedoch nicht durchschlagend. Das Gesetz legt mit seiner Entweder-Oder-Regelung verbindlich allein die Rechtsfolge fest, daß der Gläubiger nicht Schadensersatz und zugleich Rücktritt wählen dürfe. Für die dogmatische Konstruktion des Verhältnisses der Rechtsbehelfe folgt daraus nichts. Mit dem Gesetzeswortlaut vereinbar ist auch die Auffassung, daß sich der gegenseitige Vertrag mit der Leistungsstörung unmittelbar in ein Schadensersatzverhältnis umwandle, da auch bei dieser Konstruktion die gesetzliche Alternative der Gläubigerrechtsbehelfe gewährleistet werden kann.

Die Annahme einer unmittelbaren Schadensersatzschuld des Schuldners enthält keine konstruktiven Schwierigkeiten. Sie ist daher nur dann als unhaltbar zu erweisen, wenn sie zu praktischen Konsequenzen zwingt, die dem Sinn des Gesetzes oder der Interessenlage des Vertrages widersprechen.

Hier könnten insbesondere zwei Bedenken geltend gemacht werden:
1. Da der Schuldner Schadensersatz schuldet, kann er seine Verpflichtung auch erfüllen und dadurch die übrigen Rechtsbehelfe des Gläubigers ausschließen, bevor der Gläubiger sein Wahlrecht ausgeübt hat. (c)
2. Da der Gläubiger mit der Forderung von Schadensersatz nur einen beste-

---

geschuldeten Überwert nach § 323 III zurückverlangen können (vgl. Enn.-Lehmann, § 48 II).
Ob außerhalb dieses Zusammenhangs allgemein auf § 323 III verwiesen ist, muß bezweifelt werden. Der Sinn des § 325 I 3 besteht in der Erweiterung der Gläubigerrechte. Ein Anspruch aus § 323 III ist aber überflüssig, da er dem Gläubiger nichts gewährt, was er nicht schon mit dem Rücktritt (und unter besseren Haftungsvoraussetzungen) erhalten kann. Der Rücktritt schließt auch einen Schadensersatzanspruch wegen positiver Forderungsverletzung nicht aus. So die neuere Lehre: vgl. bei Larenz, Bd. I § 25a; Esser, Schuldrecht, § 82, 4. Nach der älteren Lehre war dies Ergebnis nur zu erzielen, wenn man dem Gläubiger aus § 325 I 3, 323 I, III ein besonderes Abstandsrecht gewährte. Vgl. Stampe AcP 110 (1913), S. 189 f.; Siber, Schuldrecht, S. 197 f. – der aber selbst das Abstandsrecht für überflüssig hält, falls der einzige Unterschied zum Rücktritt die schärfere Rückgewährhaftung sein sollte, S. 198 Anm. 11.
Beschränkt man die Verweisung des § 325 I 3 auf den § 323 II, so hat es einen guten Sinn, daß dem Gläubiger nicht auch in § 326 wahlweise die Rechte aus § 323 eingeräumt werden. Da in § 326 die Leistung des Schuldners zwar ausgeschlossen aber nicht unmöglich ist, kann es ein stellvertretendes Kommodum im Sinne der §§ 281, 323 II nicht geben.

[93]) MDR 1959, 440.

henden Anspruch ausübt, ohne die Rechtslage zu gestalten, hat er ein ius variandi, danach noch zum Rücktritt oder zur Forderung des stellvertretenden Kommodums überzugehen. (d)

c) Schadensersatzleistung vor der Ausübung des Gläubigerwahlrechts

Schuldet der Schuldner mit Eintritt der Unmöglichkeit unmittelbar Schadensersatz, so ist er nach allgemeinen Regeln (§ 271 II) im Zweifel auch berechtigt, seine Verpflichtung sofort zu erfüllen. Er könnte also auch gegen die Schadensersatzforderung des Gläubigers aufrechnen oder sich, falls ihm die Höhe des Schadens bekannt ist, durch Hinterlegung gemäß §§ 372, 378 befreien. Das würde zu einer dem Zweck des Gesetzes widersprechenden Beeinträchtigung des Gläubigerwahlrechts in den §§ 325, 326 führen, da mit der Erfüllung des Schadensersatzanspruchs unzweifelhaft die anderen Rechtsbehelfe ausgeschlossen sind. Insbesondere könnte der Schuldner danach im Wege der Aufrechnung schon durch eine bloße Teilerfüllung (entgegen § 266) das Wahlrecht des Gläubigers unmittelbar nach Eintritt der Leistungsstörung vereiteln.

Diese Konsequenz zwingt jedoch nicht zu dem Schluß, daß die Annahme eines unmittelbaren Schadensersatzanspruchs gesetzwidrig sei. Vielmehr ist hier umgekehrt aus dem Zweck des gesetzlichen Wahlrechts zu begründen, daß der Gläubiger vor der Ausübung seiner Wahl das Recht habe, die Leistung des Schuldners zurückzuweisen und daher nicht in Annahmeverzug (der Voraussetzung für die befreiende Hinterlegung ist) gesetzt werden könne[94]). Aus demselben Grund ist eine Aufrechnung gegen die Schadensersatzforderung des Gläubigers erst zulässig, wenn dieser den Anspruch geltend gemacht hat[95]).

Auch sonstige eigenmächtige Leistungen des Schuldners (etwa durch Überweisung auf ein Konto des Gläubigers) sind wirkungslos. Sie befreien den Schuldner erst, wenn der Gläubiger Schadensersatz fordert. Wählt er den Rücktritt vom Vertrage oder ein stellvertretendes Kommodum, so entfällt die Schadensersatzpflicht des Schuldners und dieser muß seine Leistung nach § 812 kondizieren[96]).

d) Das sog. ius variandi des Gläubigers

Die herrschende Lehre glaubt, aus dem Umstand, daß der Schuldner von vornherein zum Schadensersatz verpflichtet ist und die Geltendmachung dieses Anspruchs daher die Rechtslage nicht gestaltet, sondern bloße Rechtsausübung ist, schließen zu müssen, daß der Gläubiger von der Forderung des Schadensersatzes solange noch zu einem anderen Rechtsbehelf übergehen

---

[94]) A.A. offenbar Panck-Siber (4. Aufl.) 2e) zu § 325.

[95]) Der Ausschluß der Aufrechnung aus der Natur des Rechtsverhältnisses ist allgemein anerkannt; (vgl. Larenz I § 27 IIIb; Esser aaO § 73,7) hier ergibt er sich aus dem Zweck des gesetzlichen Wahlrechts des Gläubigers.

[96]) Vgl. oben Anm. 89.

könne, wie der Schuldner den Schadensersatz noch nicht geleistet habe[97]). Dieses ius variandi erweckt Bedenken[98]).

Solange das Schicksal des gegenseitigen Vertrages noch nicht durch die Ausübung des Gläubigerwahlrechts endgültig entschieden ist, ist der Schuldner mit der Ungewißheit des Rechtszustandes belastet. Er weiß also z. B. noch nicht, ob er die schon empfangene Gegenleistung des Gläubigers zurückgewähren muß oder nicht; er schuldet zwar Schadensersatz wegen Nichterfüllung, aber es steht noch nicht fest, ob es dabei bleibt, und der Schuldner hat keine Möglichkeit, von sich aus durch Erfüllung dieser Schuld die Rechtslage festzulegen.

Dagegen muß er das Recht haben, dem Gläubiger für die Ausübung seines Wahlrechts eine angemessene Frist zu setzen (nicht nur, wie die herrschende Lehre meint, gemäß §§ 327, 355 für den Rücktritt). Es kann nicht im nur durch § 242 eingeschränkten Belieben des Gläubigers liegen, wann er seine Rechte ausüben will[99]). Der Schuldner ist der einseitigen Gestaltungsmacht des Gläubigers ausgeliefert, und es wäre eine durch den Zweck der §§ 325, 326 nicht gedeckte Belastung, wenn er gar keine Möglichkeit hätte, auf die Beendigung des ungewissen Rechtszustandes hinzuwirken. Man wird aus den §§ 355, 264 II (vgl. ferner §§ 415 II, 466 und 17 II und 20 II KO) den allgemeinen Rechtsgrundsatz entnehmen dürfen, daß diejenige Partei, die infolge von nicht fristgebundenen Gestaltungsbefugnissen des Vertragsgegners mit der Ungewißheit der vertraglichen Rechtslage belastet ist, dem Berechtigten eine Frist zur Ausübung seiner Rechte setzen und so auf eine Entscheidung der Rechtslage hinwirken kann[100]). Die herrschende Lehre kann nur im Einzelfall nach § 242 helfen[101]).

Die Belastung des Schuldners mit der Unentschiedenheit der Rechtslage ist eine gesetzliche Haftungsfolge der von ihm zu vertretenden Leistungsstörung. Sie ist das Korrelat des gesetzlichen Zwecks in den §§ 325, 326: dem Gläubiger durch ein Wahlrecht eine jeder Interessenlage gerecht werdende Reaktion auf die Vertragsverletzung zu ermöglichen. Nach dem Sinn des Gesetzes muß der Schuldner diese Rechtsunsicherheit aber nur bis zur Ausübung der Gläubigerrechte ertragen; danach muß er sich auf das geltend

---

97) Vgl. RG 85, 282 f. Urt. v. 23. 9. 1914 V. ZS; RG 109, 186 Urt. v. 14. 11. 1924 III. ZS; Enn.-Lehmann § 53 III 2.
Der Rücktritt und die Forderung des stellvertretenden Kommodums nach § 323 II sind dagegen endgültige Gestaltungen des Schuldverhältnisses, nach denen der Gläubiger nicht mehr zum Schadensersatzanspruch zurückgehen kann. Für den Rücktritt ist das unbestritten; für die Geltendmachung von § 323 II vertreten dies von verschiedenen Standpunkten aus: Staudinger-Werner I 3 zu § 325; Larenz, Bd. I, § 21 2a; Braga, MDR 1959, S. 440; a.A. z. B. Erman-Groepper (12 zu § 325).

98) Dazu ausführlich Braga, MDR 1959, S. 439 f.; kritische Bemerkungen finden sich außerdem bei Rabel, aaO, Bd. I, S. 439; Blomeyer Acp 151 (1950/51) 113, Anm. 48; Wolf AcP 153 (1954) S. 118; v. Cämmerer NJW 1956, 570.

99) Vgl. etwa Palandt-Danckelmann 7b zu § 326.

100) Vgl. Braga MDR 1959, 440; Kisch, Unmöglichkeit, S. 154, will § 264 analog heranziehen.

101) Vgl. RGRK (Wilde) 24 zu § 326.

gemachte Recht einstellen dürfen. Hat der Gläubiger einmal Schadensersatz wegen Nichterfüllung gewählt, so kann das für den Schuldner nichts anderes bedeuten, als daß er von diesem Augenblick an nicht mehr damit zu rechnen braucht, daß er die schon empfangene Gegenleistung des Gläubigers zurückzugewähren hat; er kann also beruhigt über sie verfügen[102]).

Andererseits bedeutet es für ihn, daß er sich nun bemühen muß, die Schadensersatzsumme aufzubringen, um nicht in Verzug zu geraten. Der Schuldner muß sich also auf die Wahl des Gläubigers einrichten; für ihn ist der ungewisse Rechtszustand des gegenseitigen Vertrages nun entschieden[103]).

Hätte der Gläubiger ein ius variandi, so müßte der Schuldner sich einerseits zur Leistung des geforderten Schadensersatzes bereit machen, aber andererseits immer noch damit rechnen, daß der Gläubiger einen anderen Rechtsbehelf ausübt. Das ist interessenwidrig; es kann aus der Haftung für die Vertragsverletzung nicht gerechtfertigt werden[104]). Der Gläubiger bedarf eines solchen Rechts zur Durchsetzung seiner vertraglichen Interessen nicht, da er sich vorher über die Tragweite seiner Rechte klar werden kann[105]).

In der Gewährung eines ius variandi liegt eine Ausweitung der Gläubigerrechte über den Zweck der §§ 280 ff., 325, 326 hinaus. Das ist als unzulässig anzusehen, da das Gesetz die Folgen der Leistungsstörung abschließend geregelt hat[106]).

Die interessengerechte Lösung dieses Problems ist jedoch durchaus auch dann zu gewinnen, wenn man mit der herrschenden Lehre an einer unmittelbaren Schadensersatzschuld des Schuldners festhält.

Der Schluß der herrschenden Lehre, daß der Gläubiger deshalb ein ius variandi haben müsse, weil die Geltendmachung von Schadensersatz keine Rechtsgestaltung sei, ist nämlich nicht zwingend[107]). Es ist kein Grund ersichtlich, warum sich die Bindung des Gläubigers an die einmal getroffene

---

[102]) Oft wird der Schuldner ein Interesse haben, die Gegenleistung des Gläubigers gegen das volle Erfüllungsinteresse zu behalten. Der Übergang zum Rücktritt bedeutet danach keineswegs immer die Wahl eines Minus gegenüber dem Schadensersatzverlangen. So aber u.a. Oertmann (5. Aufl.) 2b) zu § 325; Würdinger RGRK-HGB Anhang zu § 374, Anm. 117.

[103]) Er kann ja insbesondere auch sofort (gegebenenfalls im Wege der Aufrechnung) erfüllen.

[104]) Der Hinweis auf die immer noch bestehende Möglichkeit, das Rücktrittsrecht des Gläubigers durch Fristsetzung (§ 355) auszuschließen, verfängt nicht. Mit Recht weist Braga (aaO, S. 440) darauf hin, daß der auf Schadensersatz in Anspruch genommene Schuldner wohl kaum noch daran denken wird, dem Gläubiger eine Frist zur Ausübung des Rücktrittsrecht zu setzen.

[105]) Daher trifft auch der Einwand Leonhards (Bd. I, S. 490) nicht zu, daß es unrichtig wäre, den Gläubiger an der erklärten Wahl festzuhalten, weil bei der Wahl Irrtümer und Veränderungen der Sachlage möglich seien. Das ist das spezifische Risiko des Wählenden und darf den Schuldner nicht belasten. Etwas anderes gilt, wenn der Schuldner mit der Schadensersatzleistung in Verzug gerät; dazu siehe unten.

[106]) Vgl. Braga, aaO, S. 439.

[107]) Rabel, aaO, Bd. I, S. 439, bezeichnet ihn als eine spitzfindige Folgerung aus dem Begriff.

Wahl nur daraus ergeben könne,daß er die Rechtslage irreversibel umgestaltet habe. Es ist gezeigt worden, daß ein ius variandi für den Schuldner eine unbillige Härte bedeutet und zugleich die Gläubigerrechte unzulässig ausweitet, da es durch den Zweck der gesetzlichen Rechtsbehelfe, nämlich dem Gläubiger eine seinen Interessen entsprechende Reaktion auf die Vertragsstörung zu ermöglichen, nicht gedeckt ist. Eben dies zwingt schon zu dem Schluß, daß ein ius variandi dem Sinn des Gesetzes widerspricht: das Schadensersatzverlangen muß den Gläubiger binden.

Man kann diese Rechtsfolge aus § 242 gewinnen, da sie Ausdruck des Verbots des venire contra factum proprium ist[108]). Durch die Geltendmachung von Schadensersatz wird zwar die Rechtslage nicht formell gestaltet, es wird aber dem Schuldner gegenüber die bestehende Rechtsunsicherheit aufgehoben. Für den Schuldner ist wesentlich, daß er sich nun auf das geltend gemachte Recht einstellen muß und kann. Die Erklärung des Gläubigers schafft einen Vertrauenstatbestand, an dem er festzuhalten ist. Der Rückgang auf § 242 ist jedoch entbehrlich, da sich diese Rechtsfolge, wenn auch nicht schon konstruktiv aus dem rechtsgestaltenden Charakter des Schadensersatzverlangens, so doch aus dem Zweck des gesetzlich gewährten Wahlrechts ergibt. Die Regelung der §§ 325, 326 ist so aufzufassen, daß das Schicksal des gegenseitigen Vertrages durch die einmal getroffene Wahl des Gläubigers endgültig entschieden sein soll. Es ist daher nicht notwendig, das Schadensersatzverlangen in eine rechtsgestaltende Erklärung umzudeuten (wie Braga dies tut), um die Endgültigkeit dieser Wahl zu begründen. Dem Ausschluß des ius variandi liegt nicht begrifflich-konstruktiver Zwang, sondern die sinngemäße Forderung des Gesetzeszwecks zugrunde.

Man ist daher nicht gehindert, das ius variandi doch zuzulassen, wenn der gesetzliche Grund für die Bindung des Gläubigers an die einmal getroffene Wahl entfällt. So kann das Vertrauen des Schuldners in die Endgültigkeit der Wahl nicht geschützt sein, wenn er mit der geforderten Schadensersatzleistung in Verzug gerät. Dann kann der Gläubiger noch zum Rücktritt übergehen, um auf diesem Wege seine Gegenleistung zurückbekommen. Ebensowenig ist der Gläubiger gebunden, wenn er die verschiedenen Rechtsbehelfe unzulässigerweise nebeneinander geltend macht, also insbesondere, wenn er Schadensersatz wegen Nichterfüllung verlangt, aber erkennbar seine eigene Leistung zurück haben will. Hier ist auch dem Schuldner gegenüber die Ungewißheit der Rechtslage noch nicht eindeutig entschieden. Es besteht daher kein Grund, den Gläubiger das Risiko der rechtspolitisch verfehlten Unvereinbarkeit von Schadensersatz und Rücktrittswirkung allein tragen zu lassen. Der Schuldner kann dem Gläubiger eine Frist zur Klärung setzen[109]). Dagegen ist der Gläubiger an die klare Wahl von Schadensersatz auch dann gebunden, wenn er irrtüm-

---

108) Riezler, Venire contra factum proprium, S. 151 f., nimmt Verwirkung des Wahlrechts an, da der Schuldner ein objektiv begründetes Interesse an der Gebundenheit des Gläubigers haben kann.

109) Vgl. Larenz, Bd. I, § 21 IIa (S. 258, Anm. 1), der den Gläubiger nur dann binden will, wenn in der Forderung des Schadensersatzes eine bewußte Wahl zwischen den verschiedenen Rechtsbehelfen zum Ausdruck kommt.

lich gerechnet hatte, auf diesem Wege auch seine Gegenleistung zurückerhalten zu können.

e) Der Wechsel der Schadensberechnung

Fraglich ist, ob der Gläubiger nicht ein ius variandi haben muß, im Rahmen des Schadensersatzes wegen Nichterfüllung statt des zunächst geltend gemachten Differenzanspruchs das volle Erfüllungsinteresse zu verlangen (bzw. umgekehrt).

Darin läge nicht ein Übergang zu einem anderen selbständigen Rechtsbehelf, sondern nur ein Wechsel in der Berechnungsart der Schadenshöhe innerhalb des geltend gemachten Schadensersatzanspruchs. Für den betroffenen Schuldner bedeutet dies aber im Ergebnis keinen Unterschied, er muß sich in jedem Fall auf eine andere als die zunächst geltend gemachte Reaktion des Gläubigers einstellen. Man wird daher auch hier darauf abstellen müssen, ob die Verlängerung des Gläubiger-Wahlrechts bis zur Leistung des geforderten Schadensersatzes mit den Interessen des Schuldners vereinbar ist. Ist das nicht der Fall, so hat man das ius variandi auszuschließen. Denn der Gläubiger kann, wenn er sein Wahlrecht einmal ausgeübt hat, eine weitere Überlegungsfrist nicht beanspruchen.

Legt man diesen Maßstab zugrunde, so muß man einen Übergang vom Differenzanspruch zum Anspruch auf das Leistungsinteresse ausschließen. Hat der Gläubiger einmal die sofortige vollständige Liquidierung des Vertrages in einem einzigen Abrechnungsanspruch gewählt, so sind für den Schuldner klare Verhältnisse geschaffen, auf die er sich einrichten können muß. Er weiß, daß er die vertragliche Gegenleistung des Gläubigers nicht erhalten wird und muß sich diese also gegebenenfalls umgehend woanders beschaffen.

Dem Schuldner kann nicht zugemutet werden, daß er bis zur Leistung des Schadensersatzes damit rechnen muß, die Gegenleistung des Gläubigers doch noch gegen Zahlung des (viel höheren) Leistungsinteresse annehmen zu müssen. Die Zeit dieser Unsicherheit kann lang sein, wenn etwa um die Höhe des vom Gläubiger geltend gemachten Differenzschadens ein Prozeß geführt wird.

Der Gläubiger ist daher an die Wahl des Differenzanspruchs gebunden. Anders liegt die Sache, wenn der Gläubiger das Leistungsinteresse geltend gemacht hat.

Mit dieser Wahl hat der Schuldner zwar eine gewisse Aussicht erworben, die vertragliche Gegenleistung des Gläubigers zu erhalten, diese Aussicht ist aber nicht rechtlich gesichert, denn er hat keinen Anspruch auf diese Leistung. Vielmehr besteht nur eine Begrenzung seiner Schadensersatzverpflichtung, die bewirkt, daß der Gläubiger seine Gegenleistung erbringen muß, wenn er den geforderten Schadensersatz erhalten will.

Diesem Vorbehalt seiner Schadensersatzverpflichtung muß der Schuldner durch Einrede Geltung verschaffen. Einen Anspruch auf die Gläubigerleistung erwirbt er erst, wenn er den geforderten Schadensersatz geleistet hat, ohne die Gegenleistung erhalten zu haben[110]). Die Forderung des Leistungsinteresse schafft also, wenn der Gläubiger nicht schon vorgeleistet hat, keinen endgültigen klaren Rechtszustand, auf den sich der Schuldner einrichten kann. Die bloße Aussicht auf die vertragliche Gegenleistung ist nicht eine Vertrauensposition, die dem Schuldner nicht wieder entzogen werden darf. Daher kann der Gläubiger vor der Leistung des Schadensersatzes noch zum Differenzanspruch zurückgehen[111]).

3. Der Anspruch auf das volle Erfüllungsinteresse (Leistungsinteresse)

Der Anspruch auf das Leistungsinteresse ist eine Schadensberechnung, die im Rahmen der Differenztheorie liegt. Nach dem Prinzip dieser Theorie gilt daher auch für sie die Verbindung von Schadensausgleich und synallagmatischer Befreiung des Gläubigers. Dem Gläubiger kann der Anspruch auf das Leistungsinteresse zwar nach dem Sinn des gegenseitigen Vertrages nur gegen seine vertragliche Gegenleistung zustehen, aber er ist zu dieser Leistung nicht mehr verpflichtet. Das gleiche gilt, wenn der Gläubiger ein stellvertretendes Kommodum unter Anrechnung auf den Schadensersatz verlangt, §§ 325 I, 281. Da das stellvertretende Kommodum an die Stelle der vertraglichen Schuldnerleistung tritt, kann der Gläubiger es nur erhalten, wenn er seine vertragliche Gegenleistung dafür aufwendet[112]). Auch in diesem Fall hat aber der Schuldner keinen Anspruch auf diese Leistung; der Gläubiger bleibt endgültig befreit[113]).

Die Gegenleistung des Gläubigers hat im Rahmen dieser Schadensberechnung die Funktion, die Höhe des vom Schuldner zu leistenden Schadensersatzes zu begrenzen, um eine vertraglich nicht gerechtfertigte Bereicherung des Gläubigers zu vermeiden. Dies wird bei der Differenzrechnung durch einen direkten Abzug des Werts der Gläubigerleistung vom Wert der Schuld-

---

110) Vgl. dazu im einzelnen unten, zu Anm. 112 ff.

111) Daraus folgt insbesondere, daß der Gläubiger noch den Differenzschaden geltend machen kann, wenn seine vertragliche Gegenleistung untergeht. Wäre die Wahl des Leistungsinteresses endgültig, so müßte der Gläubiger in diesem Fall seinen Schadensersatzanspruch einbüßen.
Der Surrogationstheorie würde es entsprechen, eine dem ursprünglichen Synallagma nahekommende Abhängigkeit zwischen der Schadensersatzverpflichtung des Schuldners und der (weiter bestehenden) vertraglichen Leistungspflicht des Gläubigers anzunehmen. Wird die Erfüllung der Gläubigerverpflichtung unmöglich, so muß der Schuldner von der Verpflichtung zum Schadensersatz frei sein. Er muß sogar selbst einen Anspruch auf Schadensersatz haben, wenn der Gläubiger die Unmöglichkeit zu vertreten hat. Nach der Regelung des deutschen Rechts entfällt in diesem Falle nur der Anspruch auf das Leistungsinteresse, der Schuldner bleibt aber zum Ersatz des Differenzschadens verpflichtet.

112) Und zwar muß er die ganze Gegenleistung erbringen; eine Minderung auf den Wert des Kommodums ist nur nach §§ 325 I 3, 323 II, nicht aber im Rahmen des Schadensersatzes wegen Nichterfüllung möglich. Der Anspruch auf das stellvertretende Kommodum ist eine Form des Anspruchs auf das Leistungsinteresse. Der Gläubiger kann es daher nicht mit dem Differenzanspruch unter Anrechnung auf den Differenzschaden verlangen.

113) Unrichtig Larenz, Bd. I, § 21 IIb, S. 261.

nerleistung erreicht; hier geschieht es mittelbar durch ein ausgleichendes Gegenverhalten des Gläubigers.

Der Anspruch des Gläubigers auf »Schadensersatz gegen die vertragliche Gegenleistung« läßt verschiedene Konstruktionen zu:

a) Man könnte das Angebot der Gegenleistung als Voraussetzung (Bedingung) für die Entstehung des Anspruchs auf das Leistungsinteresse verstehen. Dann wäre das Schadensersatzverlangen des Gläubigers unbegründet, solange das Angebot der Gegenleistung noch aussteht, und die Berufung des Schuldners darauf wäre Leugnen des Klaggrundes.

b) Man könnte aber auch den Anspruch auf das Leistungsinteresse schon mit dem Schadensersatzverlangen des Gläubigers als begründet ansehen und die materielle Begrenzung der Höhe dieses Schadensersatzanspruches durch die Gegenleistung des Gläubigers erst auf Einrede des Schuldners hin berücksichtigen.

Die Systematik des Gesetzes spricht für die zweite Lösung. Dem BGB ist die Begrenzung von Ansprüchen durch ein einredeweise anzuforderndes Gegenverhalten des Gläubigers durchaus geläufig. So ist etwa nach § 255 der Schadensersatzverpflichtete nur gegen Abtretung gewisser dem Geschädigten zustehender Ersatzansprüche zur Leistung verpflichtet. Diese Begrenzung der Schuld führt aber nicht ohne weiteres zur Abweisung des Gläubigers, wenn er vor der Abtretung der Ersatzansprüche auf Schadensersatz klagt. Sie gewährt dem Schuldner vielmehr nur ein Einrederecht (gemäß § 273), mit dem er seine unbedingte Verurteilung abwenden kann (vgl. § 274)[114].

Das gleiche gilt für die Regelung des funktionellen Synallagmas (§ 320). Das Gesetz hat das Angebot der Gegenleistung nicht zur Voraussetzung für den Leistungsanspruch des Gläubigers erhoben. Es hat vielmehr die Leistungsansprüche beider Parteien selbständig ausgestaltet und es dem Verpflichteten überlassen, die innere Begrenzung seiner Schuld durch das Gegenversprechen des Gläubigers im Wege der Einrede (des nichterfüllten Vertrages) geltend zu machen.

Das Prinzip dieser Regelungen ist für die Konstruktion des »Schadensersatzes gegen die vertragliche Gegenleistung« entsprechend heranzuziehen. Der Ersatzanspruch des Gläubigers ist an sich selbständig und unbeschränkt: der Schuldner hat aber ein Einrederecht, mit dem er seine Schadensersatzleistung bis zum Angebot der Gegenleistung zurückhalten kann[115]). Verwei-

---

114) Vgl. RG 59, 370f. Urt. v. 19. 12. 1904 VI. ZS; LG Berlin NJW 1958, 1877 Urt. v. 5. 6. 1958; Larenz, Bd. I, § 14 IIIc (am Ende).
Da der Schadensersatzverpflichtete vor der Leistung keinen selbständigen Anspruch auf Abtretung der Ersatzansprüche hat (vgl. LG Berlin), ergibt sich sein Einrederecht nicht aus § 273 (der einen fälligen Gegenanspruch voraussetzt), sondern direkt aus § 255; die Rechtsfolge des § 274 gilt entsprechend.

115) Aus dem funktionellen Synallagma selbst ergibt sich diese Folge nicht. In der Begrenzung des Schadensersatzes des Schuldners durch die Gläubigerleistung wirkt zwar die Rechtsgrundabhängigkeit der ursprünglichen primären Leistungspflichten fort, es besteht aber keine synallagmatische Verknüpfung mehr zwischen der Schadensersatzleistung des Schuldners und der vertraglichen Gegenleistung des Gläubigers.

gert der Schuldner die Leistung unter Berufung auf das ausstehende Gegenangebot des Gläubigers, so wird zweckmäßigerweise die Klage des Gläubigers nicht voll abzuweisen sein, sondern nur (wie im Fall des § 255) die Verurteilung des Schuldners auf Leistung Zug um Zug gegen Empfang der Gegenleistung des Gläubigers beschränkt werden. Die §§ 274, 322 drücken einen allgemeinen Rechtsgedanken aus, der eine praktische prozessuale Lösung für alle Zurückbehaltungsrechte des Schuldners enthält, durch die ein bestimmtes Gegenverhalten des Gläubigers angefordert werden kann.

Leistet der Schuldner das volle Erfüllungsinteresse, ohne daß er dafür die Gegenleistung des Gläubigers empfangen hat, so soll er nach Planck-Siber[116]) einen Anspruch auf die vertragliche Gegenleistung des Gläubigers erwerben. Dies soll jedoch nicht der ursprüngliche vertragliche Leistungsanspruch des Schuldners sein, sondern ein entsprechend dem Gedanken des § 255 entwickelter Ausgleichsanspruch für den geleisteten Überersatz, der eine ungerechtfertigte Bereicherung des Gläubigers verhindern soll[117]).

Dieser Lösung ist zuzustimmen. Nur solange der Schadensersatz noch nicht geleistet ist, hat der Schuldner die Möglichkeit, die Begrenzung seiner Verpflichtung einredeweise durch die Anforderung der vertraglichen Gläubigerleistung geltend zu machen. Diese Sicherung versagt, wenn der Schuldner den Schadensersatz vorleistet. Der Schuldner ist zur Erfüllung seiner Verpflichtung berechtigt, sobald der Gläubiger den Schadensersatz geltend gemacht hat. An einer Vorleistung kann er insbesondere deshalb Interesse haben, um den Gläubiger auf die gewählte Schadensberechnung festzulegen. Die Schadensersatzleistung des Schuldners führt aber in diesen Fällen zu einer ungerechtfertigten Bereicherung des Gläubigers, die einen Ausgleich verlangt. Die Regelung der §§ 812 ff. ist nicht anwendbar, da der Schuldner seine Leistung zur Erfüllung einer bestehenden Schadensersatzverpflichtung, also nicht ohne rechtlichen Grund erbracht hat. Zudem kann es nicht das Ziel des Ausgleichs sein, die Schadensersatzleistung des Schuldners rückgängig zu machen, denn der Gläubiger hat einen Anspruch auf diese Leistung und soll sie gerade im Rahmen des geforderten Schadensersatzes endgültig erhalten. Die Bereicherung des Gläubigers besteht allein darin, daß er den Aufwand seiner eigenen Vertragsleistung gespart hat. Der Ausgleich dieser Bereicherung muß zugleich das sachliche Ziel der Schadensersatzabwicklung (die Leistung des vollen Erfüllungsinteresses) unberührt lassen. Das kann nur geschehen, wenn man dem Schuldner mit der Vorleistung des Schadensersatzes einen gesetzlichen Anspruch auf die vertragliche Gegenleistung des Gläubigers gibt[118]).

---

[116]) (4. Auflage 1914) 1a zu § 325, S. 381.

[117]) Nach allgemeiner Auffassung hat nach § 255 der Schadensersatzpflichtige einen selbständig durchsetzbaren Anspruch auf Abtretung der genannten Ersatzansprüche, wenn er vorgeleistet hat, ohne sich diese Ansprüche abtreten zu lassen. Vgl. RG 117, 338 Urt. v. 28. 6. 1927 II. ZS; Esser, Schuldrecht, § 63, 7; Larenz, Bd. I, § 14 IIIc (am Ende).

[118]) Hat allerdings der Gläubiger nur Schadensersatz gefordert, ohne die Berechnungsart zu präzisieren, so erwirbt der Schuldner diesen Ausgleichsanspruch nicht, wenn er in Erwartung der vertraglichen Gegenleistung unaufgefordert das volle Erfüllungsinteresse leistet. Da der Gläubiger das Recht hat, die Berechnung

Abschließend bedarf es einiger Bemerkungen zum Problem, ob für den Austausch von Schadensersatz und Gegenleistung des Gläubigers die vertraglich vereinbarten Leistungsmodalitäten gelten.

Die Vereinbarungen über die Reihenfolge der vertraglichen Leistungen sind unanwendbar geworden. Die Schadensersatzabwicklung hat Zug um Zug zu erfolgen; beide Parteien verlieren also den Vorteil der ursprünglich vereinbarten Vorleistungspflicht des anderen. Der Schuldner hat dies als Folge seines Vertragsbruchs ersatzlos zu tragen. Er hat mit der Vereitelung seiner Leistungspflicht auch dem Vorleistungsversprechen des Gläubigers den vertraglichen Grund entzogen. Der Gläubiger kann für den Verlust des Vorteils, den ihm die Vorleistung des Schuldners gebracht hätte, Zwischenzinsen als Schadensersatz geltend machen.

Im übrigen hat der Gläubiger seine Gegenleistung so zu erbringen, wie sie nach dem Vertrag geschuldet war. Es gelten daher für den Inhalt dieser Leistung alle vertraglichen Modalitäten, soweit sie nicht eine Verpflichtung zur Leistung voraussetzen.

Ist für die Leistung des Gläubigers dem Inhalt nach eine bestimmte Leistungszeit wesentlich (uneigentliches Fixgeschäft) oder ist eine solche Leistungszeit gemäß § 361 BGB vereinbart (eigentliches Fixgeschäft), so muß der Gläubiger seine Leistung zu diesem Zeitpunkt anbieten, wenn er als Schadensersatz das volle Erfüllungsinteresse erhalten will. Der Schuldner gerät nach § 298 in Annahmeverzug, wenn er nicht im Gegenzug den geforderten Schadensersatz anbietet. Das muß entsprechend § 324 II dazu führen, daß er das volle Erfüllungsinteresse (abzüglich etwa ersparter Aufwendungen gemäß § 324 I) auch dann leisten muß, wenn die vertragliche Gläubigerleistung nach diesem Zeitpunkt nicht mehr erbracht werden kann.

Weiter gelten für die vertragliche Gläubigerleistung die Abreden über den Leistungsort, den Haftungsmaßstab, über Gefahrtragung, über zugesicherte Eigenschaften.

Sicherheiten, die für die Gläubigerleistung gestellt waren, erlöschen, da der Gläubiger endgültig von seiner vertraglichen Leistungspflicht befreit ist. Sie leben auch nicht wieder auf, wenn der Schuldner bei Vorleistung des Schadensersatzes einen Anspruch auf die Gläubigerleistung erwirbt; dieser Ausgleichsanspruch ist nicht der vertragliche Leistungsanspruch. Sicherheiten der vertraglichen Schuldnerverpflichtung bleiben bestehen und gelten für die Verpflichtung zum Schadensersatz[119]). Nach der Differenztheorie erfolgt die Schadensersatzleistung nicht in einem neuen Schuldverhältnis, sondern in dem ursprünglichen gegenseitigen Vertrag als dessen Abwicklungsphase.

Im übrigen gelten für die Leistung des Schuldners nur die allgemeinen Vorschriften. Die vertraglichen Leistungsmodalitäten sind gegenstandslos geworden, die Schadensersatzleistung ist nicht an die Stelle der vertraglichen Schuldnerleistung getreten.

---

des Schadensersatzes wegen Nichterfüllung zu bestimmen, kann er durch die eigenmächtige Leistung des Schuldners nicht gebunden sein. Wählt er den Differenzanspruch, so muß der Schuldner den Überersatz nach § 812 zurückfordern.

119) Vgl. Würdinger RGRK HGB (2. Aufl. 1961) Anhang zu § 374, Anm. 27.

4. Zusammenfassung

Für die Rechtslage des gegenseitigen Vertrages in der Abwicklung des Schadensersatzes wegen Nichterfüllung gelten folgende Grundsätze:
1. Mit der Unmöglichkeit der Schuldnerleistung gemäß § 325, bzw. mit dem Ausschluß des Erfüllungsanspruchs des Gläubigers gemäß § 326 I 3 entfällt ipso iure auch die vertragliche Gegenleistungspflicht des Gläubigers.

Es gilt ein allgemeines Prinzip des konditionellen Synallagmas entsprechend § 323 I.

2. Der gegenseitige Vertrag erfährt eine unmittelbare inhaltliche Umgestaltung. An die Stelle des Äquivalenzgefüges der primären vertraglichen Leistungspflichten tritt ein den Vertrag abwickelnder einseitiger Schadensersatzanspruch des Gläubigers. Diese Konstruktion entspricht für den gegenseitigen Vertrag der in § 280 für einseitige Schuldverhältnisse eintretenden Rechtsfolge. Der Schadensersatzanspruch des Gläubigers geht nach den Grundsätzen der Differenztheorie auf das volle Erfüllungsinteresse, den Differenzschaden oder die Rückforderung des Vorgeleisteten in Verbindung mit dem Differenzanspruch, je nachdem, ob der Gläubiger ganz, gar nicht oder teilweise selbst schon vorgeleistet hat.

Solange der Gläubiger sein Wahlrecht gemäß §§ 325, 326 noch nicht ausgeübt hat, kann der Schuldner die Schadensersatzverpflichtung weder durch Aufrechnung erfüllen, noch den Gläubiger in Annahmeverzug setzen.

Keine Geltung hat dagegen die aus dem Anfangsstadium der Differenztheorie übernommene These der herrschenden Lehre, daß die Geltendmachung des Schadensersatzes wegen Nichterfüllung den gegenseitigen Vertrag in einen einseitigen Schadensersatzanspruch umgestalte. Die Umwandlung des gegenseitigen Vertrages erfolgt ipso iure mit Eintritt der Unmöglichkeit.

3. Wählt der Gläubiger den Rücktritt oder fordert er das stellvertretende Kommodum gemäß §§ 325 I 3, 323 II, so wird der Schadensersatzanspruch aufgehoben. Im ersten Fall werden an seiner Stelle Rückgewährpflichten (vgl. § 327) begründet; im zweiten Fall wird das primäre vertragliche Verpflichtungsgefüge unter Einschluß des stellvertretenden Kommodums in entsprechender Höhe wiederhergestellt.

In beiden Fällen ist die Wahl des Gläubigers schon deshalb unwiderruflich, weil sie die Rechtslage gestaltet.

4. Macht der Gläubiger Schadensersatz wegen Nichterfüllung geltend, so ist ein Übergang zu anderen Rechten ausgeschlossen (kein ius variandi). Nach dem Sinn des Gesetzes muß jede Wahl des Gläubigers das Schicksal des gegenseitigen Vertrages endgültig entscheiden und die den Schuldner belastende Rechtsunsicherheit beenden. Innerhalb des Schadensersatzes wegen Nichterfüllung kann der Gläubiger bis zur Leistung des Schuldners in der Berechnung des Schadens vom Anspruch auf das Leistungsinteresse zum Differenzanspruch übergehen, nicht aber umgekehrt.

5. Fordert der Gläubiger Schadensersatz in Form des Leistungsinteresses, so muß der Schuldner, der nur zum Schadensersatz gegen die vertragliche Gläubigerleistung verpflichtet ist, die Begrenzung seiner Schuld im Wege der Einrede geltend machen. Mit der Vorleistung des vollen Erfüllungsinteresses erwirbt der Schuldner einen Ausgleichsanspruch auf die Gegenleistung.

Die Schadensersatzabwicklung hat Zug um Zug zu erfolgen; für die Gläubigerleistung gelten im übrigen die vertraglich vereinbarten Leistungsmodalitäten.

Literatur

Adler, Zur Lehre vom Leistungsverzug beim Kauf, ZHR 86 (1923) 1 ff.
Almèn, Das Skandinavische Kaufgesetz. Deutsche Ausgabe von Neubecker, Heidelberg 1922
Anson, Principles of the English Law of Contract 20th Ed. by Brierly, Oxford 1952
Atiyah, The Sale of Goods, London 1957
Barth, Schadensersatz bei nachträglicher Unmöglichkeit der Erfüllung. Züricher Beiträge zur Rechtswissenschaft, Heft 210, Aarau 1958
Bartholomeyczik, Die Kunst der Gesetzesauslegung, Frankfurt am Main 1951
Bechmann, Der Kauf nach gemeinem Recht. Band I Erlangen 1876, Band II Erlangen 1884
Becker, H., Obligationenrecht 1. Abteilung: Allgemeine Bestimmungen, 2. Auflage, Bern 1941, (Band IV des Kommentars zum schweizerischen Zivilgesetzbuch von Gmür)
Bekker, E. I., Die Aktionen des römischen Privatrechts, Band I, Ius Civile, Berlin 1871
–, System des heutigen Pandektenrechts, Weimar 1886–1889
Benöhr, Das sog. Synallagma in den Konsensualkontrakten des klassischen römischen Rechts, Hamburg 1965
Blomeyer, Studien zur Bedingungslehre, I. Teil: Über bedingte Verpflichtungsgeschäfte, Berlin und Leipzig 1938. (Beiträge zum ausländischen und internationalen Privatrecht, herausgegeben von Heymann, Heft 14)
–, Allgemeines Schuldrecht, 3. Auflage, Berlin und Frankfurt am Main 1964
Böhmer, Der Erfüllungswille, München 1910. (Abhandlungen zum Privatrecht und Zivilprozeß des Deutschen Reiches, herausgegeben von Fischer, 20. Band, Heft 1)
Boyer, Recherches historiques sur la Résolution des Contracts, Paris 1924
Braga, Der Schadensersatzanspruch nach § 326 BGB und die Aufrechnung und Abtretung (§ 404 und § 406 BGB), MDR 1959, 437 ff
Canaris, Die Feststellung von Lücken im Gesetz, Schriften zur Rechtstheorie, Heft 3, Berlin 1964
Capitant, De la Cause des Obligations, 3me Ed. Paris 1927
Carbonnier, Droit Civil, Tome II 2, Les Obligations, Paris 1957
Cheshire-Fifoot, The Law of Contracts, 4th Ed. London 1956
Coing, Zum Begriff der Teilerfüllung, SJZ 1949, 532 ff
–, Die juristischen Auslegungsmethoden und die Lehren der allgemeinen Hermeneutik, Köln und Opladen 1959
Colin et Capitant, Traité de Droit Civil refondue par de la Morandière, Tome II, Paris 1959
Corbin, On Contracts, St. Paul 1960–1962
Crome, System des Deutschen Bürgerlichen Rechts. I. Band: Einleitung und Allgemeiner Teil, Tübingen und Leipzig 1900; II. Band: Recht der Schuldverhältnisse, Tübingen und Leipzig 1902
Cosack, Das Anfechtungsrecht des Gläubigers eines zahlungsunfähigen Schuldners innerhalb und außerhalb des Konkurses nach deutschem Reichsrecht, Stuttgart 1884
–, Lehrbuch des Deutschen Bürgerlichen Rechts. 1. Band: Die allgemeinen Lehren und das Recht der Forderungen, 8. Auflage, Jena 1927
Dalloz, Encéclopédie Juridique, Répertoire de Droit Civil, Paris ab 1951
Dernburg, Das bürgerliche Recht des Deutschen Reiches und Preußens. 2. Band, 1. Abteilung: Die Schuldverhältnisse, 3. Auflage, Halle 1906

Düringer–Hachenburg, Das Handelsgesetzbuch, Band II, Handelsgeschäfte – Allgemeine Vorschriften – 1. Auflage, Mannheim 1901
Ehrenberg, Handbuch des gesamten Handelsrechts, Band VI 2, Die Handelsgeschäfte, Leipzig 1918
Endemann, Lehrbuch des bürgerlichen Rechts. Band I: Einleitung – Allgemeiner Teil – Recht der Schuldverhältnisse, 9. Auflage, Berlin 1903
Engisch, Einführung in das juristische Denken, 3. Auflage, Stuttgart 1964
Enneccerus, Lehrbuch des bürgerlichen Rechts begründet von Enneccerus, Kipp und Wolff
–, Nipperdey, 1. Band, Allgemeiner Teil des Bürgerlichen Rechts, 15. Bearbeitung von Nipperdey, Tübingen 1959
–, Lehmann, 2. Band, Recht der Schuldverhältnisse, 15. Bearbeitung von Lehmann, Tübingen 1958
Erman, Handkommentar zum Bürgerlichen Gesetzbuch herausgegeben von Erman, 3. Auflage, Münster 1962
Esser, Schuldrecht, 2. Auflage, Karlsruhe 1960
Fikentscher, Das Schuldrecht, Berlin 1965
Flume, Allgemeiner Teil des Bürgerlichen Rechts, 2. Band, Das Rechtsgeschäft, Berlin – Heidelberg – New York 1965
Förster–Eccius, Preußisches Privatrecht. Auf der Grundlage des Werkes von Förster bearbeitet von Eccius, Band I, 7. Auflage, Berlin 1896
Gemeinschaftskommentar, Gesetz gegen Wettbewerbsbeschränkungen. Kommentar herausgegeben von Müller-Henneberg und Schwarz, 1. Auflage, Köln und Berlin 1958
Germann, Grundlagen der Rechtswissenschaft, Bern 1950
Gierke, O. von, Deutsches Privatrecht, 3. Band – Schuldrecht – München und Leipzig 1917
Haymann, Zur Grenzziehung zwischen Schenkung und entgeltlichem Geschäft. Ein Beitrag zur Causalehre. IhrJB 56 (1910) 86 ff
–, Die Schenkung unter einer Auflage, Berlin 1905
Heck, Grundrisse des Schuldrechts, Tübingen 1929
Hoeniger, Die gemischten Verträge in ihren Grundformen, Mannheim und Leipzig 1912
Holzschuher, Theorie und Casuistik des gemeinen Civilrechts, 3. Auflage herausgegeben von Kuntze, Band III, 1864
Husserl, Gerhart, Recht und Zeit, Frankfurt am Main 1955
Ihring, Der Zweck im Recht, Band I, 3. Auflage, Leipzig 1893
Jaeger-Lent, Kommentar zur Konkursordnung mit Einführungsgesetzen. Begründet von Jaeger, 8. Auflage, Band I, §§ 1–70 KO bearbeitet von Lent, Berlin 1958
Kapp, Das Erbschaftssteuergesetz, 3. Auflage, Hannover-Wülfel 1966
Kaser, Das Römische Privatrecht. Band I, München 1955; Band II, München 1959
Keller, von, Pandekten, herausgegeben von Friedburg, Leipzig 1861
Kipp, Gutachten über die Frage: Worin besteht der Schadensersatz wegen Nichterfüllung beim gegenseitigen Vertrage? Verhandlungen des 27. Deutschen Juristentages 1904, Band I, S. 249 ff
Kisch, Der Schadensersatz wegen Nichterfüllung bei gegenseitigen Verträgen, IhrJB 44 (1902) 68 ff
–, Die Wirkungen der nachträglich eintretenden Unmöglichkeit der Erfüllung bei gegenseitigen Verträgen, Jena 1900
Klang, Kommentar zum Allgemeinen Bürgerlichen Gesetzbuch, herausgegeben von Klang. Zweiter Band/Zweiter Halbband, §§ 859 bis 1039, Wien 1934
Kress, Lehrbuch des allgemeinen Schuldrechts, München 1929
–, Lehrbuch des besonderen Schuldrechts, München 1934
Krückmann, Kalkulationsirrtum und ursprüngliche Sinn-, Zweck- und Gegenstandslosigkeit, AcP 128 (1928) 157 ff
–, Die Voraussetzung als virtueller Vorbehalt, AcP 131 (1929) 1 ff, 257 ff
Larenz, Methodenlehre der Rechtswissenschaft, Berlin-Göttingen-Heidelberg 1960
–, Geschäftsgrundlage und Vertragserfüllung, 3. Auflage, München und Berlin 1963

Larenz, Lehrbuch des Schuldrechts. Band I: Allgemeiner Teil, 7. Auflage, München und Berlin 1964; Band II: Besonderer Teil, München und Berlin 1965
Lehmann, Allgemeiner Teil des Bürgerlichen Gesetzbuchs, 12. Auflage, Berlin 1960
Lenel, Nochmals die Lehre von der Voraussetzung, AcP 79 (1892) 49 ff
Leonhard, Fr., Allgemeines Schuldrecht des BGB, München 1929
–, Besonderes Schuldrecht des BGB, München 1931
Leonhard, R., Der Allgemeine Teil des Bürgerlichen Gesetzbuchs, Berlin 1900
Liebisch, Das Wesen unentgeltlicher Zuwendungen unter Lebenden im bürgerlichen Recht und im Reichssteuerrecht, Leipzig 1927
Locher, Geschäftsgrundlage und Geschäftszweck, AcP 121 (1923) 1 ff
Mayr, von, Gutachten über die Frage: Worin besteht der Schadensersatz wegen Nichterfüllung beim gegenseitigen Vertrage? Verhandlungen des 27. Deutschen Juristentages (1904), Band II, S. 167 ff
Mazeaud Henri et Léon, Jean, Lecons de Droit Civil, 3me Ed. Paris 1963
Mentzel–Kuhn, Kommentar zur Konkursordnung von Mentzel, 7. Auflage bearbeitet von Kuhn, Berlin und Frankfurt am Main 1962
Merz, Die Revision der Verträge durch den Richter, Zeitschrift für Schweizerisches Recht. Neue Folge, Band 61, S. 394a ff
Mestmäcker, Über die normative Kraft privatrechtlicher Verträge, JZ 1964, 441 ff
Meyerfeld, Die Lehre von den Schenkungen nach römischem Recht, Band I, Marburg 1835
Mommsen, Beiträge zum Obligationenrecht. Band I: Die Unmöglichkeit der Leistung in ihrem Einfluß auf obligatorische Verhältnisse, Braunschweig 1835
Motive der ersten Kommission zum ersten Entwurf des Bürgerlichen Gesetzbuchs zitiert nach Mugdan. Die gesamten Materialien zum Bürgerlichen Gesetzbuch für das Deutsche Reich, Band II, Recht der Schuldverhältnisse, Berlin 1899
Oertmann, Leistungen »Zug um Zug«, BayZRPfl 1905, 10 ff, 47 ff
–, Entgeltliche Geschäfte, München 1912. (Abhandlungen zum Privatrecht und Zivilprozeß des Deutschen Rechts, herausgegeben von Fischer, Band 23, 3. Heft.)
–, Kommentar zum Bürgerlichen Gesetzbuch und seinen Nebengesetzen. Bürgerliches Gesetzbuch, 2. Buch: Recht der Schuldverhältnisse, 3. und 4. Auflage, Berlin 1910, 5. Auflage, Berlin 1928
Palandt, Bürgerliches Gesetzbuch, 25. Auflage, München und Berlin 1966
Pieper, Der Anspruch auf Schadensersatz wegen Nichterfüllung, JuS 1962, 409 ff, 459 ff
Pisko, Handelsgesetze als Quelle des bürgerlichen Rechts. Ein Beitrag zur Lehre von der Analogie, Wien 1935
Planck's Kommentar zum Bürgerlichen Gesetzbuch nebst Einführungsgesetz, Band II, 1. Hälfte, Recht der Schuldverhältnisse, 4. Auflage bearbeitet von Siber, Berlin 1914
Planiol et Ripert, Traité Pratique de Droit Civil Français, 2me Ed. Tome VI Obligations 1ère Partie par Esmain
Pothier, Oeuvre de Pothier contenant les traités de Droit Civil. Nouvelle Edition par Dupin, Paris ohne Jahr
–, Traité des Obligation (1761)
–, Traité du Contrat de Vente (1762)
Protokolle der Kommission für die zweite Lesung des Entwurfs des Bürgerlichen Gesetzbuchs, Band II: Recht der Schuldverhältnisse, Berlin 1889
Rabel, Das Recht des Warenkaufs. Eine rechtsvergleichende Darstellung. Band I, Berlin und Leipzig 1936, Band II, Berlin und Tübingen 1958
Radbruch, Einführung in die Rechtswissenschaft, 11. Auflage von Zweigert, Stuttgart 1964
Raiser, Vertragsfunktion und Vertragsfreiheit in: Hundert Jahre Deutsches Rechtsleben. Festschrift zum hundertjährigen Bestehen des Deutschen Juristentages, S. 101 ff, Karlsruhe 1960
–, Rechtsschutz und Institutionenschutz im Privatrecht in: Summum ius, summa iniuria, S. 145 ff, Tübingen 1963
Rechtsvergleichendes Handwörterbuch für das Zivil- und Handelsrecht des In- und Auslands, herausgegeben von Schlegelberger, Berlin ab 1929

Restatement of Law of Contracts as adopted and promulgated by the American Law Institute (2 Volumes), St. Paul 1932
RGRK-BGB, Das Bürgerliche Gesetzbuch unter besonderer Berücksichtigung der Rechtsprechung des Reichsgerichts und des Bundesgerichtshofs. Kommentar herausgegeben von Reichsgerichtsräten und Bundesrichtern; 11. Auflage, Berlin ab 1959, 9. Auflage, Berlin ab 1939
RGRK-HGB, Kommentar zum Handelsgesetzbuch. Früher herausgegeben von Mitgliedern des Reichsgerichts, 2. Auflage, 4. Band: §§ 373-382 bearbeitet von Würdinger, Berlin 1961
Rheinstein, Die Struktur des vertraglichen Schuldverhältnisses im anglo-amerikanischen Recht, Berlin und Leipzig 1932
Ripert, La Règle Morale dans les Obligations Civiles 4me Ed. Paris 1949
Ripert et Boulanger, Traité de Droit Civil d'après le Traité de Planiol, Tome II: Obligations etc., Paris 1957
Rosenberg, Die Beweislast auf der Grundlage des Bürgerlichen Gesetzbuchs und der Zivilprozeßordnung, 5. Auflage, Berlin 1965
Sandrock, Subjektive und objektive Gestaltungskräfte bei der Teilnichtigkeit von Rechtsgeschäften, AcP 159 (1960/61) 481 ff
Schmidt-Rimpler, Zum Problem der Geschäftsgrundlage, in: Festschrift für Nipperdey, München und Berlin 1955, S. 1 ff
Siber, Schuldrecht, Leipzig 1931
Siebert, Die Methode der Gesetzesauslegung, Heidelberg 1958
Sintenis, Das praktische gemeine Civilrecht. Band II: Das Obligationenrecht, 3. Auflage, Leipzig 1868
Soergel, Bürgerliches Gesetzbuch mit Einführungsgesetz und Nebengesetzen, 8. Auflage, ab 1952
Soergel-Siebert, Bürgerliches Gesetzbuch mit Einführungsgesetz und Nebengesetzen. Begründet von Soergel, neu herausgegeben von Siebert, 9. Auflage, Stuttgart ab 1959
Staffel, Zur Erläuterung der §§ 325, 326 BGB AcP 92 (1902) 467 ff
Stampe, Grundriß der Wertbewegungslehre. Zur Einleitung in ein freirechtliches System der Schuldverhältnisse. Erster Teil: Tübingen 1912 (= AcP 108 [1912] 42 ff). Zweiter Teil: Tübingen 1919 (= AcP 110 [1913] 119 ff)
Staub-Koenige, Staubs Kommentar zum Handelsgesetzbuch, 8. Auflage bearbeitet von Koenige, Stranz, Pinner. Band II: Handelsgeschäfte, Berlin 1907
Staudingers Kommentar zum Bürgerlichen Gesetzbuch mit Einführungsgesetz und Nebengesetzen. 11. Auflage, Berlin ab 1957, 9. Auflage, Berlin-München-Leipzig ab 1925
Stintzing, Die Vorverpflichtung im Gebiet der Schuldverhältnisse, Jena 1903
Stolfi, Il Nuovo Codice Civile Commentato Neapel ab 1939
Stoll, Rücktritt und Schadensersatz, AcP 131 (1929) 141 ff
Strohal, Referat zur Frage: Worin besteht der Schadensersatz wegen Nichterfüllung eines gegenseitigen Vertrages? Verhandlungen des 27. Deutschen Juristentages 1904, Band IV, S. 112 ff
Titze, Die Unmöglichkeit der Leistung nach deutschem bürgerlichen Recht, Leipzig 1900
–, Bürgerliches Recht. Recht der Schuldverhältnisse, 4. Auflage 1932, (unveränderter Neudruck Berlin-Göttingen-Heidelberg 1948)
Tuhr, von, Worin besteht der Schadensersatz wegen Nichterfüllung eines gegenseitigen Vertrages? DJZ 1904, 759 ff
–, Der Allgemeine Teil des Deutschen Bürgerlichen Rechts. 2. Band, 1. Hälfte: Die rechtserheblichen Tatsachen, insbesondere das Rechtsgeschäft, Berlin 1914
Wächter, Pandekten. Band II: Besonderer Teil, Leipzig 1881
Weyrauch, Die gemischte Schenkung, Gruchot 48 (1904) 229 ff
Wieacker, Leistungshandlung und Leistungserfolg im bürgerlichen Schuldrecht, in: Festschrift für Nipperdey, Berlin und München 1965, Band I: S. 783 ff
–, Gemeinschaftlicher Irrtum der Vertragspartner und Clausula rebus sic stantibus, in: Festschrift für Wilburg, Graz 1965, S. 229 ff

Williston, The Law Governing the Sales of Goods at Common Law and under the Uniform Sales Act. Revised Edition, New York 1948
–, A Treatise on the Law of Contracts 3rd. Ed. by Jaeger, Mount Kisco ab 1957
Windscheid, Die Lehre des römischen Rechts von der Voraussetzung, Düsseldorf 1850
–, Lehrbuch des Pandektenrechts. Band II: 4. Auflage, Düsseldorf 1876, 9. Auflage, bearbeitet von Kipp, Frankfurt am Main 1906
Wolf, Rücktritt, Vertretenmüssen und Verschulden, AcP 153 (1954) 97 ff
Zeiß, Gerichtliche Änderung vertraglich vereinbarter Preise? NJW 1964, 447 ff
Zepos, Zu einer »gestalttheoretischen« Auffassung des Schuldverhältnisses, AcP 155 (1956) 486 ff
Zitelmann, Das Recht des bürgerlichen Gesetzbuchs: Allgemeiner Teil, Leipzig 1900
Zweigert, Juristische Interpretation, Studium Generale 1954, 380 ff

Register

Kolibri 360 GmbH
Ferdinand-Jühlke-Straße 7
99095 Erfurt, Deutschland
produktsicherheit@kolibri360.de